国家出版基金项目
NATIONAL PUBLICATION FOUNDATION

清宮林則徐檔案匯編

16

中國第一歷史檔案館
福建省林則徐研究會
編

海峽出版發行集團
海峽文藝出版社

第一六册　目録

上諭　著林則徐訪查蘇松太道陽金城辦理關務是否縱容勒索

道光十六年四月初九日内閣奉
上諭前據御史馮元錫奏江蘇蘇松太道陽金城信
任幕友家丁查船訛索各款當降旨交陶澍等查
明具奏茲據該督等奏稱陽金城到任以後因各
關口舍人徵收錢糧提解不前另派官親幕友家
丁三十餘人分往各口徵收所有戳記櫃鑰俱不
准舍人經管此等人役一經改立章程無從侵漁
難免怨讟其各口所貼告示皆有蓋印又已經輸
（告示概不用印一節查明各口）
稅之船尋究嚴訊一節查明上年有豆船五隻甫
經杆量納稅該道訪知以多報少親往覆查果有
漏報擔數當提船戶訊究照數議罰完案其驗票
比較杆多就杆杆少就票一節查明各口告示開

上諭 著林則徐訪查蘇松太道陽金城辦理關務是否縱容勒索

道光十六年四月初九日

載底單多於扦驗者以底單為憑如底單數目過少即以扦驗為憑又該道幕友家丁等尚無訛索商船確據等語關津稅務固應覈實認真而章程亦不宜朝更夕改該道陽金城辦理關務是否有縱容勒索情弊著林則徐於查驗工程之便親往吳淞口大關一帶訪查傳令客商船戶及報稅各行與王春浦等逐一質訊澈底究辦至各關口胥役人等挾私怨讟此風斷不可長並著確切查明照例懲辦以資整頓該道陽金城現在因案赴粵備質所有蘇松太道著該督等遴委妥員署理欽此

上諭 江蘇耗羨銀不敷支放著山東河南接濟

道光十六年四月初九日內閣奉
上諭前據林則徐奏江寧蘇州兩藩庫耗羨銀兩不敷支放循例請於地丁封貯等款內撥銀協濟當交戶部議奏茲據查明該撫所捐（指）係正項錢糧未便輒行抵撥耗羨支用請照成案動撥鄰省閒款抵撥等語此次江寧蘇州兩藩庫耗羨銀兩著准其由山東耗羨冊報實存銀內撥六萬兩解交江寧藩庫再撥五萬兩解交蘇州藩庫又河南冊報實存平糶盈餘銀三萬兩平糶溢額穀價銀二萬兩俱著解交蘇州藩庫協濟耗羨支用該部即飭山東河南各巡撫委員解交以資接濟嗣後不得援以爲例此項銀兩向有運關各庫額解鹽規盈

上諭　江蘇耗羡銀不敷支放著山東河南接濟
道光十六年四月初九日

餘等款抵放近年總不照額解清以致請撥動援成案殊屬玩延況兩淮鹽務匣費曾經該督奏明十一年後年清年款何以又共欠解銀至二十餘萬兩之多著兩江總督江蘇巡撫即將耗羡項下額解各款認真催提務須年清年款毋得恃有請撥成案反滋拖欠其前項欠解銀兩著該督即遵照原奏迅速如數完解毋再延宕欽此

上諭　著林則徐等秉公嚴審定擬單安如所告案

道光十六年四月十二日奉

旨此案著交林則徐督同臬司裕謙親提人

秉公嚴審按律定擬具奏原告單安如該

解往備質欽此

江蘇巡撫林則徐題本　題參宜興縣知縣顧名等疎防行舟被劫限滿贓犯無獲

道光十六年四月十五日

江蘇巡撫林則徐題本　**題參宜興縣知縣顧名等疎防行舟被劫限滿贓犯無獲**

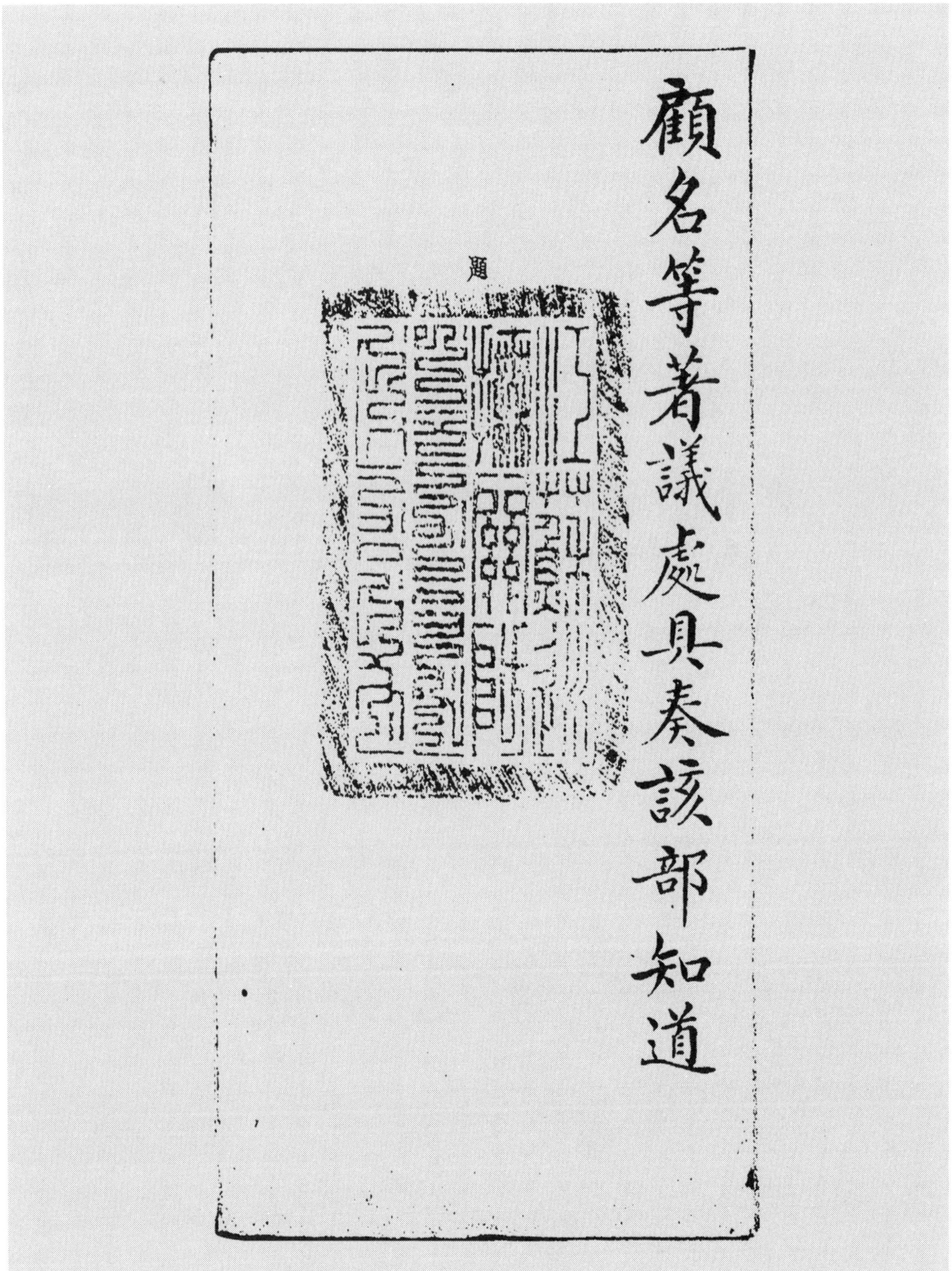
顧名等著議處具奏該部知道

題

一六 江蘇巡撫林則徐題本 題參宜興縣知縣顧名等疎防行舟被劫限滿贓犯無獲

道光十六年四月十五日

兵部侍郎兼都察院右副都御史巡撫江蘇等處地方提督軍務總理糧儲臣林則徐謹
題爲詳參疎防文職事據署江蘇按察使積拉明
阿詳據常州府知府李瑤煜詳據宜興縣知縣
顧名詳稱道光拾伍年拾壹月初柒日據武進
縣監生費棠吉報於拾壹月初陸日夜船至鍾
溪橋里許被盜打開船門用刀嚇禁劫去洋錢
衣被文契等物開單報候勘緝等情到縣當經
會營前詣勘得失事處所離城伍拾里離汛陸
里並無墩鋪防兵該事主船泊岸邊查驗頭艙
門有撬損痕跡提訊事主船戶地保人等供與
報詞無異傳牙估計失贓値銀貳百柒拾兩零
造冊通詳奉批緝參在案茲查此案疎防限滿

贓盜無獲合將印補職名開報等情由府開具
督補督緝各職名請參前來除移取兼轄職名
另詳請參並飭勒緝贓盜務獲究報外該署江
蘇按察使楨批明阿查得宜興縣事主費棠吉
行舟被劫洋錢等物壹案疏防例限肆箇月應
以道光拾伍年拾壹月初陸失事之日起扣至
拾陸年叁月初陸日滿所有文職疏防職名印
官係宜興縣知縣顧名補官係宜興縣鍾溪司
巡檢孫逢瑞督補係不同城常州府總補通判
崔蕃督緝係不同城署常州府知府恩齡理合
開報查督緝知府恩齡已於拾伍年拾貳月貳
拾日未經限滿之先卸事係署事之員不復回

任應請議結現任知府李璋煜係總督緝之員
例無庸分合並聲明伏候核參等情到臣據此
該臣查得宜興縣事主費棠吉行舟被刦洋錢
等物壹案疏防例限肆箇月應以道光拾伍年
拾壹月初陸失事之日起扣至拾陸年叁月初
陸日滿贓盜無獲開列疏防職名請參前來除
飭移取兼轄職名另詳請參並飭勒緝贓盜務
獲究報外所有文職疏防職名即官係宜興縣
知縣顧名補官係宜興縣鍾溪司巡檢孫逢瑞
督捕係不同城常州府總捕通判崔夢督緝係
不同城署常州府知府恩齡相應列參聽候部
議查督緝知府恩齡已於拾伍年拾貳月貳拾

日未經限滿之先卸事係署事之員不獲回任
應行議結現任知府李璋煜係接督緝之員例
無處分再失事處所離城伍拾里離汛陸里並
無墩鋪防兵合并陳明臣謹具
題伏乞
皇上聖鑒勅部議覆施行謹題請
旨

江蘇巡撫林則徐題本 題參宜興縣知縣顧名等疏防行舟被劫限滿贓犯無獲

道光十六年四月十五日

道光拾陸年[illegible]兵部侍郎兼都察院右副都御史巡撫江蘇等處地方提督軍務總理糧儲臣林則徐

兵部侍郎兼都察院右副都御史巡撫江蘇等處地方提督軍務總理糧儲臣林則徐謹

題

題為詳參疏防文職事。該臣查得宜興縣事主賁棠吉行舟被劫洋錢等物壹案，疏防例限肆箇月，應以道光拾伍年拾壹月初陸失事之日起，扣至拾陸年叁月初陸日滿，贓盜無獲，開列疏防職名請參前來。除飭移取兼轄職名另詳請參，並飭勒緝贓盜務獲究報外，所有文職疏防職名：印官係宜興縣知縣顧名，補官係宜興縣鍾溪司巡檢孫逢瑞，督捕係不同城常州府總捕通判崔萼，督緝係不同城署常州府知府恩齡，相應列參，聽候部議。謹題請

旨

江蘇巡撫林則徐題本

題報江寧等屬起運道光十五年漕糧開幫日期

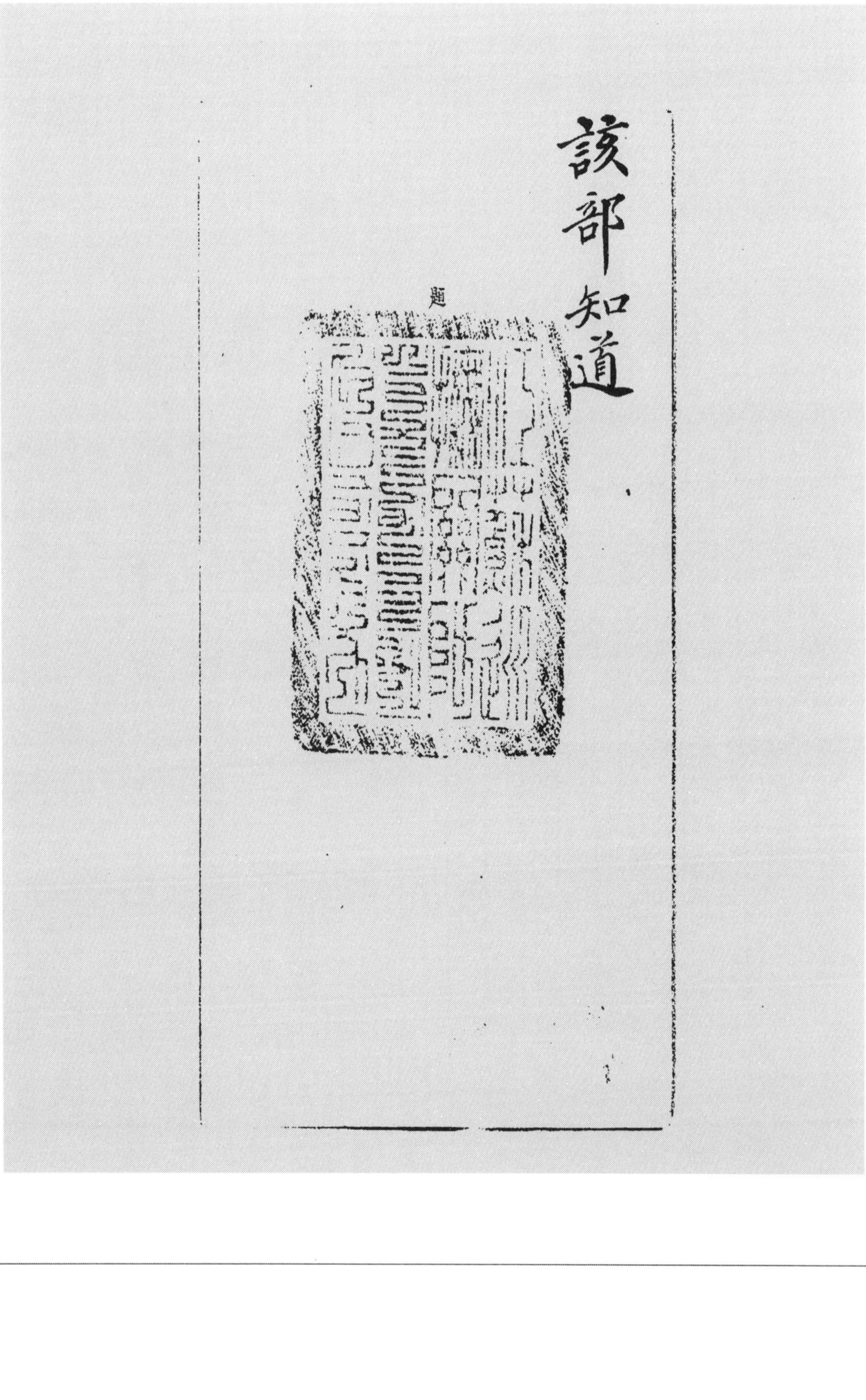
該部知道
題

兵部侍郎兼都察院右副都御史巡撫江蘇等處地方提督軍務總理糧儲臣林則徐謹

題爲恭報江寧等府州屬漕糧開幫日期仰祈

聖鑒事據江安督糧道唐鑑詳稱竊照江寧淮安揚

州徐州海州通州陸府州屬道光拾陸年起運

拾伍年分漕糧內除撥抵兵糧及撥江候部因

災緩徵截撥災缺幫丁行月等款外實該起運

正耗米壹拾柒萬壹千玖百肆拾捌石柒斗貳

合玖勺又搭運揚州徐州海州等府州屬各年

緩漕并以屬還漕等正耗米壹萬陸百肆拾肆

石陸斗玖升捌合玖勺貳共正耗米壹拾捌萬

貳千伍百玖拾叁石肆斗壹合捌勺內正改兌

正米拾肆萬玖百壹拾叁石捌斗玖升伍合伍

勺耗米肆萬壹千陸百柒拾玖石伍斗陸合叁
勺內給丁耗米叁千捌百壹拾叁石壹斗貳升
玖合陸勺折價買回仍行照數帶運交倉又搭
運揚州府屬道光貳年分漕項月糧米貳石玖
斗捌升貳合叁勺徐州府屬道光貳年分漕項
無耗平米柒石捌斗伍升玖合捌勺酌派幫船
貳百柒拾壹隻於道光拾伍年拾壹月拾陸日
起至拾陸年正月貳拾玖日止陸續開兑開幫
北上將實運船糧數目兑開日期並催儧領運
職名造具總冊詳送伏候核
題
至監兑各官好米印結並運弁通關文結節次
札催仍有淮安叁幫兑運睢寧縣正綫漕糧邳

州緩漕徐州江北幫兌運銅山蕭縣沛縣碭山
豐縣等縣正緩漕糧長淮盛幫兌運銅山蕭縣
碭山豐縣等縣正緩漕糧各通關米結尚未送
到一俟送齊另行詳辦先將已到各結呈送核
咨再案奉行准兵部咨嗣後各幫遇有兌開遲
延隨時報部查核等因今遵造冊附送核咨合
并聲明等情據此該臣查得江寧淮安揚州徐
州海州通州陸府州屬道光拾陸年起運拾伍
年分漕糧業經節次嚴飭司道府州實力督催
攢兌開行去後今據江安督糧道唐鑑詳稱江
寧淮安揚州徐州海州通州陸府州屬起運漕
糧內除緩祇兵糧及坍江候豁因災緩徵截緩

江蘇巡撫林則徐題本　題報江寧等屬起運道光十五年漕糧開幫日期

道光十六年四月十五日

災缺幫丁行月等款外實該起運正耗米壹拾
柒萬壹千玖百肆拾捌石零又搭運揚州徐州
海州等府州屬各年緩漕并以鳳還漕等正耗
米壹萬陸百肆拾肆石零貳共正耗米壹拾捌
萬貳千伍百玖拾叁石零內正改兌正米拾肆
萬玖百壹拾叁石零耗米肆萬壹千陸百柒拾
玖石零內給丁耗米叁千捌百壹拾叁石零折
價買回仍行照數帶運交倉又搭運揚州府屬
道光貳年分漕項月糧米貳石零徐州府屬道
光貳年分漕項無耗平米柒石零酌派幫船貳
百柒拾壹隻於道光拾伍年拾壹月拾陸日起
至拾陸年正月貳拾玖日止陸續開兌開幫北

江蘇巡撫林則徐題本　題報江寧等屬起運道光十五年漕糧開幫日期
道光十六年四月十五日

上將實運船糧數目兌開日期並催儹領運職
名造具總冊詳送核
題并據聲明監兌各官好米印結並運弁過關文
結節次札催仍有淮安叁幫兌運睢寧縣正綫
漕糧邳州綫漕徐州江北幫兌運銅山蕭縣沛
縣碭山豐縣等縣正綫漕糧長淮叁幫、兌運銅
山蕭縣碭山豐縣等縣正綫漕糧各過關米結
尚未送到一俟送齊另行詳辦先將已到各結
呈送核咨再案奉行准兵部咨嗣後各幫遇有
兌開遲延隨時報部查核等因今遵造冊附送
核咨等情前來臣覆核無異除冊結分送部科
倉場查核外相應循例具

江蘇巡撫林則徐題本　題報江寧等屬起運道光十五年漕糧開幫

日期　道光十六年四月十五日

題伏乞

皇上聖鑒勅部核覆施行謹具題

聞

道光十六年四月十五日兵部右侍郎兼都察院右副都御史巡撫江蘇等處地方提督軍務總理糧餉臣林則徐

一六　江蘇巡撫林則徐題本　題報江寧等屬起運道光十五年漕糧開幫日期

道光十六年四月十五日

兵部侍郎兼都察院右副都御史巡撫江蘇等處地方提督軍務總理糧儲臣林則徐謹
題爲恭報江寧等府州屬漕糧開幫日期仰祈
聖鑒事。該臣查得江寧淮安揚州徐州海州通州陸
府州屬道光拾陸年起運拾伍年分漕糧，案經
節次嚴飭司道府州實力督催趲兌開行去後。
今據江安督糧道唐鑑詳稱，江寧淮安揚州徐
州海州通州陸府州屬起運漕糧內，除緩徵兵
糧及坍江候部因災緩徵緩災缺幫丁行月
等款外，實該起運正耗米壹拾柒萬壹千玖百
肆拾捌石零，又搭運揚州徐州海州等府州屬
各年緩漕并以歷還漕等正耗米壹萬陸百肆
拾肆石零，貳共正耗米壹拾捌萬貳千伍百玖
拾叁石零，內正改兌正米拾肆萬玖百壹拾叁
石零，耗米肆萬壹千陸百柒拾玖石零，內給丁
耗米叁千捌百壹拾叁石零折價買回，仍行照
數帶運交倉，又搭運揚州府屬道光貳年分漕
項月糧米貳石零，徐州府屬道光貳年分漕項
無耗平米柒石零，酌派幫船貳百柒拾壹隻，於
道光拾伍年拾壹月拾陸日起至拾陸年正月
貳拾玖日止，陸續開兌開幫北上，將實運船糧
數目兌開日期並催攢領運職名造冊詳
題，並將各結呈送核咨前來。臣覆核無異，除冊結
分送部科倉場外，謹具題
聞。

江蘇巡撫林則徐題本　題報蘇州等屬道光十六年漕白二糧數目開幫日期

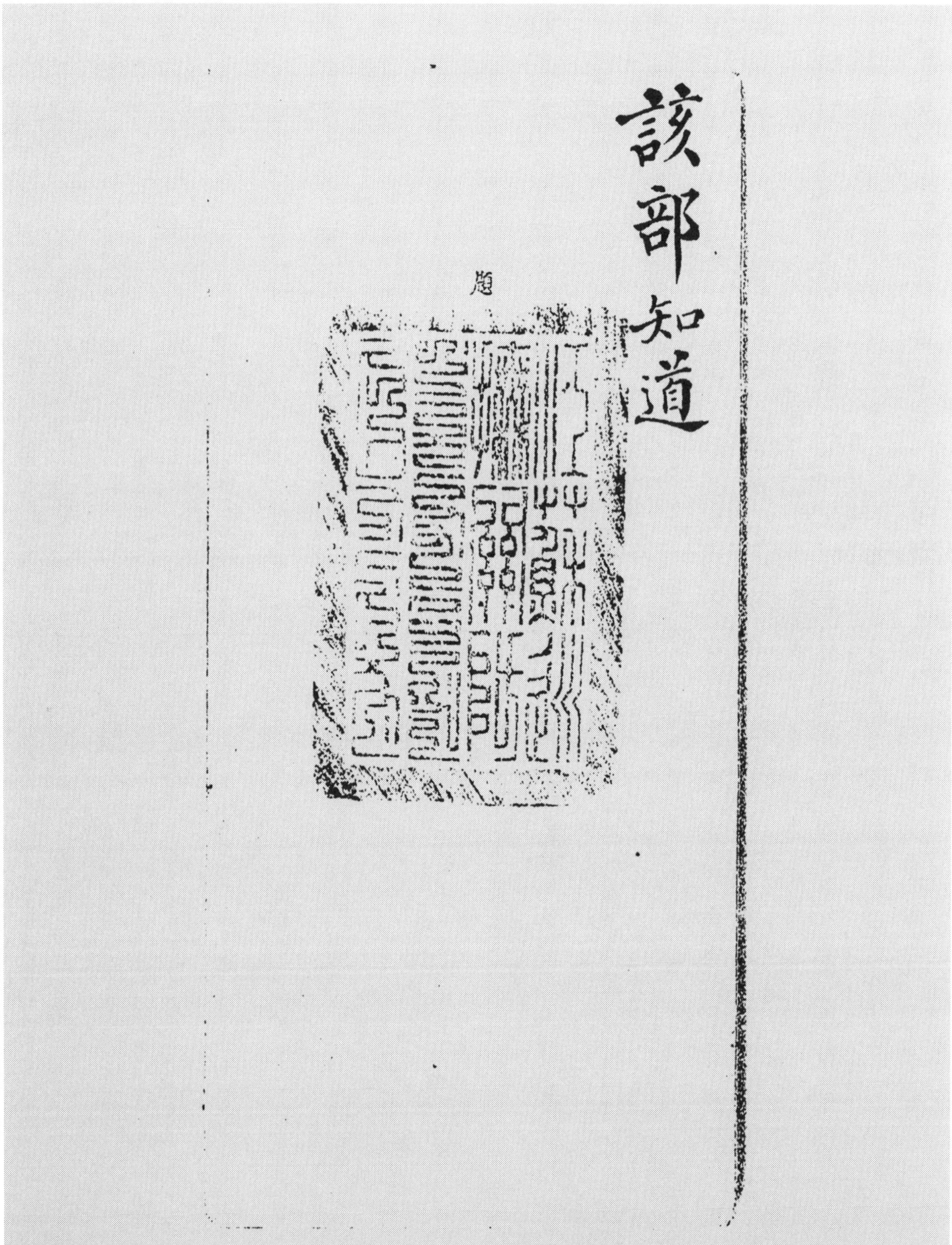

江蘇巡撫林則徐題本　題報蘇州等屬道光十六年漕白二糧數目開幫日期

道光十六年四月十五日

兵部侍郎兼都察院右副都御史巡撫江蘇等處地方提督軍務總理糧儲臣林則徐謹
題爲恭報蘇松等府州屬漕白貳糧開幫日期仰
祈
聖鑒事據蘇松督糧道陶廷杰詳稱竊照蘇州松江
常州鎮江太倉伍府州屬道光拾陸年起運拾
伍年分漕糧内除捐豁義塚葉塘宅廢坍荒田
地等案豁除截留京口兵糧被災緩徵及撥補
蘇省災缺行月加截撥寧省災缺兵糧等米以
南改漕各款外實該起運正耗米壹百叁拾伍
萬伍千伍百捌拾壹石陸斗捌升叁合玖勺内
正改兑正米玖拾柒萬叁千玖百叁拾壹石陸
斗捌升捌勺耗米叁拾捌萬壹千陸百伍拾石

叁合壹勺內有給丁耗米貳萬陸千叁百肆拾
玖石玖升肆合貳勺又帶運各年餘平粳米叁
千貳百柒拾壹石壹斗貳升柒合又搭運遭風
丁船虧折交倉貳限平粳米陸百叁拾石捌斗
陸升柒合壹勺江淮柒幫旗丁陳平瑄漂淌虧
折買補叁限平粳米貳百壹拾捌石陸斗陸升
伍合酌派幫船壹千柒百貳拾壹隻又蘇州松
江常州太倉肆府州屬起運白糧正耗米柒萬
貳千陸石柒斗叁升內正米陸萬玖千貳拾伍
石耗米貳千玖百捌拾壹石柒斗叁升酌派幫
船壹百叁拾陸隻於道光拾伍年拾貳月拾陸
日起至道光拾陸年叁月初壹日止陸續開兌

開幫北上將實運船糧數目兑開日期並催徵
領運職名造具總冊詳送伏候核
題至各幫搭運經交餘米並帶運各款米石均於
冊内按幫附列所有監兑各官移來印結及運
弁通關文結節催未齊現又嚴催并查取遲延
職名另詳先將已到各結呈送核咨再案奉行
准兵部咨嗣後各幫遇有兑開遲延隨時報部
查核等因今道光拾陸年起運拾伍年分漕糧
各幫因須守候徒陽運河啓壩放船祇緣該河
挑工自然壩以後連遇雨雪通河均有積水節
經嚴飭車戽儹挑完竣於本年正月拾玖日開
壩業奉

江蘇巡撫林則徐題本　題報蘇州等屬道光十六年漕白二糧數目開幫日期

道光十六年四月十五日

奏明有案計啓壩通舟之期已逾冬開例限所有
各幫開行遲延實非無因相應查明各幫開行
日期及領運千總職名造册詳送核咨合並聲
明等情據此該臣查得蘇州松江常州鎮江太
倉伍府州屬道光拾陸年起運拾伍年分漕白
貳糧業經節次嚴飭司道府州實力督催攢兌
開行去後今據蘇松督糧道陶廷杰詳稱蘇州
松江常州鎮江太倉伍府州屬起運漕糧内除
捐買義塚築塘空廢坍荒田地等案蠲豁截留
京口兵糧被災緩徵及撥補蘇省災缺行月並
截撥寧省災缺兵糧等米以南改漕各款外實
該起運正耗米壹百叁拾伍萬伍千伍百捌拾

壹石零內正改兌正米玖拾柒萬叁千玖百叁
拾壹石零耗米叁拾捌萬壹千陸百伍拾石零
內有給丁耗米貳萬陸千叁百肆拾玖石零又
帶運各年餘平粳米叁千貳百柒拾壹石零又
搭運遭風丁船虧折交倉貳限平粳米陸百叁
拾石零江淮柒幫旗丁陳平瑄漂淌虧折買補
叁限平粳米貳百壹拾捌石零酌派幫船壹千
柒百貳拾壹隻又蘇州松江常州太倉肆府州
屬起運白糧正耗米柒萬貳千陸石零內正米
陸萬玖千貳拾伍石耗米貳千玖百捌拾壹石
零酌派幫船壹百叁拾陸隻於道光拾伍年拾
貳月拾陸日起至道光拾陸年叁月初壹日止

陸續開兑開幫北上將實運船糧數目兑開日
期並催徵領運職名造具總冊詳送核
題并據聲明各幫搭運漕交餘米並帶運各款米
石均於冊內按幫附列所有監兑各官好未印
結及運弁通關文結節催未齊現又嚴催弁查
取遲延職名另詳先將已到各結呈送核咨再
案奉行准兵部咨嗣後各幫遇有兑開遲延隨
時報部查核等因今道光拾陸年起運拾伍年
分漕糧各幫因須守候徒陽運河啓壩放船祗
緣該河挑工自無壩以後連遇雨雪通河均有
積水節經嚴飭車戽價挑完竣於本年正月拾
玖日開壩業奉

奏明有案計啓壩通舟之期已逾冬開例限所有
各幫開行遲延實非無因相應造具開幫日期
及領運千總職名冊詳送核咨等情前來臣覆
核無異除冊同結分送部科倉場查核外相應
循例具
題伏乞
皇上聖鑒勅部查核施行謹具題
聞

江蘇巡撫林則徐題本　題報蘇州等屬道光十六年漕白二糧數目開幫日期

道光十六年四月十五日

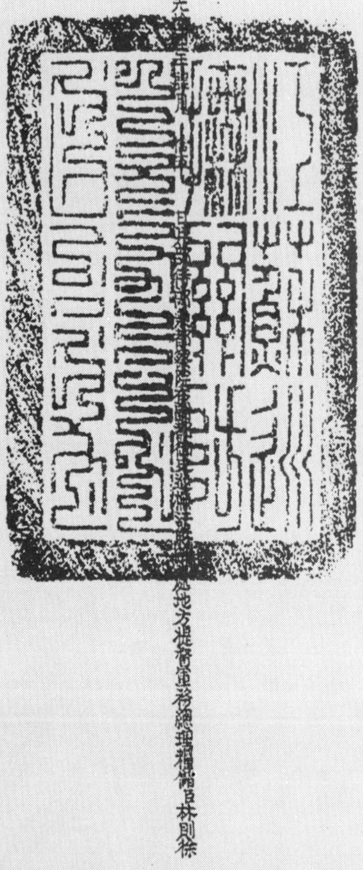

道光[illegible]處地方提督軍務總理糧儲臣林則徐

兵部侍郎兼都察院右副都御史巡撫江蘇等處地方提督軍務總理糧儲臣林則徐謹

題為恭報蘇松等府州屬漕白貳糧開幫日期仰

祈

聖鑒事該臣查得蘇州松江常州鎮江太倉伍府州

屬道光拾陸年起運拾伍年分漕白貳糧業經

節次嚴飭司道府州實力督催儹兌開行去後

今據蘇松督糧道陶廷杰詳稱蘇州松江常州

鎮江太倉伍府州屬起運漕糧內除捐置義塚

築塘空廢坍荒田地等案豁除截留京口兵糧

被災緩徵及撥補蘇省災缺行月並截撥寧省

災缺兵糧等米以南改漕各款外實該起運正

耗米壹百叁拾伍萬伍千伍百捌拾壹石零內

正改兌正米玖拾柒萬叁千玖百叁拾壹石零

耗米叁拾捌萬壹千陸百伍拾石零內有給丁

江蘇巡撫林則徐題本　題報蘇州等屬道光十六年漕白二糧數目開幫日期

道光十六年四月十五日

耗米貳萬陸千叁百肆拾玖石零又帶運各年餘平粳米叁千貳百柒拾壹石零又搭運遭風丁船虧折交倉貳限平粳米陸百叁拾石零江淮米幫旗丁陳平瑄漂淌虧折買補叁限平粳米貳百壹拾捌石零酌派幫船壹千柒百貳拾壹隻又蘇州松江常州太倉肆府州屬起運白糧正耗米柒萬貳千陸石零內正米陸萬玖千貳拾伍石耗米貳千玖百捌拾壹石零酌派幫船壹百叁拾陸隻於道光拾伍年拾貳月拾陸日起至道光拾陸年叁月初壹日止陸續開兌開幫北上將實運船糧數目兌開日期並催儹領運職名造冊詳

題并將各結呈送核咨前來臣覆核無異除冊同結分送部科倉場外謹具題

聞

江蘇巡撫林則徐題本　**請於司庫地丁銀內動撥江寧額辦木植價銀**

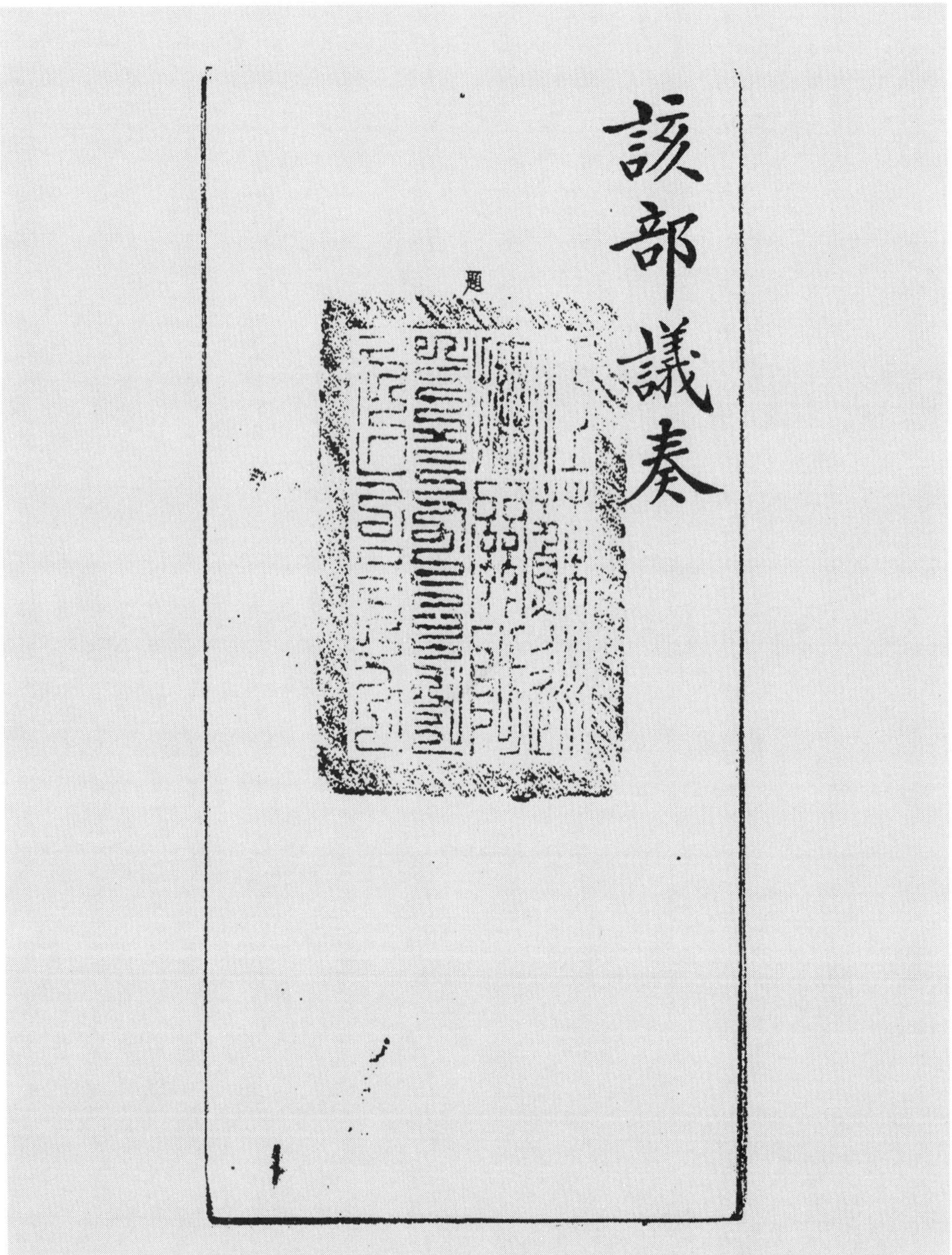
該部議奏

題

江蘇巡撫林則徐題本 請於司庫地丁銀內動撥江寧額辦木植價銀

道光十六年四月十五日

兵部侍郎兼都察院右副都御史巡撫江蘇等處地方提督軍務總理糧儲臣林則徐謹
題爲額辦年例木植請給價銀採辦事據江寧布
政使楊簀詳稱江蘇省每年額辦解京桅杉架
槁等項木植應由江寧鎮江貳府遞年輪辦所
需部定價值銀兩例於司庫地丁銀內動支給
辦今江寧府輪辦道光拾柒年解京桅木貳拾
根杉木叁百捌拾根架槁木叁千陸百根按照
部定丈尺徑寸如式購辦所需木植價銀肆千
捌百伍拾伍兩陸錢捌分柒釐應請在於司庫
地丁銀內撥給採辦解部相應詳候核
題等情據此該臣查得江蘇省每年額辦解京木
植應由江寧鎮江貳府遞年輪辦所需部定價

值銀兩例於司庫地丁銀內動支給辦今據江
寧布政使楊簧詳稱江寧府額辦道光拾柒年
解京桅木貳拾根杉木叁百捌拾根架槁木叁
千陸百根所需價銀肆千捌百伍拾伍兩零請
於司庫地丁銀內撥給採辦詳候核
題前來臣覆核無異相應循例具
題伏乞
皇上聖鑒勅部核覆施行謹題請
旨

一六　江蘇巡撫林則徐題本　請於司庫地丁銀內動撥江寧額辦木植價銀

道光十六年四月十五日

道光

處地方提督軍務總理糧儲臣林則徐

兵部侍郎兼都察院右副都御史巡撫江蘇等處地方提督軍務總理糧儲臣林則徐謹

題爲額辦年例木植請給價銀採辦事。該臣查得江蘇省每年額辦解京木植，應由江寧、鎮江二府遞年輪辦，所需部定價值銀兩例於司庫地丁銀內動支。今據江寧布政使楊簧詳稱：江寧府輪辦道光拾柒年解京桅木貳拾根、杉木叁百捌拾根、架槁木叁千陸百根，所需價銀肆千捌百伍拾伍兩零，請於司庫地丁銀內撥給採辦，詳候核

題前來。臣覆核無異，謹題請

旨。

江蘇巡撫林則徐題本　驗明碭山縣民王興戳斃劉倉案擬絞監候

道光十六年四月十五日

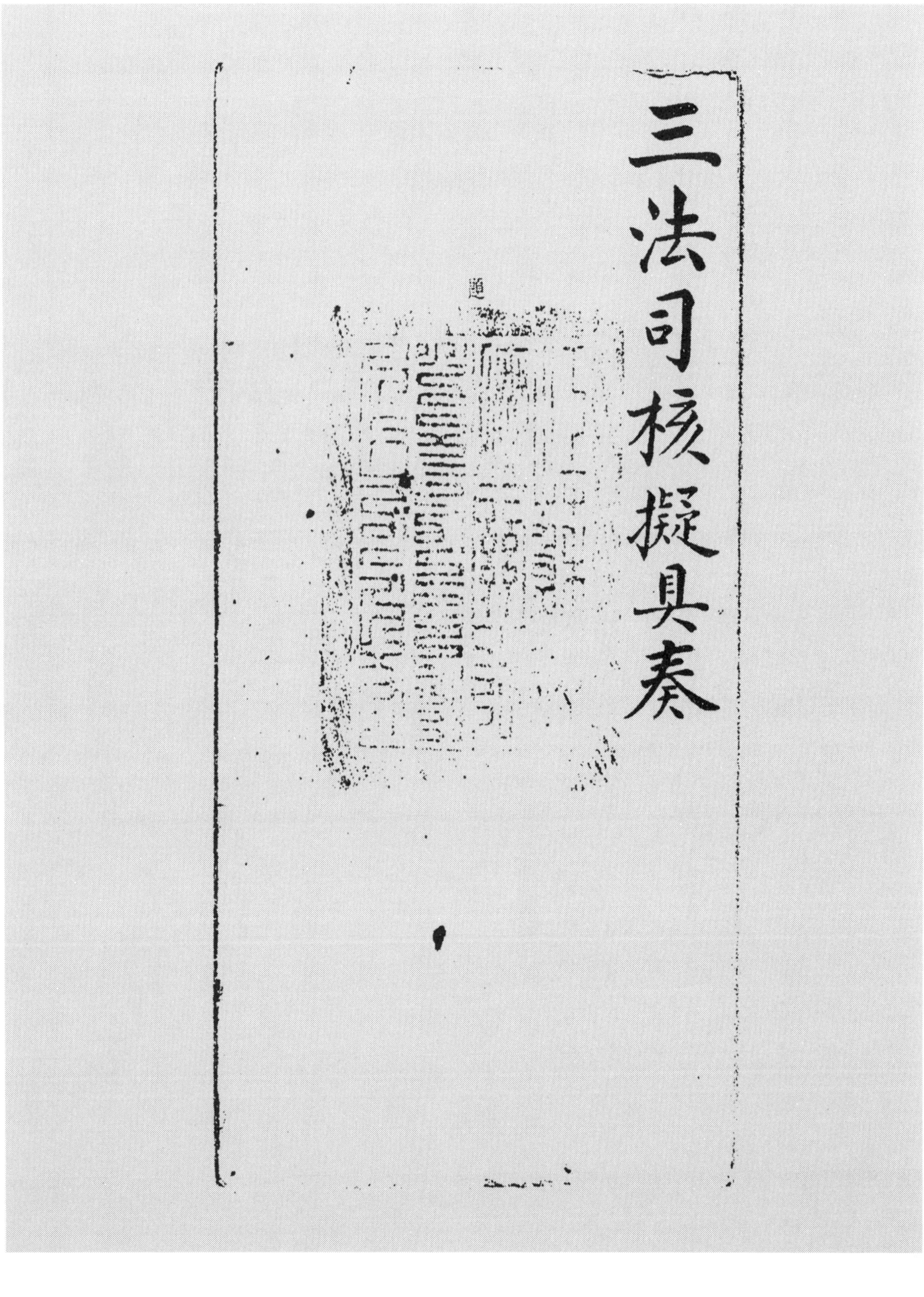
三法司核擬具奏

題

江蘇巡撫林則徐題本　驗明碭山縣民王興戳斃劉倉案擬絞監候

江蘇巡撫林則徐題本 驗明碭山縣民王興戳斃劉倉案擬絞監候

道光十六年四月十五日

兵部侍郎兼都察院右副都御史巡撫江蘇等處地方提督軍務兼理糧餉臣林則徐謹

題爲報驗事據署江蘇按察使讀拉明阿詳據徐

州府知府王格炳詳據碭山縣知縣楊鴻彬詳

稱道光拾伍年柒月初貳日據保正湯俊報稱

民人劉崑山投稱柒月初壹日伊子劉倉因向

王興索欠爭毆被王興用刀戳傷身死等語往

查屬實理合報驗等情並據劉崑山同報到縣

據即帶領吏仵前詣屍所如法相驗據仵作路

文標喝報已死劉倉問年貳拾歲驗得仰面不

致命左腿刃傷貳處上壹處斜長伍分寬貳分

深叁分皮破下壹處斜長捌分寬叁分深陸分

皮肉開右腿刃傷壹處斜長壹寸寬肆分深透

過出刃處斜長肆分寬貳分皮肉開均血污餘
無故委係受傷身死報畢覈驗無異餙起兇器
小刀驗有血跡比對傷痕相符塡格取結屍飭
棺殮飭仵驗得該犯王興左腮頰拳傷壹處塡
畢將卷宗詳訊據保正湯佟供與報詞同據見證
周田氏供劉倉與婦人鄰近居住道光拾伍年
柒月初壹日午後劉倉在婦人門首向王興索
欠王興央緩劉倉不依斥他騙賴彼此爭吵劉
倉用拳打傷王興左腮頰王興撲向撞頭被劉
倉揪住髮辮往下捺按王興拔刀戳了劉倉左
腿兩下劉倉仍不放手王興又用刀戳傷他右
腿倒地婦人連忙上前勸散不料劉倉傷重過

不一會就死了婦人救阻不及是實據屍父劉
崑山供劉倉是小的兒子小的向開飯店生理
王興賒欠小的飯錢肆百文屢討未還道光拾
伍年柒月初壹日午後周田氏來說兒子向王
興索欠起衅爭毆被王興戳傷倒地的話小的
趕去查看不料兒子傷重隔了一會就死了小
的投保報驗的求究抵據兇犯王興供碭山縣
人年貳拾歲父母俱故祖父王景紅年陸拾肆
歲祖母王田氏年柒拾壹歲兄弟王三現年拾
伍歲小的並沒妻子傭工度日與劉倉素識無
嫌劉倉的父親劉崑山向開飯店小的陸續賒
欠飯錢肆百文未還道光拾伍年柒月初壹日

午後小的走到周田氏門首遇見劉倉向小的
索討前欠小的央緩劉倉不依斥詈有心騙賴
彼此爭吵劉倉舉拳打傷小的左腮頰小的用
頭向撞被劉倉揪住髮辮往下揿按小的順拔
身佩小刀戳了劉倉左腿彎下劉倉仍緊按不
放小的掙不脫身一時情急又用刀戳他右腿
一下倒地不料劉倉傷重不多一會就死了並
非有心致死也沒起釁別故及幫毆的人小刀
已經起案是實各等供據此將犯收禁兇刀貯
庫錄供通詳奉批飭審畢職未及審解於玖月
拾伍日因病請假卸事代理縣倪職亦未審解
於拾壹月初伍日卸事畢職回任遵提覆訊各

供均與前審無異不敘外該碭山縣知縣楊鴻
於審看得王興戳傷劉倉身死壹案緣王興籍
隸碭山與劉倉素識無嫌劉倉之父劉崑山開
飯店生理王興陸續賒欠飯錢肆百文屢索無
償道光拾伍年柒月初壹日午後劉倉在周田
氏門首遇見王興向索前欠王興央緩劉倉不
依斥其有心騙賴致此爭吵劉倉拳毆王興左
腮頰王興向其撞頭被劉倉揪住髮辮往下按
按王興順拔身佩小刀遠戳劉倉左腿兩下劉
倉仍緊按不放王興掙不脫身一時情急復用
刀戳傷其右腿倒地詎劉倉傷重移時殞命報
經甲藏驗訊通詳奉批覆審未及審解卸事代

理孫鳴鶴亦未審辦訊事畢截回任遴委提犯
研鞫據供前情不諱詰非有心欲殺亦無起釁
別故案無遁飾查律載鬬毆殺人者不問手足
他物金刃並絞監候等語此案王興用刀戳傷
劉倉身死應按律問擬王興合依鬬毆殺人者
不問手足他物金刃並絞律擬絞監候秋後處
決據供伊祖母王田氏年逾柒拾有弟王三尚
未成丁是否屬實俟秋審時再行查辦該犯傷
已平復應無庸議欠錢照追給領無干省釋屍
棺飭屬領埋兇器小刀解驗等情由府審解到
司該署江蘇按察使積拉明阿提犯親訊核擬
無異解候勘

題
等情招解到臣提犯親審無異該臣看得碭山
縣民王興戳傷劉倉身死壹案緣王興籍隸碭
山與劉倉素識無嫌劉倉之父劉崑山開飯店
生理王興陸續賒欠飯錢肆百文屢索無償道
光拾伍年柒月初壹日午後劉倉在周田氏門
首遇見王興向索前欠王興央緩劉倉不依斥
其有心騙賴彼此爭吵劉倉拳毆王興左腮頰
王興向其撞頭被劉倉揪住髮辮往下揿按王
興順拔身佩小刀連戳劉倉左腿兩下劉倉仍
緊按不放王興掙不脫身一時情急復用刀戳
傷其右腿倒地詎劉倉傷重移時殞命報驗訊
詳審供不諱究非有心欲殺亦無起釁別故案

無適飾查律載闘毆殺人者不問手足他物金
刃並絞監候等語此案王興用刀戳傷劉倉身
死應按律問擬王興合依闘毆殺人者不問手
足他物金刃並絞律擬絞監候秋後處決該犯
祖母王田氏雖年逾柒旬其弟王三現屆成丁
所有聲請秋審時查辦之處應無庸議該犯傷
已平復欠錢照追給領無干省釋屍棺飭埋兇
刀發回貯庫臣謹具
題伏乞
皇上聖鑒勅下三法司核覆施行再此案審限應以
道光拾伍年柒月初貳報驗之日起該縣湯鴻
彬未及審解於該月拾伍日卸事計歷審兩箇

江蘇巡撫林則徐題本 驗明碭山縣民王興戳斃劉倉案擬絞監候
道光十六年四月十五日

月零拾叁日代理縣倪覲是日到任前官歷審過半例得扣半加展壹箇半月連前官剩限接審分限應扣至拾壹月拾柒日滿亦未審解於拾壹月初伍日卸事該縣楊鴻彬是日回任前後接扣縣審分限應扣至拾壹月貳拾貳日滿又除封印壹月自縣由府解司程限貳拾陸日府司院分限各壹月統應扣至拾陸年肆月拾捌日全限屆滿合並陳明謹題請

旨

江蘇巡撫林則徐題本　驗明碭山縣民王興戳斃劉倉案擬絞監候
道光十六年四月十五日

兵部侍郎兼都察院右副都御史巡撫江蘇等處地方提督軍務兼理糧餉臣林則徐謹
題為報驗事。該臣看得碭山縣民王興戳傷劉倉
身死一案，緣王興與劉倉素識無嫌。劉倉之父
劉崑山開飯店生理，王興陸續賒欠飯錢無償。
道光拾伍年柒月初壹日午後，劉倉遇見王興
向索前欠，王興央緩，劉倉不依，斥其有心賴騙，
彼此爭吵。劉倉拳毆王興左腮頰，王興向其撞
頭，被劉倉揪住髮辮往下捺按，王興順拔身佩
小刀連戳劉倉左腿兩下，劉倉仍緊按不放。王
興掙不脫身，一時情急，復用刀戳傷其右腿倒
地，詎劉倉傷重，移時殞命。報驗訊詳審供不諱。
王興依鬭毆殺人律擬絞監候，秋後處決。謹題
請
旨。

道光十六年四月十五日兵部侍郎兼都察院右副都御史巡撫江蘇等處地方提督軍務兼理糧餉臣林則徐

驗明崇明縣民楊隴生毆斃楊宗寶案擬絞監候

三法司核擬具奏

題

一六

江蘇巡撫林則徐題本　驗明崇明縣民楊隴生毆斃楊宗寶案擬絞監候

道光十六年四月十五日

兵部侍郎兼都察院右副都御史巡撫江蘇等處地方提督軍務總理糧儲臣林則徐謹

題為報驗事據署江蘇按察使積拉明阿詳據太
倉州知州李正鼎詳據崇明縣知縣挑儲詳稱
道光拾伍年玖月初玖日據地保陳裕報據民
人楊方投稱捌月貳拾伍夜伊弟楊宗寶因向
楊隴生之妻楊秦氏圖姦被楊隴生追趕逃逸
伊向楊隴生服禮未控貳拾玖日伊弟被楊隴
生用木棍鐵釘毆戳致傷攙回醫治詎伊弟傷
重延至玖月初柒日身死等語往查屬實報候
驗究等情並據屍兄楊方同報到縣諭帶吏仵
前詣屍所如法相驗據仵作陳棠喝報已死楊
宗寶問年叁拾伍歲驗得仰面不致命右膝蓋

鐵釘戳傷肆點皮破血污右臁肕重疊木器傷
壹片青紫色難量分寸臁肕骨脛骨並折合面
不致命右脚踝鐵釘戳傷貳點皮破血污餘無
故委係受傷身死報畢親驗無異弔取兇器木
棍鐵釘比對屍傷相符塡格取結屍飭棺殮隨
訊據地保陳裕供與報詞同據鄰證黃國凡袁
富春同供道光拾伍年捌月貳拾伍日黃昏時
分楊宗寶肩開楊隴生家房門向楊隴生妻子
楊秦氏圖姦楊秦氏不依喊叫小的們趕去查
看見楊宗寶逃跑楊隴生在後追趕小的們上
前查問把楊隴生勸回第貳日楊宗寶的哥子
楊方向楊隴生服禮沒有控告貳拾玖日楊隴

生怎樣用木棍鐵釘把楊宗賓毆戳致傷小的
們並沒看見事後纔曉得的不料楊宗賓到玖
月初柒日因傷死了並沒別故是實據地主朱
紀郎供道光拾伍年捌月貳拾玖日楊隴生因
楊宗賓圖姦他妻子未成邀同秦順方在小的
地內把楊宗賓扭住楊隴生用木棍鐵釘將楊
宗賓毆戳致傷經張家和們勸散喊同小的把
楊宗賓擡送回家楊宗賓到玖月初柒日因傷
身死並沒別故是實據見證張家和龔連方同
供道光拾伍年捌月貳拾玖日小的們從朱紀
郎地內走過見秦順方把楊宗賓扭住楊隴生
用木棍打傷楊宗賓右臁肕倒地又用鐵釘將

楊宗寶右膝蓋右脚踝戳傷小的們趕攏喝住
問據楊隴生說因楊宗寶圖姦他妻子毆打出
氣小的們當卽勸散喊同朱紀郎把楊宗寶擡
送回家不料楊宗寶到玖月初柒日因傷死了
並沒別故小的們勸阻不及是實據屍兄楊方
供已死楊宗寶是兄弟與楊隴生同姓不宗鄰
居無嫌道光拾伍年捌月貳拾伍夜兄弟肩開
楊隴生家房門圖姦他妻子秦氏未成被楊隴
生追趕逃走第貳日早楊隴生要去告狀是小
的前往賠禮沒有控告貳拾玖日兄弟在朱紀
郎地內被楊隴生用木棍鐵釘毆戳致傷右膝
蓋右臁肕等處經張家和們擡送回家醫治不

料兄弟傷重到玖月初柒日身死小的投保報
驗的並沒別故求究抵是實據本婦楊秦氏供
楊隴生是丈夫與楊宗實鄰居來往婦人見面
不避道光拾伍年捌月貳拾伍日黃昏時分丈
夫出外推車婦人關門睡臥楊宗實肩門進房
向婦人求姦婦人不依叫喊適丈夫回家接應
楊宗實逃走丈夫向婦人問明情由出去追趕
經鄰人黃國凡們勸回第貳日是楊宗實的哥
子楊方來家服禮沒有控告丈夫要找尋楊宗
實毆打出氣貳拾玖日丈夫怎樣邀同婦人堂
兄秦順方在朱紀郎地內把楊宗實打傷婦人
先不知道那知楊宗實到玖月初柒日因傷死

了是實據秦順方供楊秦氏是小功堂妹楊隴生是堂妹夫道光拾伍年捌月貳拾伍日夜楊宗寶到楊秦氏房内圖姦楊秦氏不依喊叫楊隴生回家聞喊追趕楊宗寶逃走第貳日早楊宗寶的哥子楊方向楊隴生賠禮沒有控告楊隴生要把楊宗寶毆打出氣來叫小的相幫小的允從連日找尋楊宗寶不見貳拾玖日楊隴生帶木棍小的空手一同走到朱紀郎地内與楊宗寶撞遇小的向他斥罵楊宗寶回罵小的把楊宗寶扭住楊隴生用木棍打傷楊宗寶右臁肕小的放手楊宗寶倒地辱罵楊隴生又用身帶鐵釘戳傷楊宗寶右膝蓋右脚踝經張家

和們勸散把楊宗寶擡送回家不料楊宗寶傷
重到玖月初柒日死了並沒起釁別故是實據
兇犯楊隴生供崇明縣人年貳拾陸歲父母俱
故並沒弟兄娶妻秦氏沒生子女小的推車度
日與楊宗寶同姓不宗鄰居來往妻子見面不
避道光拾伍年捌月貳拾伍日小的推車外出
黃昏時候楊宗寶到小的家肩門進房向妻子
圖姦妻子不依喊叫適小的回歸聞喊喝問楊
宗寶跑出逃走小的向妻子問明情由當時追
趕鄰人黃國凡們把小的勸回第貳日早小的
想要告狀楊宗寶的哥子楊方走向小的服禮
沒有控告小的氣忿不過邀同妻子的堂兄秦

順方去找楊宗寶毆打洩忿連日找尋不見貳
拾玖日早小的帶木棍泰順方空手走到朱紀
郎地內與楊宗寶撞遇泰順方向他斥罵楊宗
寶回罵泰順方把楊宗寶扭住小的用木棍連
打楊宗寶右𦡞肕叁下泰順方放手楊宗寶倒
地辱罵小的又用身帶鐵釘連戳他右膝蓋右
脚踝幾下經張宗和們走來勸散不料楊宗寶
傷重到玖月初柒日死了並非有心欲殺也沒
起釁別故及另有在場幫毆的人木棍鐵釘都
蒙起案是實各等供據此將犯收禁木棍鐵釘
貯庫錄供通詳蒙批飭審遵提復訊各供均與
前審無異不敍外該崇明縣、知縣姚儲審看得

江蘇巡撫林則徐題本　驗明崇明縣民楊隴生毆斃楊宗寶案擬絞監候

道光十六年四月十五日

楊隴生毆傷楊宗寶身死壹案緣楊隴生籍隸崇明推車為業與楊宗寶同姓不宗素相往來楊隴生之妻楊秦氏見面不避道光拾伍年捌月貳拾伍日黃昏時分楊宗寶乘楊隴生推車外出潛至楊隴生家肩門進房向楊秦氏圖姦楊秦氏不依喊叫適楊隴生回家聞喊喝問楊宗寶跑出逃走楊隴生追趕經鄰人黃國凡等勸回次早楊隴生欲控楊宗寶之兄楊方往向服禮楊隴生忿猶未洩邀同妻兄秦順方連日尋毆楊宗寶不遇貳拾玖日楊隴生帶木棍秦順方徒手行至朱純郎地內與楊宗寶撞遇秦順方向其斥罵楊宗寶回詈秦順方將楊宗寶

扭住楊隴生用木棍連毆其右臁肕秦顋方放
手楊宗寶倒地辱罵楊隴生復用身帶鐵釘戳
傷其右膝蓋右腳踝經張家和等勸散賊同來
紀郎將楊宗寶擡回詎楊宗寶傷重延至玖月
初柒日殞命投保報縣驗訊通詳蒙批飭審遵
復提犯研鞫據供前情不諱詰非有心欲殺亦
無起釁別故及另有在場幫毆之人案無遁飾
查例載本夫殺死圖姦未成罪人無論登時事
後俱照擅殺律擬絞監候各等語此案楊隴生
因楊宗寶圖姦伊妻秦氏當時喊追逃走事後
毆傷斃命楊宗寶與該犯同姓不宗應按例問
擬楊隴生合依本夫殺死圖姦未成罪人照擅

江蘇巡撫林則徐題本　驗明崇明縣民楊隴生毆斃楊宗寶案擬絞監候

道光十六年四月十五日

絞律擬絞例擬絞監候秋後處決秦順方係楊
秦氏小功堂兄幫同扭毆並未成傷應照例勿
論張宗和等勸阻不及應無庸議楊宗寶圖姦
秦氏未成本干律擬業已身死亦無庸議無干
省釋屍棺飭埋兇器木棍鐵釘解驗等情由州
審解到司該署江蘇按察使積拉明阿提犯親
訊核擬無異解候勘
題等情招解到臣提犯親審無異該臣看得崇明
縣民楊隴生毆傷楊宗寶身死壹案緣楊隴生
籍隸崇明推車爲業與楊宗寶同姓不宗鄰居
往來楊隴生之妻楊秦氏見面不避道光拾伍
年捌月貳拾伍日黄昏時分楊宗寶乘楊隴生

推車外出滑至楊隴生家肩門進房向楊秦氏
圖姦楊秦氏不依喊叫適楊隴生回家聞喊喝
問楊宗寶跑出逃走楊隴生追趕經鄰人黄國
凡等勸回次早楊隴生欲控楊宗寶之兄楊方
往向服禮楊隴生忿猶未洩邀同妻兄秦順方
連日尋毆楊宗寶不遇貳拾玖日楊隴生帶木
棍秦順方徒手行至朱紀郎地内與楊宗寶撞
遇秦順方向其斥罵楊宗寶回詈秦順方將楊
宗寶扭住楊隴生用木棍連毆其右膁肋秦順
方放手楊宗寶倒地辱罵楊隴生復用身帶鐵
釘戳傷其右膝蓋右脚踝經張家和等勸散喊
同朱紀郎將楊宗寶擡回詎楊宗寶傷重延至

玖月初柒日殞命報驗訊詳審供不諱詰非有
心欲殺亦無起釁別故及另有在場幫毆之人
案無遁飾查例載本夫殺死圖姦未成罪人無
論登時事後俱照擅殺律擬絞監候各等語此
案楊隴生因楊宗寶圖姦伊妻秦氏當時喊追
逃走事後毆傷斃命楊宗寶與該犯同姓不宗
應按例問擬楊隴生合依本夫殺死圖姦未成
罪人照擅殺律擬絞例擬絞監候秋後處決秦
順方係楊秦氏小功堂兄幫同扭毆並未成傷
照例勿論張家和等勸阻不及應無庸議楊宗
寶圖姦秦氏未成本干律擬業已身死亦無庸
議無干省釋屍棺飭埋兇器木棍鐵釘發回銷

殺臣謹具
題伏乞
皇上聖鑒勅下三法司核覆施行再此案審限應以
道光拾伍年玖月初玖報驗之日起除封印壹
月自縣由州解司程限肆日統應扣至拾陸年
肆月拾叁日全限屆滿合並陳明謹題請
旨

一六　江蘇巡撫林則徐題本　驗明崇明縣民楊隴生毆斃楊宗寶案擬絞監候

道光十六年四月十五日

道光……地方提督軍務總理糧餉臣林則徐

兵部侍郎兼都察院右副都御史巡撫江蘇等處地方提督軍務總理糧餉臣林則徐謹

題爲報驗事。該臣看得崇明縣民楊隴生毆傷楊宗寶身死壹案。緣楊隴生與楊宗寶同姓不宗，鄰居往來，楊隴生之妻楊秦氏見面不避。道光拾伍年捌月貳拾伍日黃昏時分，楊宗寶乘楊隴生外出，潛至楊隴生家肩門進房，向楊秦氏圖姦，楊秦氏不依喊叫，適楊隴生回家聞喊喝問，楊宗寶跑出逃走，楊隴生追趕，經鄰人黃國凡等勸回。次早楊隴生欲控，楊宗寶之兄楊方往向服禮，楊隴生忿猶未洩，邀同妻兄秦頑方

迪日尋毆楊宗寶不還貳拾玖日楊隴生帶木
棍秦頎方徒手行至朱紀郎地內與楊宗寶撞
遇秦順方向其斥罵楊宗寶回詈秦頎方將楊
宗寶扭住楊隴生用木棍連毆其右臁肕秦頎
方放手楊宗寶倒地辱罵楊隴生復用身帶鐵
釘鐵傷其右膝蓋右脚踝經張家和等勸散將
楊宗寶攙回詎楊宗寶傷重延至玖月初柒日
殞命報驗審供不諱楊隴生依本夫殺死圖姦
未成罪人照擅殺律擬絞例擬絞監候秋後處
決謹題請
旨

一六　兩江總督陶澍江蘇巡撫林則徐奏摺　請以劉文澈接署沭陽縣知縣

道光十六年四月十八日

奏

兩江總督陶澍江蘇巡撫林則徐奏摺　**請以劉文澈接署沭陽縣知縣**

一六　兩江總督陶澍江蘇巡撫林則徐奏摺　請以劉文澂接署沭陽縣知縣

道光十六年四月十八日

兩江總督臣陶澍
江蘇巡撫臣林則徐 跪

奏為委署知縣循例恭摺具
奏仰祈
聖鑒事竊照沭陽縣知縣王夢齡前經委署海州直隸州知州所有沭陽縣缺委候補知縣王之棠署理在案茲王之棠委令採辦木植應另委員接署時值上忙錢糧開徵之際最關緊要必得幹練之員方期勝任查有江寧府南捕通判劉文澂明白勤能堪以委令接署沭陽縣事據藩臬兩司會詳請
奏前來除批飭遵照外謹合詞恭摺具
奏伏乞

兩江總督陶澍江蘇巡撫林則徐奏摺　請以劉文澈接署沭陽縣知縣

道光十六年四月十八日

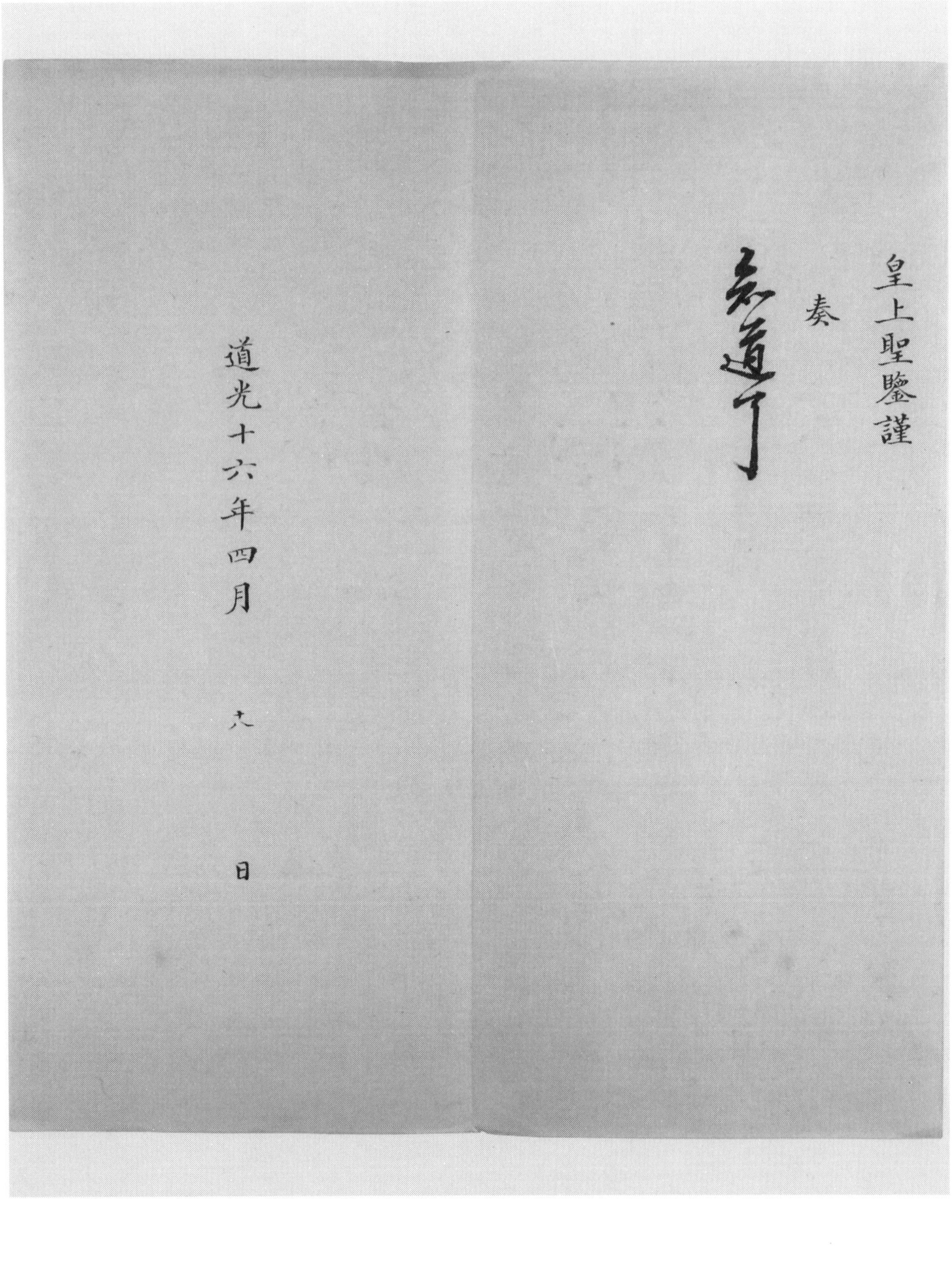
皇上聖鑒謹

奏

知道了

道光十六年四月　十八　日

江浦縣知縣徐玉潤經年未到任請以鄧夢鯉補授

該部議奏
題

一六

江蘇巡撫林則徐題本　江浦縣知縣徐玉潤經年未到任請以鄧夢鯉補授

道光十六年四月二十八日

江蘇巡撫林則徐題本　江浦縣知縣徐玉潤經年未到任請以鄧夢鯉補授
道光十六年四月二十八日

兵部侍郎兼都察院右副都御史巡撫江蘇等處地方提督軍務總理糧儲臣林則徐謹
題爲詳請
題補事據江寧布政使楊簧會同署江蘇按察使
積拉明阿詳稱竊照新選江浦縣知縣徐玉潤
經年未曾到任奉於道光拾陸年貳月貳拾日
會
奏開缺留外請補已奉
諭旨允准在案所遺江浦縣知縣係專衝簡缺會查
有揀發候補知縣鄧夢鯉年陸拾貳歲福建德
化縣人由廩生中式嘉慶癸酉科舉人己卯科
中式進士引
見以知縣即用分發湖南補授臨武縣知縣丁憂服闋

赴部候選引
見奉
旨發往江蘇以知縣差遣委用欽此於道光拾壹年
玖月初貳日到省履查該員年健才明辦事穩
實以之請補江浦縣知縣與例相符相應詳候
會
題再該員係揀發候補知縣請補知縣銜缺相當
無庸送部引
見合並聲明等情到臣據此該臣查得新選江浦縣
知縣徐玉潤經年未曾到任經臣林則徐會同
督臣陶澍於道光拾陸年貳月貳拾日具
奏聞缺聲明留外請補業奉

諭旨允准在案所遺江浦縣知縣係專衝簡缺並據
江寧布政使楊簧等會詳查有揀發候補知縣
鄧夢鯉年陸拾貳歲福建德化縣人由廩生中
式嘉慶癸酉科舉人己卯科中式進士引
見以知縣即用分發湖南補授臨武縣知縣丁憂服闋
赴部候選引
見奉
旨發往江蘇以知縣差遣委用欽此於道光拾壹年
玖月初貳日到省覆查該員年健才明辦事穩
實以之請補江浦縣知縣與例相符詳請會
題前來臣查鄧夢鯉樸實老成奉公勤慎以之請
補江浦縣知縣與例相符至該員係揀發候補

江蘇巡撫林則徐題本 江浦縣知縣徐玉潤經年未到任請以鄧夢鯉補授

道光十六年四月二十八日

知縣今請補知縣銜缺相當無庸送部引
見謹會同兩江總督臣陶澍合詞具
題伏乞
皇上聖鑒勅部議覆施行謹題請
旨

道光十六年……地方提督軍務總理糧餉臣林則徐

一六　江蘇巡撫林則徐題本　江浦縣知縣徐玉潤經年未到任請以鄧夢鯉補授

道光十六年四月二十八日

兵部侍郎兼都察院右副都御史巡撫江蘇等處地方提督軍務兼理糧儲臣林則徐謹
題爲詳請
題補事該臣查得新選江浦縣知縣徐玉潤經年
未曾到任經臣林則徐會同督臣陶澍於道光
拾陸年貳月貳拾日具
奏開缺聲明留外請補業奉
諭旨允准在案所遺江浦縣知縣係專衙簡缺兹據
江寧布政使楊簧等會詳查有揀發候補知縣
鄧夢鯉年陸拾貳歲福建德化縣人由廩生中
式嘉慶癸酉科舉人己卯科中式進士引
見以知縣即用分發湖南補授臨武縣知縣丁憂服闋
赴部候選引
見奉
旨發往江蘇以知縣差遣委用欽此於道光拾壹年
玖月初貳日到省覆查該員年健才明辦事穩
實以之請補江浦縣知縣與例相符詳請會
題前來臣查鄧夢鯉樸實老成奉公勤慎以之請
補江浦縣知縣與例相符謹會題請
旨

江蘇巡撫林則徐題本

常州府知府李璋煜患病難痊請開缺回籍調理

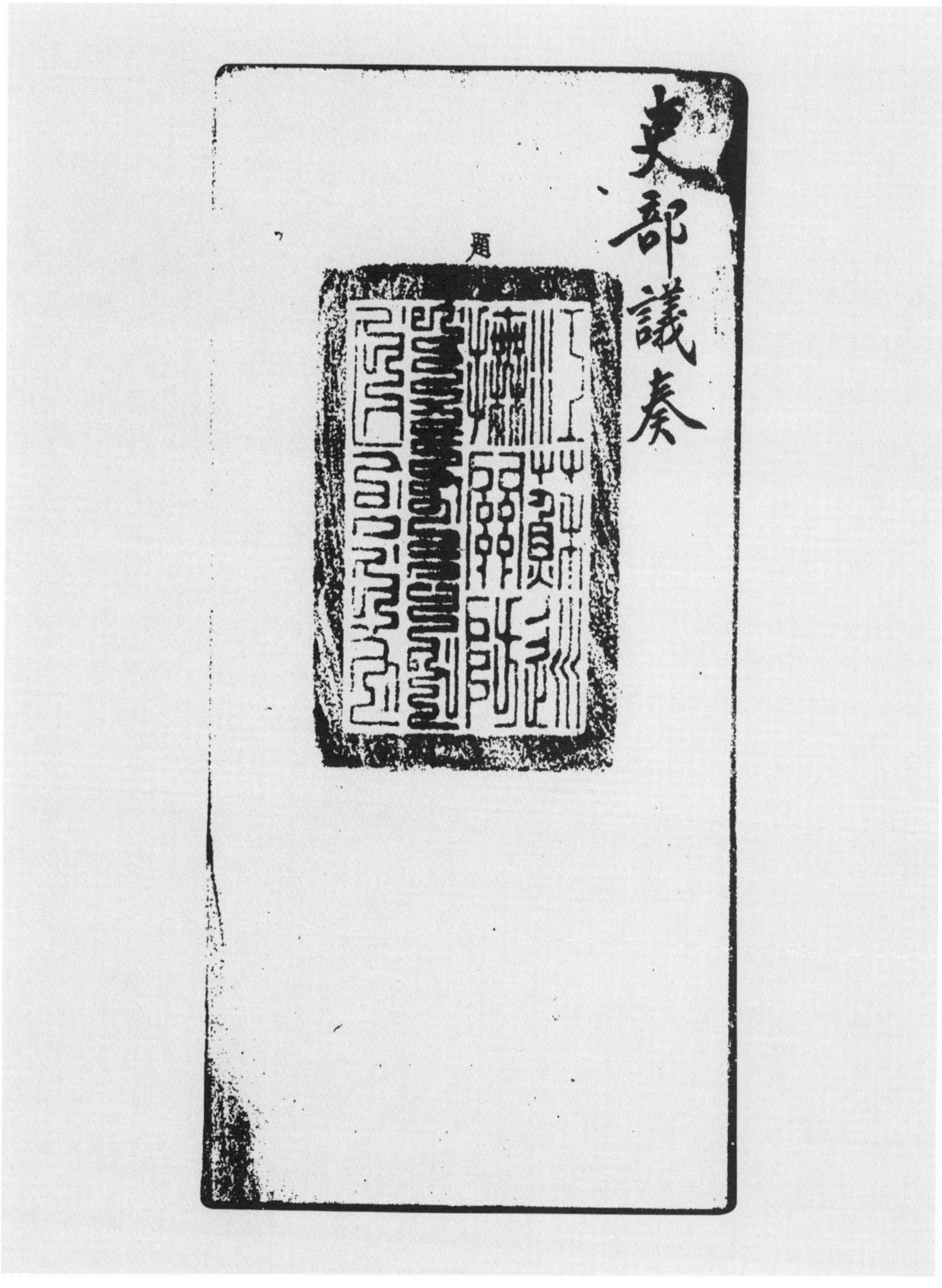
吏部議奏

題

江蘇巡撫林則徐題本　常州府知府李璋煜患病難痊請開缺回籍調理

道光十六年四月二十八日

兵部侍郎兼都察院右副都御史巡撫江蘇等處地方提督軍務總理糧儲臣林則徐謹
題爲知府患病詳請開缺回籍調理事道光拾陸
年肆月初伍日據署蘇州布政使裕謙會同署
江蘇按察使積拉明阿詳稱案據常州府知府
李璋煜稟稱竊璋煜現年肆拾伍歲係山東諸
城縣人由拔貢中式嘉慶癸酉科舉人庚辰科
中式進士以部屬用籤分刑部補授山西司主
事洊陞山西司員外郎四川司郎中奉
旨記名以繁缺知府用補授常州府知府於道光拾
伍年拾貳月貳拾日到任正思力圖報稱乃上
年自京赴任感受風寒本年叁月內傷寒病發
趕緊醫治雖外邪已去而正氣甚虧必須靜心

調攝稟請暫行給假等情到司當將常州府知
府員缺詳委蘇州府海防同知楊承湛前往代
理並飭李璋煜上緊調治務痊去後旋復據該
府具稟服藥未能見效而怔忡舊病復發一時
難以就痊懇請開缺回籍調理前來該署蘇州
布政使裕謙會同署江蘇按察使積拉明阿查
得常州府知府李璋煜患病服藥未能見效而
怔忡舊病復發一時難以就痊懇請開缺回籍
調理前來除飭確查取結照例詳辦外相應詳
候會
題等情到臣據此該臣查得常州府知府李璋煜
患病服藥未能見效而怔忡舊病復發一時難

江蘇巡撫林則徐題本　常州府知府李璋煜患病難痊請開缺回籍調理

道光十六年四月二十八日

以就痊稟請開缺回籍調理等情現經臣會同
督臣陶澍
奏委代理之蘇州府海防同知楊承湛接署並飛
常州府知府員缺請
旨即賜
簡放茲據署蘇州布政使裕謙等會詳李璋煜患病
屬實應請開缺回籍調理前來臣查李璋煜年
力正強居官謹飭今患病屬實自應准其開缺
回籍調理除批飭照例取具醫驗各結並查明
將來病痊是否尚堪起用任內有無承辦未完
事件另行咨部外謹會同兩江總督臣陶澍合
詞具

江蘇巡撫林則徐題本 常州府知府李璋煜患病難痊請開缺回籍調理

道光十六年四月二十八日

題伏乞

皇上聖鑒敕部議覆施行謹題請

旨

道光十六年四月二十八日兵部右侍郎兼都察院右副都御史巡撫江蘇等處地方提督軍務節制鎮總理糧儲臣林則徐

一六　江蘇巡撫林則徐題本　常州府知府李璋煜患病難痊請開缺回籍調理

道光十六年四月二十八日

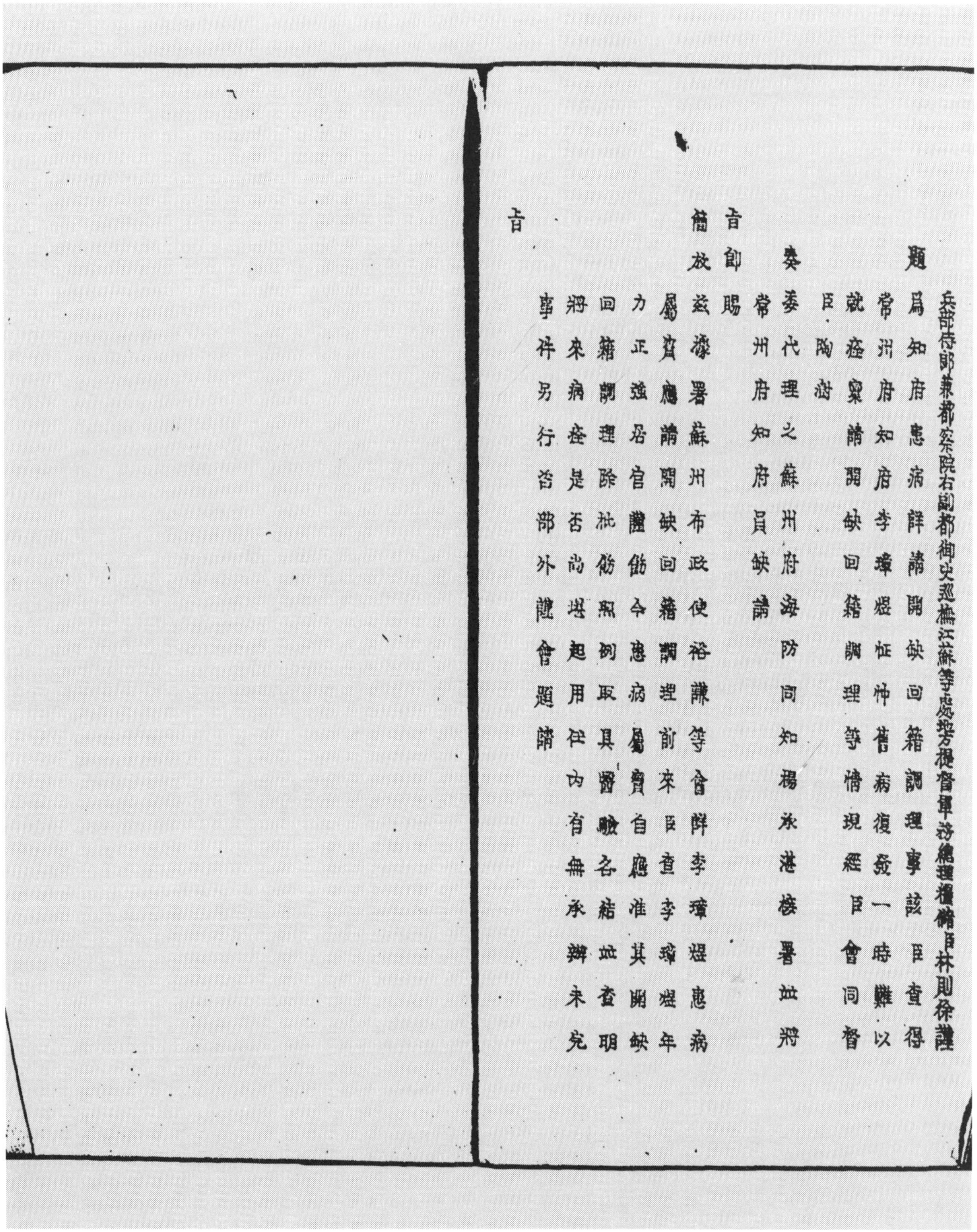
兵部侍郎兼都察院右副都御史巡撫江蘇等處地方提督軍務總理糧儲臣林則徐謹
題爲知府患病懇請開缺回籍調理事該臣查得
常州府知府李璋煜怔忡舊病復發一時難以
就痊稟請開缺回籍調理等情現經臣會同督
臣陶澍
奏委代理之蘇州府海防同知楊承湛接署並將
常州府知府員缺請
旨即賜
簡放茲據署蘇州布政使裕謙等會詳李璋煜患病
屬實懇請開缺回籍調理前來臣查李璋煜年
力正強居官謹飭今患病屬實自應准其開缺
回籍調理除批飭照例取具醫驗各結並查明
將來病痊是否尚堪起用任內有無承辦未完
事件另行咨部外謹會題請
旨

江蘇巡撫林則徐題本

題參署無錫縣知縣曾承顯等疏防行舟被搶限滿贓犯無獲

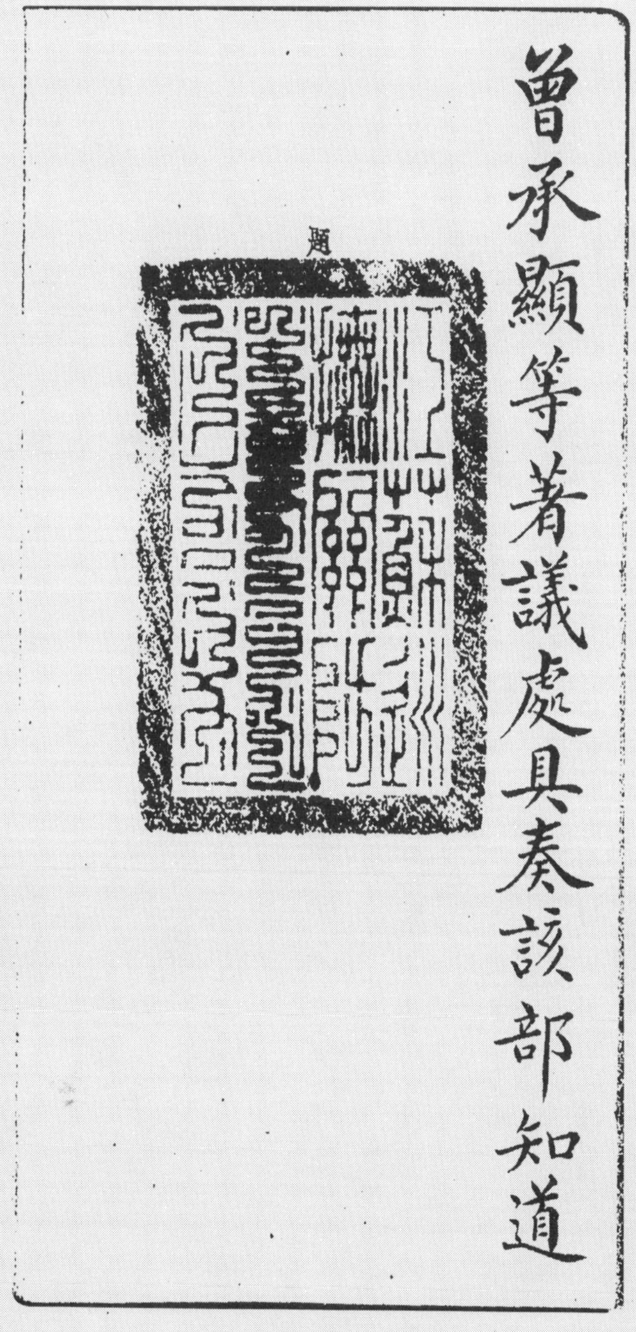
曾承顯等著議處具奏該部知道

題

江蘇巡撫林則徐題本　題參署無錫縣知縣曾承顯等疏防行舟被搶限滿贓犯無獲
道光十六年四月二十八日

兵部侍郎兼都察院右副都御史巡撫江蘇等處地方提督軍務總理糧儲臣林則徐謹
題為詳參疏防文職事據署江蘇按察使積拉明
阿詳稱據常州府知府李璋煜詳據署無錫縣
知縣曾承顯詳稱道光拾伍年拾壹月拾壹日
據船戶陳良峯喊稟本月初捌日伊從江陰裝
載徽州客民洪榆工人程正林並錢洋行李赴
宜興交卸詎於初玖日黃昏時船至無錫陽湖
交界之北陽湖地方被匪船從梢後跳上有賊
伍人過船口稱搜查私貨進艙搶去錢洋等物
稟叩勘緝等情並據事主洪榆開單報同前由
各到縣當因地界毗連兩邑稟府檄飭陽湖縣
會同卑職前詣失事處所勘得該處河道東通

江陰西達宜興南岸係無錫該管北岸係陽湖所轄兩岸均係田疇曠野河面約寬叁拾餘丈北岸並無居民南岸距大舍村約半里據事主指稱是夜伊船自東往西居中搖駕被匪駕船趕上在梢後挽住上船打毀船梢蓬槽墊板進艙搶去錢洋舖蓋等物而逸查看船梢板有毀損痕跡該處離城陸拾里離洛社汛貳拾伍里並無墩鋪防兵勘畢復查該船戶據供居中搖駕賊由梢後上船係屬傍近南岸應歸無錫縣管轄隨提部地保船戶事主人等各供均與報詞相符飭牙估計失贓值銀捌百拾捌兩叁錢造冊録供詳奉批飭緝拏等因茲查此案疎防

限屆犯無弋獲合將印捕職名開報等情由府
遞開督捕督緝各職名詳參前來除移取巡道
兼轄職名另詳並飭勒緝贓匪務獲究報外該
署江蘇按察使積拉明阿查得無錫縣事主洪
榆行舟被搶計贓逾貫壹案疏防例限肆箇月
應以道光拾伍年拾壹月初玖失事之日起扣
至拾陸年叁月初玖日滿贓匪無獲所有文職
疏防職名印官係署無錫縣知縣曾承顯捕官
係無錫縣高橋司巡檢曹紗督緝係不同城前
署常州府知府恩齡督捕係不同城常總捕通
判崔萼查督緝知府恩齡先於道光拾伍年拾
貳月貳拾日未經限滿之先卸事係署事人員

不復回任應請議結現任知府李璋煜係接督
緝之員例無處分合并聲明詳候核參等情到
臣據此該臣查得無錫縣事主洪榆行舟被搶
計贓逾貫壹案疏防例限肆箇月應以道光拾
伍年拾壹月初玖失事之日起扣至拾陸年叁
月初玖日滿贓匪無獲開列疏防職名詳參前
來除飭勒緝贓匪務獲究報並飭取巡道藩臬
職名另參外所有文職疏防職名印官係署無
錫縣知縣曾承顯捕官係無錫縣高橋司巡檢
曹鈔督緝係不同城前署常州府知府恩齡督
捕係不同城常總捕通判崔咢相應列參聽候
部議查督緝知府恩齡先於道光拾伍年拾貳

月貳拾日未經限滿之先卸事係署事人員不
復回任應請議結現任知府李璋煜係接督緝
之員例無處分再此案失事處所離城陸拾里
離洛社汛貳拾伍里並無墩舖防兵合並陳明
臣謹具
題伏乞
皇上聖鑒勅部議覆施行謹題請
旨

道光[illegible]等處地方提督軍務總理糧儲臣林則徐

兵部侍郎兼都察院右副都御史巡撫江蘇等處地方提督軍務總理糧儲臣林則徐謹
題爲詳參疎防文職事該臣查得無錫縣事主洪
榆行舟被搶計贓逾貫疊案疎防例限肆箇月
應以道光拾伍年拾壹月初玖日失事之日起扣
至拾陸年叁月初玖日滿贓匪無獲開列疎防
職名詳參前來除飭緝贓匪務獲究報並飭
取巡道兼轄職名另參外所有文職疎防職名
印官係署無錫縣知縣曾承顯補官係無錫縣
高橋司巡檢曾紡督緝係不同城前署常州府
知府恩齡督補係不同城常鎮通判崔夢相
應列參聽候部議謹題請
旨

一六

江蘇巡撫林則徐題本　吳縣男普濟堂捐置義塚田畝應自道光十五年起豁除錢糧

道光十六年四月二十八日

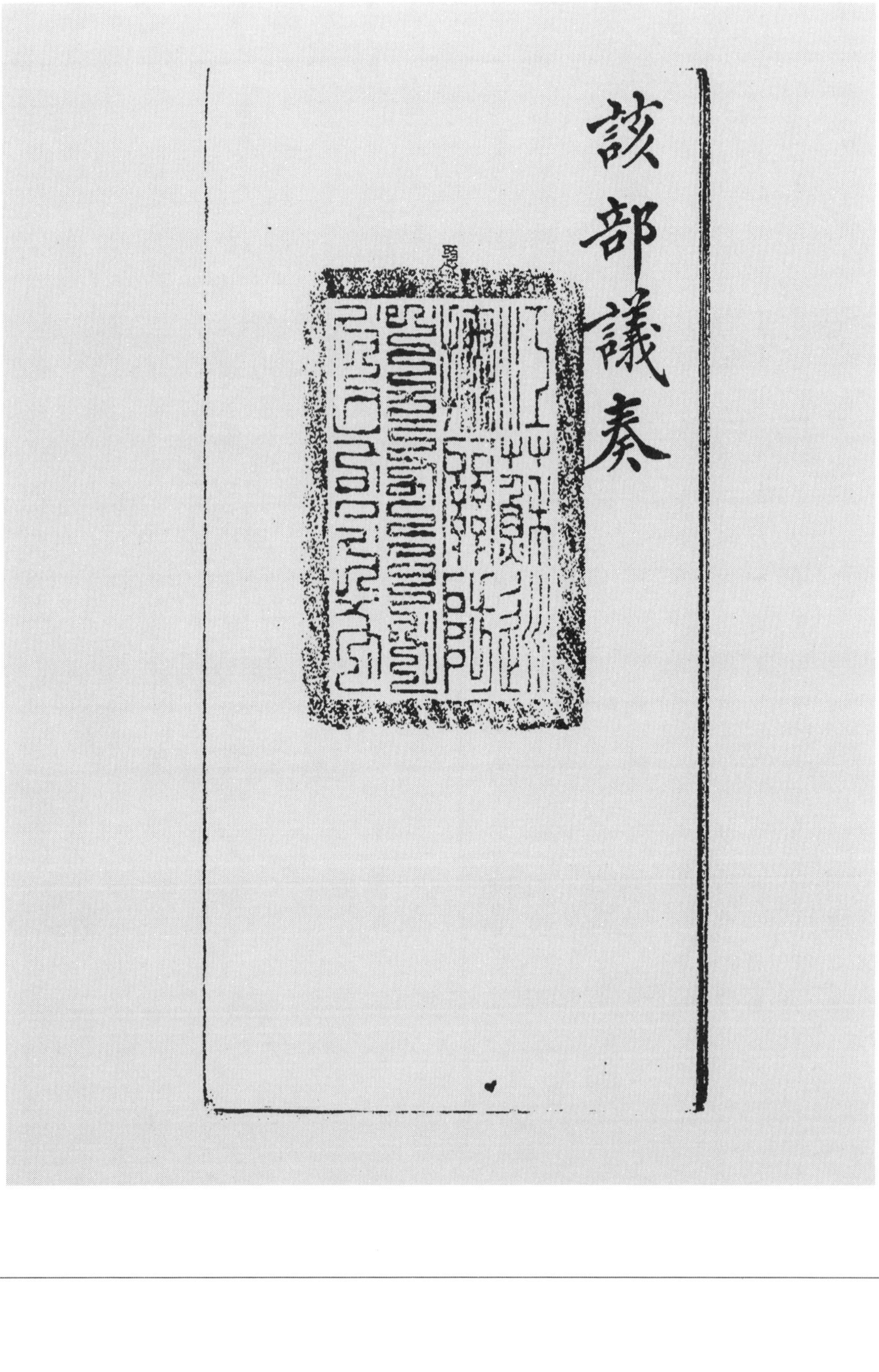
該部議奏

江蘇巡撫林則徐題本　吳縣男普濟堂捐置義塚田畝應自道光十五年起豁除錢糧

一六 江蘇巡撫林則徐題本 吳縣男普濟堂捐置義塚田畝應自道光十五年起豁除錢糧 道光十六年四月二十八日

一

兵部侍郎兼都察院右副都御史巡撫江蘇等處地方提督軍務兼理糧餉臣林則徐謹
題為清查陞除等事據署蘇州布政使裕謙詳稱
案據吳縣知縣湯謦光詳據男普濟堂董事呈
報捐置義塚占廢拾壹都上拾圖等處田地貳
拾壹畝貳分叁釐貳毫陸絲肆忽收埋屍棺業
已葬滿應請豁除糧賦由縣勘文相符並無阻
礙鄰田水利情事通詳察辦到司當經批飭據
蘇州府飭委長洲縣知縣景壽春會同吳縣知
縣湯謦光前詣所報處所逐一履勘確實出具
無捏切結由道府覆勘加結送司核轉前來該
署蘇州布政使裕謙查得各屬坍荒義塚占廢
田地例應隨時勘實詳請

江蘇巡撫林則徐題本　吳縣男普濟堂捐置義塚田畝應自道光十五年起豁除錢糧

道光十六年四月二十八日

題豁糧賦令吳縣男普濟堂捐還義塚田貳拾壹畝貳分叁釐貳毫陸絲肆忽查照新舊全書科則驗該應徵折色銀貳兩伍錢壹分肆釐米叁石陸斗貳升玖合叁勺豆貳合陸勺遇閏加徵銀肆分貳釐米叁合肆勺既據該府縣委員勘明出結并由蘇松太道加結自無捏飾應請即從道光拾伍年爲始照數豁除仍請先行註銷以免賠累所豁折色銀兩於地丁漕項款內扣徵本色米石於南屬揚倉行月米款內扣徵俾免各案撥補之繁相應轉造應徵銀米并分晰地漕款冊同送到弓口坵形斗則冊以及道府縣委員印結加具保結一并詳送伏候具

題請豁等情據此該臣查得各屬坍荒義塚田地
例應豁免錢糧茲據署蘇州布政使裕謙詳稱
今吳縣男普濟堂捐置義塚田貳拾壹畝零應
蠲折色銀貳兩零米叁石零豆貳合零遇閏加
蠲銀肆分零米叁合零既據該府縣委員勘明
出結并由蘇松太道加結自無揑飾應請即從
道光拾伍年爲始照數豁除仍請先行註銷以
免賠累所豁折色銀兩於地丁漕項款內扣蠲
本色米石於南鄉揚倉行月米款內扣蠲俾免
各案撥補之繁相應轉造應蠲銀米并分晰地
漕款冊同送到弓口號形斗則冊以及道府縣
委員印結加具保結一并詳送具

題請豁等情前來臣覆核無異除冊結送部查核
外謹會同兩江總督臣陶　漕運總督臣恩特
亨額合詞具
題伏乞
皇上聖鑒勅部核覆施行謹題請
旨

道光[illegible]方提督軍務兼理糧餉臣林則徐

江蘇巡撫林則徐題本　吳縣男普濟堂捐置義塚田畝應自道光十五年起豁除錢糧
道光十六年四月二十八日

兵部侍郎兼都察院右副都御史巡撫江蘇等處地方提督軍務兼理糧餉臣林則徐謹
題爲清查題除等事。該臣查得各屬坍荒義塚田
地例應豁免錢糧。茲據署蘇州布政使裕謙詳
稱：今吳縣男普濟堂捐置義塚田貳拾壹畝零，
應豁折色銀貳兩零，米叁石零，豆貳合零，遇閏
加豁銀肆分零，米叁合零。既據該府縣委員勘
明出結，并由蘇松太道加結，自無捏飾，應請即
從道光拾伍年爲始照數豁除，仍請先行註銷，
以免賠累。所豁折色銀兩於地丁漕項款內扣
豁，本色米石於南鳳揚倉行月米款內扣豁，俾
免各案遞補之繁，轉造款冊，同送到冊結加結，
詳
題請豁前來。臣覆核無異，除冊結送部外，謹會
題
請
旨。

江蘇巡撫林則徐題本　**蘇州等屬因災歷年積欠請豁緩展漕糧漕項請從上年起帶徵**

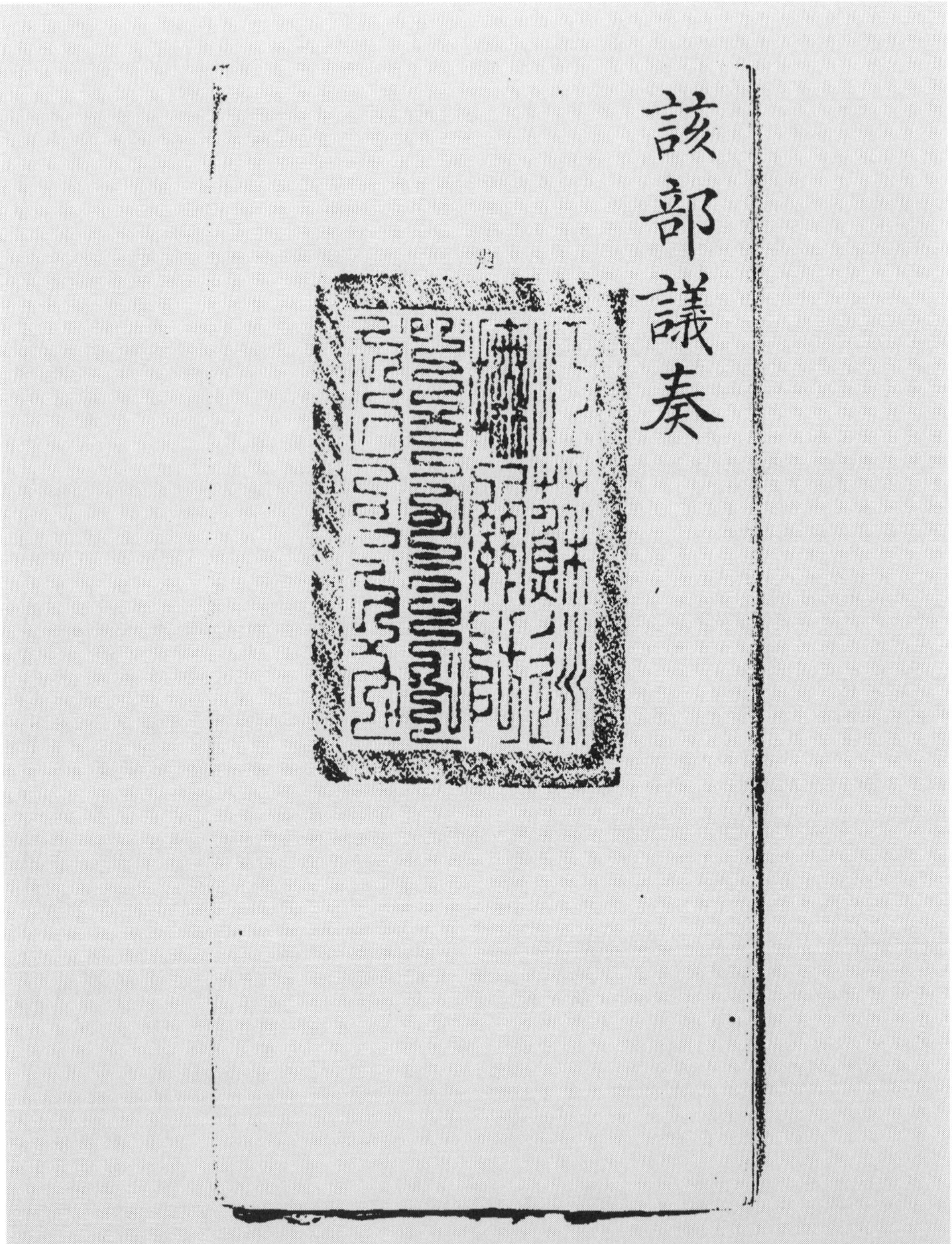
該部議奏

江蘇巡撫林則徐題本 蘇州等屬因災歷年積欠請豁緩展漕糧漕項請從上年起帶徵
道光十六年四月二十八日

兵部侍郎兼都察院右副都御史巡撫江蘇等處地方提督軍務總理糧儲臣林則徐謹
題爲謹報等事據署蘇州布政使裕謙蘇松督糧
道陶廷杰會詳稱案奉行開江蘇省道光拾肆
年秋禾被水被旱歉收情形請緩徵錢糧緣由
於道光拾肆年拾月拾捌日會摺具
奏於拾壹月貳拾叁日奉到
硃批另有旨欽此同日奉到道光拾肆年拾壹月初
陸日内閣奉
上諭陶澍等奏查明江蘇各屬秋成被歉懇請緩徵
並分別帶徵遞展一摺本年江蘇各州廳縣衛或
因江水陡漲或因風雨過多據該督等查明歉收
僅止一隅均未成災惟係連年積歉之區若新舊

錢糧同時並徵民力恐有未逮加恩著照所請所
有上元江寧句容高淳江浦常熟昭文崑山新陽
上海南匯青浦川沙溧陽山陽阜寧清河桃源安
東鹽城高郵泰州甘泉寶應銅山豐縣沛縣蕭縣
碭山邳州宿遷睢寧太倉鎮洋崇明海州沭陽海
門等叁拾捌州廳縣並淮安大河徐州太倉鎮海
金山等陸衛幫被歉田畝應徵道光拾肆年地漕
各項銀米著緩至拾伍年秋成後分作貳年帶徵
其乙未年上忙新賦並著緩至該年秋後一併啓
徵各州廳縣蘆課學租公費關租河湖灘租油麻
地租屯田津貼增租灘徵河銀出借籽種口糧蘆
草牧馬新陞並抄案入官地畝錯雜民田之內俱

江蘇巡撫林則徐題本 蘇州等屬因災歷年積欠請豁緩展漕糧漕項請從上年起帶徵
道光十六年四月二十八日

照坐落地方一律查辦淮揚等屬減則田地並海
州暨沭陽縣一水一麥田地亦著援照歷屆成案
一體緩徵又阜寧清河桃源宿遷海州沭陽贛榆
柒州縣民祈官辦漕糧除贛榆縣本年全境成熟
照常辦運外其餘歉收地方著查照歷屆奏准章
程將歉田米麥緩俟成熟之年再行採辦熟田米
麥分別辦運應緩漕價各數統於奏銷案內登報
至江淮等屬應行帶徵節年舊欠地漕等項銀米
麥豆除坐落本年歉區者亦著一體緩至拾伍年
秋後分別啓徵又蘇松等屬節年舊欠除常熟昭
文崑山新陽上海南匯青浦川沙溧陽太倉鎮洋
崇明等拾貳州廳縣太倉鎮海金山參衞幫本年

江蘇巡撫林則徐題本　蘇州等屬因災歷年積欠請豁緩展漕糧漕項請從上年起帶徵　道光十六年四月二十八日

被歉田畝應將舊欠一并緩徵外其成熟田地並長洲元和吳縣吳江震澤華亭奉賢婁縣金山武進陽湖無錫江陰宜興荆溪靖江丹徒丹陽金壇嘉定寶山等貳拾壹縣以及蘇州衛屯田除本年新賦照常徵收外所有節年舊欠亦著酌量情形分別帶徵遞緩其吳江震澤華亭奉賢婁縣金山上海南匯青浦玖縣應帶徵拾叁年熟田錢糧武進縣應帶徵拾壹貳叁等年熟田並拾壹年災緩貳限拾貳年災緩初限錢糧拾叁年初限米石歷徵拾貳年初限蘆課陽湖縣應帶徵拾叁年災緩初限米石及各年舊欠銀米無錫縣應帶徵拾壹年貳限銀米捌玖拾年地漕銀兩江陰縣應帶徵

拾叁年初限米石拾貳拾叁年地漕銀兩宜興荆
溪貳縣應帶徵拾叁年初限米石玖拾叁年地漕
及拾壹年初限銀兩靖江縣應帶徵玖年拾壹貳
叁年熟田地丁歷徵玖拾拾壹拾貳年熟田蘆課
拾叁年初限地蘆銀米丹陽縣應帶徵拾叁年初
限銀米歷徵拾貳年初限蘆課及各年熟田舊欠
地漕銀米拾貳年應徵未完各年蘆課金壇縣應
帶徵拾叁年地漕錢糧溧陽縣應帶徵拾叁年行
月等米太倉州應帶徵熟田各年銀米嘉定縣應
帶徵拾壹年貳限銀米拾叁年災緩初限米折金
山縣應帶徵拾叁年熟田尾欠均各照常徵輸其
餘各年災熟錢米均著分別遞展緩徵以紓民力

該督撫即刊刻謄黃徧行曉諭務須實惠及民毋
任吏胥舞弊用副朕軫念災黎至意該部知道欽
此恭錄行司遵照等因準經移行欽遵在案該
署蘇州布政使裕謙蘇松督糧道陶廷杰會查
得蘇松等屬道光拾肆年秋禾歉收勘不成災
及熟田減色項下通共遞緩遞展嘉慶貳拾叁
年起至道光拾年止舊欠漕項正銀柒拾萬伍
千玖百叁拾玖兩肆分柒釐隨正伍柒分耗羨
銀叁萬柒千壹百叁拾兩伍錢捌分捌釐漕糧
漕項等米貳拾萬玖百玖拾石叁斗貳升壹合
陸勺內漕糧正兌糧壹拾貳萬叁千陸百叁石
玖斗伍升貳合肆勺加肆耗米肆萬玖千肆百

肆拾壹石伍斗捌升伍勺漕糧玖兑糧叁千貳
百壹石壹斗玖升玖合貳勺加叁耗米玖百陸
拾石叁斗伍升玖合玖勺漕贈五米捌千捌百
陸拾石叁斗伍升肆合叁勺行月米壹萬叁千
捌百壹拾伍石陸斗捌升柒合玖勺漕項米壹
千壹百柒石壹斗捌升柒合肆勺白糧正耗等
米貳千玖百叁拾石玖斗陸升伍合陸勺內白
糧正米壹千伍百陸拾伍石陸斗捌升陸合柒
勺加叁耗米肆百陸拾玖石柒斗陸合盤用耗
米叁百壹拾叁石壹斗叁升柒合肆勺舂辦耗
米肆百陸拾玖石柒斗陸合運船水手食米壹
百壹拾貳石柒斗貳升玖合伍勺查前項各款

銀米請於道光拾伍年捌月內欽奉
恩旨豁免現在確查實在民欠詳請具
奏俟奉
旨准豁後入於各該年隨奏彙咨等項冊內登請銷
結又道光拾壹拾貳拾叁等年通共遞緩展緩
漕項正銀肆拾叁萬肆千柒百伍拾叁兩貳分
貳釐隨正伍柒分耗羨銀貳萬貳千肆百伍拾
伍兩貳錢伍分貳釐米價銀壹萬叁千肆百叁
拾玖兩玖錢柒釐漕糧漕項等米捌拾壹萬捌
千貳百壹拾陸石貳斗壹升柒合陸勺內漕糧
正兌糧伍拾壹萬捌千捌百肆拾叁石陸斗陸
升陸合捌勺加肆耗米貳拾萬柒千伍百叁拾

柒石肆斗陸升陸合伍勺漕糧改兌糧貳千肆
百捌拾貳石貳斗陸升伍合捌勺加叁耗米柒
百肆拾肆石陸斗捌升壹勺又河中營添兵米
內以南改造正兌糧肆斗叁升柒合柒勺加叁
耗米壹斗叁升壹合叁勺改兌糧壹石貳升柒
合肆勺加貳伍耗米貳斗伍升陸合玖勺漕贈
五米叁萬陸千肆百捌拾石肆斗玖升陸合柒
勺行月米叁萬玖千柒百貳拾肆石伍斗陸升
陸合丹徒縣額徵京口兵糧項下正兌糧貳千
叁百伍拾陸石叁斗陸升加肆耗米玖百肆拾
貳石伍斗肆升肆合五米壹百陸拾肆石玖斗
肆升伍合壹勺漕項米捌千玖百叁拾柒石叁

江蘇巡撫林則徐題本　蘇州等屬因災歷年積欠請豁緩展漕糧漕項請從上年起帶徵
道光十六年四月二十八日

斗采升叁合叁勺以上各款銀米應從道光拾
伍年秋成後起帶徵相應專案造冊詳候核
題等情據此該臣查得蘇州松江常州鎮江太倉
伍府州屬道光拾肆年秋禾歉收及熟田減色
案内應行遞緩遞展各年舊欠漕糧漕項銀米
先經飭行造報去後今據署蘇州布政使裕謙
蘇松督糧道陶廷杰會詳稱蘇州松江常州鎮
江太倉伍府州屬道光拾肆年秋禾歉收及熟
田減色項下通共遞緩遞展嘉慶貳拾叁年起
至道光拾年止舊欠漕項正銀米拾萬伍千玖
百叁拾玖兩零隨正耗羨銀叁萬柒千壹百叁
拾兩零漕糧漕項等米貳拾萬玖百玖拾石零

一六

江蘇巡撫林則徐題本　蘇州等屬因災歷年積欠請豁緩展漕糧漕項請從上年起帶徵

道光十六年四月二十八日

白糧正耗等米貳千玖百叁拾石零查前項各
款銀米續於道光拾伍年捌月內欽奉
恩旨蠲免現在確查實在民欠詳請具
奏俟奉
旨准豁後入於各該年蠲奏彙咨等項冊內登銷又
道光拾壹拾貳拾叁等年通共遞緩展緩漕項
正銀肆拾叁萬肆千柒百伍拾叁兩零隨正耗
羨銀貳萬貳千肆百伍拾伍兩零米價銀壹萬
叁千肆百叁拾玖兩零漕糧漕項等米捌拾壹
萬捌千貳百壹拾陸石零內正兌糧伍拾壹萬
捌千捌百肆拾叁石零耗米貳拾萬柒千伍百
叁拾柒石零改兌糧貳千肆百捌拾貳石零耗

米柒百肆拾肆石零又河中營添兵案內以南
玖漕正兑糧肆斗零耗米壹斗零玖兑糧壹石
零耗米貳斗零漕贈五米叁萬陸千肆百捌拾
石零行月米叁萬玖千柒百貳拾肆石零丹徒
縣額截京口兵糧項下正兑糧貳千叁百伍拾
陸石零耗米玖百肆拾貳石零五米壹百陸拾
肆石零漕項米捌千玖百叁拾柒石零以上銀
米應從道光拾伍年秋成後起帶徵專案造冊
詳候核
題等情前來臣覆核無異除冊分送部科查核外
謹會同漕運總督臣恩特亨額合詞具
題伏乞

江蘇巡撫林則徐題本　蘇州等屬因災歷年積欠請豁緩展漕糧漕項請從上年起帶徵

道光十六年四月二十八日

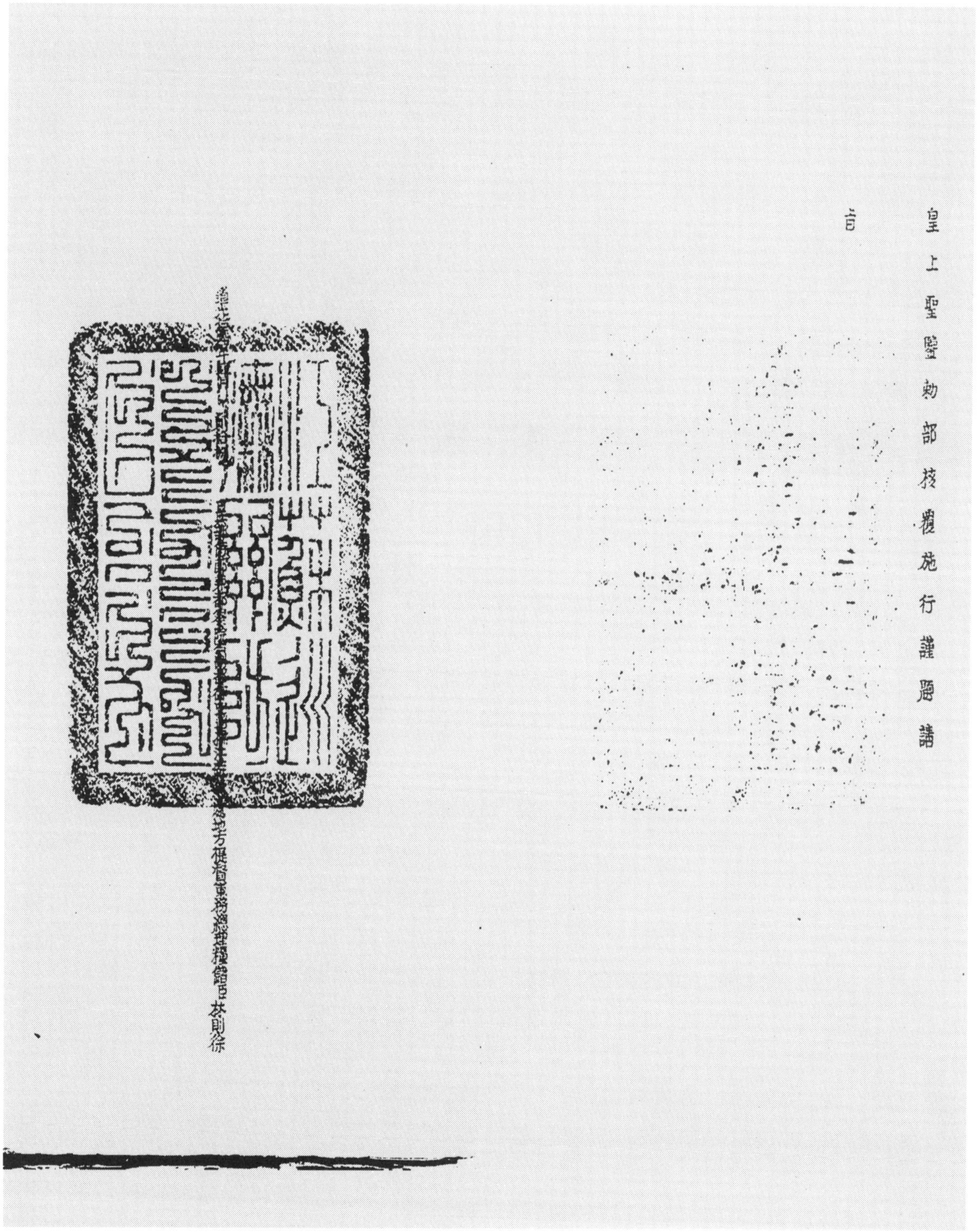

皇上聖鑒敕部核覆施行謹題請

旨

……地方提督軍務……臣林則徐

一六

江蘇巡撫林則徐題本　蘇州等屬因災歷年積欠請豁緩展漕糧漕項請從上年起帶徵

道光十六年四月二十八日

兵部侍郎兼都察院右副都御史巡撫江蘇等處地方提督軍務總理糧儲臣林則徐謹
題為謹報等事。該臣查得蘇州、松江、常州、鎮江、太
倉伍府州屬道光拾肆年秋禾歉收及熟田減
色案內應行遞緩遞展各年舊欠漕糧漕項銀
米，先經飭行造報去後。今據署蘇州布政使裕
謙、蘇松督糧道陶廷杰會詳稱：蘇州、松江、常州、
鎮江、太倉伍府州屬道光拾肆年秋禾歉收及
熟田減色項下，通共遞緩遞展嘉慶貳拾叁年
起至道光拾年止舊欠漕項正銀柒拾萬伍千
玖百叁拾玖兩零，耗羨銀叁萬柒千壹百叁拾
兩零，漕糧漕項等米貳拾萬玖百玖拾石零，白
糧正耗等米貳千玖百叁拾石零。查前項各款
銀米，瀝奉
恩旨蠲免，現在確查實在民欠，詳請
奏豁。又道光拾壹、拾貳、拾叁等年通共遞緩展緩
漕項正銀肆拾叁萬肆千柒百伍拾叁兩零，耗
羨銀貳萬貳千肆百伍拾伍兩零，米價銀壹萬
叁千肆百叁拾玖兩零，漕糧漕項等米捌拾壹
萬捌千柒百壹拾陸石零，以上銀米應從道光
拾伍年秋成後起帶徵，專案造冊詳
題前來。臣覆核無異，除冊分送部科外，謹會題請
旨。

江蘇巡撫林則徐題本

蘇常鎮太四府州屬道光十五年份秋禾歉收漕糧漕項銀米請緩徵

該部議奏

題

江蘇巡撫林則徐題本　蘇常鎮太四府州屬道光十五年份秋禾歉收漕糧漕項銀米請緩徵

道光十六年四月二十八日

兵部侍郎兼都察院右副都御史巡撫江蘇等處地方提督軍務總理糧儲臣林則徐謹

題爲謹報等事據署蘇州布政使裕謙蘇松督糧

道陶廷杰會詳稱案奉行開江蘇省道光拾伍

年秋禾被水被旱歉收情形請緩徵錢糧緣由

於道光拾伍年拾月拾陸日會摺具

奏於拾壹月貳拾壹日奉到

硃批另有旨欽此同日奉到道光拾伍年拾壹月初

伍日內閣奉

上諭陶澍等奏查明秋禾被旱被水情形一摺本年

江蘇省上元等州縣衛被旱被水秋禾收成歉薄

據該督等勘明懇請調劑加恩著照所請所有上

元江寧句容江浦六合長洲吳縣常熟昭文崑山

江蘇巡撫林則徐題本　蘇常鎮太四府州屬道光十五年份秋禾歉收漕糧漕項銀米請緩徵　道光十六年四月二十八日

新陽陽湖江陰宜興荆溪丹陽金壇溧陽山陽阜
寧清河桃源安東鹽城高郵泰州東臺江都甘泉
儀徵興化寶應銅山豐縣沛縣蕭縣碭山宿遷睢
寧鎮洋寶山等肆拾壹州縣並淮安大河揚州徐
州蘇州太倉等陸衛被歉田畝應徵道光拾伍年
地漕各項銀米一并緩至拾陸年秋成後分作貳
年帶徵其應徵丙申年新賦亦著緩至該年秋成
後啓徵各州縣衛蘆課學租公費關租湖河灘租
油麻地租屯田津貼增租灘徵河銀出借籽種口
糧蘆草牧馬等款並抄案入官地畝及歸公蘆洲
沙田租課錯雜民田之内俱著照坐落地方一律
查辦淮揚等屬被歉則田地亦著援照歷届成案一

江蘇巡撫林則徐題本　蘇常鎮太四府州屬道光十五年份秋禾歉收漕糧漕項銀米請緩徵　道光十六年四月二十八日

律緩徵其無力貧民來春應否接濟著屆時察看
查辦又阜寧清河桃源宿遷睢寧縣民祈官辦漕糧
報有歉收著查照歷屆章程將歉田米麥緩俟成
熟之年再行採辦熟田米麥分別辦運所有應緩
漕價各款統於奏銷案內登報蘇州常州太倉等
屬應徵白糧米石仍著於各該縣熟田漕糧內撥
辦足額其江淮等屬應徵道光拾壹拾貳拾叁拾
肆等年錢糧坐落歉區者著緩至來年秋後分別
啓徵又長洲元和吳縣吳江震澤常熟昭文崑山
新陽華亭奉賢婁縣金山上海南匯青浦川沙武
進陽湖無錫金匱江陰宜興荊溪靖江丹徒丹陽
金壇溧陽太倉鎮洋寶山等叁拾貳州廳縣並蘇

州太倉鎮海金山等肆衛幫道光拾壹年至拾肆
年舊欠地漕蘆課學租等銀並災歉展緩漕米著
照分徵成案槩予緩至道光拾陸年秋成起每年
帶徵最遠壹年由遠而近以次遞及其熟田新賦
仍著照常徵輸該督等即刊刻謄黃徧行曉諭務
期實惠及民毋任吏胥弊朦用副朕軫念歉區至
意該部知道欽此恭錄行司遵照等因奉經移行
欽遵在案該署蘇州布政使裕謙蘇松督糧道
陳廷杰會查得蘇州常州鎮江太倉肆府州屬
道光拾伍年分秋禾歉收勘不成災項下應緩
漕項正銀肆萬柒千陸百捌拾肆兩叁錢壹分
肆釐隨正伍柒分耗羨銀貳千陸百捌拾兩玖

錢壹分叁釐應緩漕糧漕項等米壹拾柒萬壹
千壹百捌拾石貳斗叁升柒合陸勺內驗該漕
糧正兌糧壹拾萬捌千柒百玖石伍斗玖合伍
勺加肆耗米肆萬叁千肆百捌拾叁石捌斗肆
合漕贈五米柒千陸百玖石陸斗陸升伍合陸
勺行月米壹萬壹千叁百柒拾柒石貳斗伍升
捌合伍勺相應專案造冊詳候核
題等情據此該臣查得蘇州常州鎮江太倉肆府
州屬道光拾伍年分秋禾歉收曲不成災案內
應行緩徵漕糧漕項銀米先經飭行造報去後
今據署蘇州布政使裕謙蘇松督糧道陶廷杰
會詳稱蘇州常州鎮江太倉肆府州屬道光拾

伍年分秋禾歉收勘不成災項下應緩漕項正
銀肆萬柒千陸百捌拾肆兩零隨正耗羨銀貳
千陸百捌拾兩零應緩漕糧漕項等米壹拾柒
萬壹千壹百捌拾石零內正兌糧壹拾萬捌千
柒百玖石零耗米肆萬叁千肆百捌拾叁石零
漕贈五米柒千陸百玖石零行月米壹萬壹千
叁百柒拾柒石零專案造冊詳候核
題等情前來臣覆核無異除冊分送部科查核外
謹會同漕運總督臣恩特亨額合詞具
題伏乞
皇上聖鑒敕部核覆施行謹題請
旨

江蘇巡撫林則徐題本　蘇常鎮太四府州屬道光十五年份秋禾歉收漕糧漕項銀米請緩徵

道光十六年四月二十八日

道光拾陸年[illegible]地方提督軍務總理糧儲臣林則徐

兵部侍郎兼都察院右副都御史巡撫江蘇等處地方提督軍務總理糧儲臣林則徐謹
題爲謹報等事該臣查得蘇州常州鎮江太倉肆
府州屬道光拾伍年分秋禾歉收勘不成災案
内奏准行緩徵漕糧漕項銀米先經飭行造報去
後茲據署蘇州布政使[illegible]蘇松督糧道陶廷
杰會詳稱蘇州常鎮江太倉肆府州屬道光
拾伍年分秋禾歉收勘不成災項下應緩漕項
正銀肆萬柒千陸百捌拾肆兩零隨正耗羨銀
貳千陸百捌拾兩零應緩漕糧漕項等米壹拾
柒萬壹千壹百捌拾石零内正兌糧壹拾萬捌
千柒百玖石零耗米肆萬叁千肆百捌拾叁石
零漕贈五米柒千陸百玖石零行月米壹萬壹
千叁百柒拾柒石零造冊詳
題前來臣覆核無異除冊分送部科外謹會題請
旨

江蘇巡撫林則徐題本
湖南臨湘縣知縣戴於禮在籍患病難痊請開缺

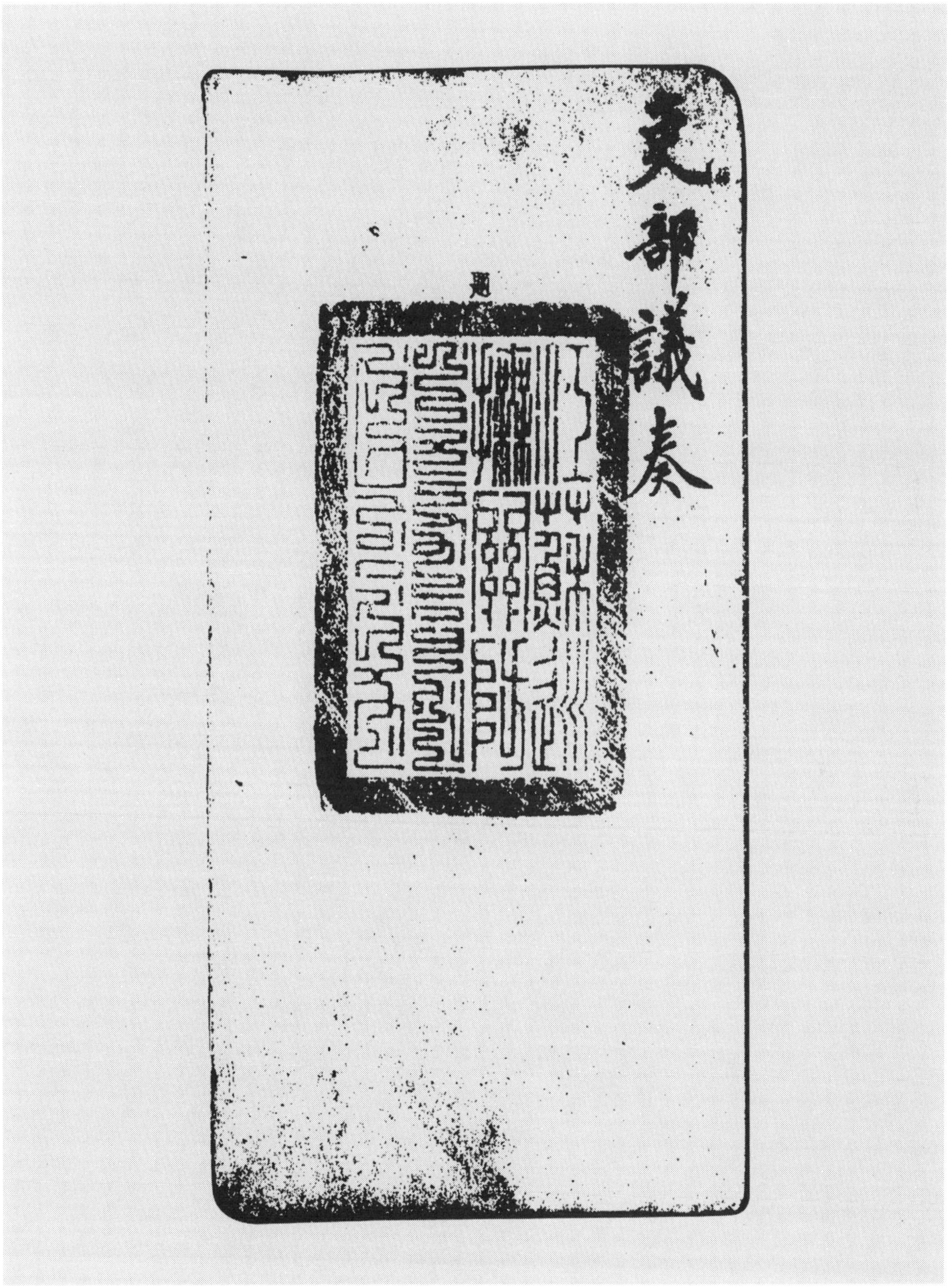

江蘇巡撫林則徐題本　湖南臨湘縣知縣戴於禮在籍患病難痊請開缺
道光十六年五月初四日

兵部侍郎兼都察院右副都御史巡撫江蘇等處地方提督軍務總理糧儲臣林則徐謹

題爲報明患病事。案據丹徒縣知縣熊傳栗詳稱：

道光拾陸年貳月初肆日據家屬趙洛呈稱：

家長戴於禮現年肆拾叁歲，係順天大興縣人，

祖籍江蘇鎮江府丹徒縣，由附生中式嘉慶庚

午科順天舉人，揀選知縣，遵武陟例報捐知縣，

即用。道光伍年奉部選授湖南臨湘縣知縣，調

補耒陽縣知縣，因拾年俸滿，於拾伍年叁月貳

拾伍日領咨赴部引

見。捌月初捌日起程，由水路前進，於是月初拾日行

抵洞庭湖阻風，拾肆日因距縣窎遠，未經報明，

於貳拾伍日至臨湘縣，阻風貳拾捌日，當即一

並報縣詳請咨部展限在案家長於拾月行抵
湖北舟次感冒風寒仍由水路行走沿途患病
拾貳月拾伍日路過鎮江舊籍復患潮濕病證
步履維艱一時難以就道恐違例限爲此繳咨
呈明伏乞驗明轉詳一俟病痊即當請咨赴部
等情到縣據即傳帶醫學張秉和前往查驗屬
實取加醫驗各結具詳等情到臣當經批司轉
飭該縣覆加查驗該員患病有無捏飾規避將
來病痊是否尚堪起用切實聲明加具印結報
例詳辦去後兹據署蘇州布政使裕謙詳稱據
鎮江府知府龔文煥詳據丹徒縣知縣徐傳秉
詳稱遵即詣驗該員戴於禮委係染患潮濕病

江蘇巡撫林則徐題本　湖南臨湘縣知縣戴於禮在籍患病難痊請開缺　道光十六年五月初四日

該步履維艱難以就痊應請開缺調理並無捏
飾規避情事聲明將來病痊以起用出具印
醫各結同原領咨批由府詳司據此相應具文
詳送核
題等情到臣據此該臣查得順天大興縣人祖籍
江蘇丹徒縣湖南臨湘縣知縣調補耒陽縣知
縣戴於禮捐年俸滿領咨赴部引
見由水路起程阻風患病路過祖籍丹徒縣復患溼
濕病該步履維艱未能就痊恐違例限將原領
咨批繳送呈請開缺調理批司飭據丹徒縣知
縣熊傳栗驗明該員患病屬實並無捏飾規避
情事聲明將來病痊堪以起用取加醫驗各結

江蘇巡撫林則徐題本　湖南臨湘縣知縣戴於禮在籍患病難痊請開缺　道光十六年五月初四日

同原領咨批由署蘇州布政使裕謙詳送具
題開缺前來臣覆查無異除將咨批各結揭送吏
部科暨湖南撫臣外臣謹具
題伏乞
皇上聖鑒勅部議覆施行謹題請
旨

道光[illegible]

提督軍務總理糧儲臣林則徐

江蘇巡撫林則徐題本　湖南臨湘縣知縣戴於禮在籍患病難痊請開缺
道光十六年五月初四日

兵部侍郎兼都察院右副都御史巡撫江蘇等處地方提督軍務總理糧儲臣林則徐謹
題爲報明患病事該臣查得順天大興縣人祖籍
江蘇丹徒縣湖南臨湘縣知縣調補耒陽縣知
縣戴於禮拾年俸滿領咨赴部引
見由水路起程阻風患病路過祖籍丹徒縣復患潮
濕病諳步履維艱未能就痊恐違例限將原領
咨批繳送呈請開缺調理批司飭據丹徒縣知
縣熊傳栗驗明該員患病屬實並無捏飾規避
情事聲明將來病痊堪以起用取加醫驗各結
同原領咨批由署蘇州布政使裕謙詳送具
題開缺前來臣覆查無異除將咨批各結摺送吏
部科暨湖南撫臣外謹題請
旨

江蘇巡撫林則徐題本　審明銅山縣民臧二坎毆斃李四案擬絞監候

江蘇巡撫林則徐題本　審明銅山縣民臧二坎毆斃李四案擬絞監候

道光十六年五月初四日

江蘇巡撫林則徐題本　審明銅山縣民臧二坎毆斃李四案擬絞監候

道光十六年五月初四日

兵部侍郎兼都察院右副都御史巡撫江蘇等處地方提督軍務總理糧儲臣林則徐謹

題爲稟獲事。據署江蘇按察使積拉明阿詳據署

徐州府知府王啓炳詳據署銅山縣知縣王文

炳詳稱：道光拾肆年柒月初柒日據地保楊廣

禮報據民人李守信投稱：初伍日伊弟李四圖

姦臧會未成，被臧二坎等毆傷等語。往查屬實，

報候驗究。由據臧秉正呈稱：柒月初肆日夜李

四欲與伊姪孫臧會雞姦，臧會不依喊叫，李四

逃跑。初伍日早臧會邀伊與伊子臧二坎及臧

與平同往毆打洩忿。臧二坎將李四毆傷各等

情。據經前詣驗得：李四左臁肋連左脚腕有重

疊石傷壹處，血污塡單附卷。因傷重不能取供

撥醫調治飭差提訊旋據地保楊廣禮稟報李
四於柒月拾貳日身死理合報驗等情並據李
守信同報到縣據此隨帶吏仵前詣屍所如法
相驗據仵作熊信喝報已死李四問年貳拾貳
歲驗得仰面不致命左膝肕連左脚腕有重疊
石傷壹處斜圍肆寸伍分皮破骨斷血污餘無
故委係因傷身死報畢親驗無異飭取兇器石
塊比對傷痕相符填格取結屍飭棺殮訊據地
保屍親人等供與報詞同差查臧二坎業已逃
避錄供通詳奉批緝審旋因初參限滿兇犯無
獲業將承緝不力職名開參在案嗣於道光拾
伍年伍月拾壹日據差拏獲臧二坎到案傳齊

人證逐加研訊據地保楊廣禮供與報詞同據
見證狄洪劉信同供小的們與臧會李四同莊
居住道光拾肆年柒月初肆日晚小的們與李
四臧秉正到臧會門首乘凉就在地上睡臥小
的們與臧秉正睡在門内臧會李四睡在門外
更餘時分聽得臧會喊叫小的們與臧秉正趕
出查看李四已經跑走據臧會說因被李四扯
褲圖姦他不依喊叫的話當向勸慰各散初伍
日早聽說臧會邀同臧二坎把李四毆傷不料
李四傷重到拾貳日死了是實據屍兄李守信
供已死李四是兄弟道光拾肆年柒月初肆日
更餘時分兄弟從外回家小的見他形色慌張

當向查問據說在臧會門首地上與臧會一同
睡臥他向臧會拉褲圖姦臧會不依喊叫連忙
跑回的話小的用言訓斥初伍日早兄弟外出
過不一會聽說臧會邀同臧二坎們把兄弟毆
傷小的趕去看明報蒙驗傷飭醫不料兄弟傷
重到拾貳日死了小的又投保報驗的今蒙拏
獲臧二坎到案只求究抵據臧會供年拾叁歲
臧秉正是無服族祖臧興平臧二坎是無服族
伯叔小的與李四同莊居住道光拾肆年柒月
初肆日晚莊鄰狄洪劉信同李四臧秉正先後
到小的門首乘涼就在地上睡臥狄洪劉信臧
秉正睡在門內小的與李四睡在門外更餘時

分李四把小的褲子扯開要與小的雞姦小的不依喊叫李四跑走狄洪們趕出查問小的告知情由都向小的勸慰各散初伍日早小的因被李四欺辱氣忿不過邀令臧二坎臧秉正臧興平把李四毆打洩忿臧秉正們應允同到莊外山坡下尋見李四臧二坎們就向斥罵李四回罵臧興平上前把他胸衣揪住扭跌倒地李四混罵臧二坎拾取石塊壘毆李四左膞肋連左脚腕兩下因見傷重隨各走回後聞李四的哥子李守信投保報驗臧秉正也赴縣呈明的不料李四到拾貳日因傷死了委沒起釁別故小的並沒幫毆是實據臧秉正供年柒拾叁歲

與李四同莊居住道光拾肆年柒月初肆日晚
小的與李四並莊鄰狄洪劉信先後到無服族
姪孫臧曾門首乘涼就在地上睡臥小的與狄
洪劉信睡在門內臧曾李四睡在門外更餘時
分聽見臧曾喊叫小的們趕出查看李四已經
逃走據臧曾說被李四扯褲圖姦他不依喊叫
小的們當向勸慰各散初伍日早臧曾因被李
四欺辱氣忿不過邀小的及兒子臧二坎族姪
臧興平毆打李四洩忿小的們應允同到莊外
山坡下尋見李四各向斥罵李四回罵臧興平
上前把他胷衣揪住扭跌倒地李四混罵兒子
拾取石塊連毆李四左膝肕連左腳腕兩下因

見傷重隨各走回後聞李守信投保報驗小的
也赴縣呈明的不料李四到拾貳日因傷死了
並沒起釁別故小的也沒幫毆是實據臧興平
供年伍拾柒歲道光拾肆年柒月初肆日夜莊
鄰李四向小的族姪臧會拉褲圖姦未成小的
是知道的初伍日早臧會因被李四欺辱氣忿
不過邀小的同族叔臧秉正族弟臧二坎毆打
李四洩忿小的們應允同到莊外山坡下尋見
李四各向斥罵李四回罵小的上前揪住李四
胷衣扭跌倒地李四混罵臧二坎拾取石塊連
毆李四左膝肕連左脚腕兩下因見傷重隨各
走回後聞李守信投保報驗臧秉正也赴縣呈

明的不料李四到拾貳日因傷死了委沒起釁
別故是實據兇犯臧二坎供銅山縣人年叁拾
肆歲父親臧秉正年柒拾叁歲母親張氏年陸
拾伍歲均沒弟兄妻子與李四同莊居住均沒
嫌隙臧曾是小的無服族姪道光拾肆年柒月
初肆日夜李四向臧曾拉褲圖姦未成是父親
回家向小的告知的初伍日早臧曾因被李四
欺辱氣忿不過邀父親同小的并族兄臧興平
毆打李四洩忿小的們應允同到莊外山坡下
尋見李四各向斥罵李四回罵臧興平上前揪
住李四胸衣扭跌倒地李四混罵小的趕攏順
取石塊連毆李四左臁肕連左腳腕兩下因見

傷重當時走回後聞李四到拾貳日因傷身死
小的逃往各處躲避被獲解案的委非有心致
死並沒起釁別故及另有幫毆的人逃後也沒
另犯不法知情容留人家兇器石塊已蒙起案
是實各等供據此將犯收禁錄供通詳蒙批飭
審道光拾伍年陸月拾肆日據禁卒稟獲贓二
坎在監患病醫治詳咨茲於閏陸月拾捌日報
痊前來隨提覆訊各供均與前審無異不敍外
該署銅山縣知縣王文炳審看得贓二坎毆傷
李四身死壹案緣贓二坎籍隸銅山與李四莊
鄰無嫌道光拾肆年柒月初肆日晚贓二坎之
父贓秉正與李四及莊鄰狄洪劉信至贓二坎

族姪臧曾門首乘凉即在地上睡臥臧秉正狄洪劉信睡在門內臧曾李四睡在門外更餘時分李四潛向臧曾拉褲欲圖雞姦臧曾不依喊叫李四跑走臧秉正等聞喊出視向臧曾問知勸慰而散初五日早臧曾因被李四欺辱不甘往邀臧二坎臧秉正及族伯臧興平毆打李四洩忿臧二坎等允從偕至莊外尋見李四各向斥罵李四回罵臧興平揪住其胷衣扭跌倒地李四混罵臧二坎拾取石塊連毆李四左膁肋連左脚腕兩下因見傷重走散李四之兄李守信赴縣驗傷飭醫詎李四傷重延至拾貳日殞命臧二坎逃逸報縣驗訊詳緝茲獲臧二坎到

江蘇巡撫林則徐題本　審明銅山縣民臧二坎毆斃李四案擬絞監候

道光十六年五月初四日

案訊供通詳蒙批審解遵復提犯研審據供前
情不諱詰非有心致死亦無起釁別故及在場
幫毆之人案無遁飾查例載非應許捉姦之人
如爲本夫本婦糾往捉姦殺死姦夫暨圖姦強
姦未成罪人者無論是否登時俱照擅殺罪人
律擬絞監候等語此案臧二坎因李四欲圖雞
姦伊無服族姪臧會未成該犯聽從臧會糾毆
將李四毆傷身死例無聽糾毆死雞姦未成罪
人作何治罪明文自應比例問擬臧二坎應比
照非應許捉姦之人如爲本夫本婦糾往殺死
圖姦未成罪人者無論是否登時俱照擅殺罪
人律擬絞監候例擬絞監候秋後處決據供親

江蘇巡撫林則徐題本　審明銅山縣民臧二坎毆斃李四案擬絞監候

道光十六年五月初四日

老丁單是否屬實訊取供結另行詳辦臧秉正
臧興平聽糾同往並未幫毆有傷應無庸議李
四圖姦臧曾未成本干例擬業已身死亦無庸
議無干省釋屍棺飭屬領埋兇器石塊解驗等
情由府審解到司該署江蘇按察使積拉明阿
提犯親審核擬無異解候勘
題等情招解到臣提犯親審無異該臣看得銅山
縣民臧二坎毆傷李四身死一案緣臧二坎籍
隸銅山與李四莊鄰無嫌道光拾肆年柒月初
肆日晚臧二坎之父臧秉正與李四及莊鄰狄
洪劉信至臧二坎族姪臧曾門首乘凉即在地
上睡臥臧秉正狄洪劉信睡在門內臧曾李四

睡在門外更餘時分李四潛向臧曾拉誘圖
雞姦臧曾不依喊叫李四跑走臧秉正等聞喊
出視向臧曾問知勸慰而散初伍日早臧曾因
被李四欺辱不甘往邀臧二坎臧秉正及無服
族伯臧興平毆打李四洩忿臧二坎等允從偕
至莊外尋見李四各向斥罵李四回罵臧興平
揪住其胷衣扭跌倒地李四混罵臧二坎拾取
石塊連毆李四左臁肕連左脚腕兩下因見傷
重走散李四之兄李守信報縣驗傷飭醫詎李
四傷重延至拾貳日殞命臧二坎逃逸報驗詳
緝茲獲臧二坎到案訊詳審供不諱詰非有心
致死亦無起釁別故及在場幫毆之人案無遁

一六 江蘇巡撫林則徐題本 審明銅山縣民臧二坎毆斃李四案擬絞監候

道光十六年五月初四日

飭查例載非應許從姦之人如為本夫本婦糾往捉姦殺死姦夫暨圖姦強姦未成罪人者無論是否登時俱照擅殺罪人律擬絞監候等語此案臧二坎因李四欲圖雞姦伊無服族姪臧曾未成該犯聽從臧曾糾毆將李四毆傷身死例無聽糾毆死雞姦未成罪人作何治罪明文自應比例問擬臧二坎應比照非應許從姦之人如為本夫本婦糾往殺死圖姦未成罪人者無論是否登時俱照擅殺罪人律擬絞監候例擬絞監候秋後處決據供親老丁單是否屬實飭候秋審時照例辦理臧秉正臧興平聽糾同往並未幫毆有傷應無庸議李四圖姦臧曾未

成本干例擬業已身死亦無庸議無干省釋屍
棺飭屬領埋兇器石塊發回銷燬臣謹具
題伏乞
皇上聖鑒勅下三法司核覆施行再此案審限應以
道光拾伍年伍月拾壹獲犯之日起除犯病壹
月連閏扣至捌月拾壹日縣限屆滿該縣依限
解府府審分限壹月應扣至玖月拾壹日滿前
府武凌漢因犯供翻異於玖月初玖日發回覆
審該署縣王文炳因案調省先於捌月貳拾日
卸事代理縣張書紳即於是日到任應照委審
之例扣限壹箇月扣至拾月初玖日滿張書紳
未及審解於拾壹月拾陸日卸事計遲延壹箇

月零柒日王文炳卽於是日回任旋於拾貳月
初拾日解府計遲延貳拾肆日所有承審遲逾
分限不及壹月職名係署銅山縣知縣王文炳
委審遲逾分限壹月以上職名係代理銅山縣
事借補邳州州同張書紳開報附參該府武凌
漢未及覆審卽事署府王啓炳接審應另扣審
限壹月應以拾貳月初拾解府之日起除自府
解司程限貳拾陸日又封印壹月統應扣至伍
月初陸日全限屆滿合并陳明謹題請
旨

江蘇巡撫林則徐題本　審明銅山縣民臧二坎毆斃李四案擬絞監候

道光十六年五月初四日

兵部侍郎兼都察院右副都御史巡撫江蘇等處地方提督軍務總理糧儲臣林則徐

兵部侍郎兼都察院右副都御史巡撫江蘇等處地方提督軍務總理糧儲臣林則徐謹

題爲彙報事該臣看得銅山縣民臧二坎毆傷李四身死壹案緣臧二坎與李四莊鄰無嫌道光拾肆年柒月初肆日晚臧二坎之父臧秉正與李四及莊鄰狄洪劉信至臧二坎族姪臧曾門首乘涼即在地上睡臥臧秉正狄洪劉信睡在門內臧曾李四睡在門外更餘時分李四潛向臧曾拉碑欲圖雞姦臧曾不依喊叫李四跑走臧秉正等聞喊出視向臧曾問知勸慰而散初

伍日早臧曾因被李四欺辱不甘往邀臧二坎
臧秉正及無服族伯臧興平毆打李四洩忿臧
二坎等允從偕至莊外尋見李四各向斥罵李
四回罵臧興平揪住其胸衣扭跌倒地李四混
罵臧二坎拾石連毆李四左臁肕連左脚腕兩
下因見傷重走散報縣驗訊飭醫診李四傷重
延至拾貳日殞命獲犯訊詳審供不諱臧二坎
比依擅殺罪人律擬絞監候秋後處決謹題請
旨

江蘇巡撫林則徐題本 題報蘇州等屬道光十五年冬季委署知縣通判職名

該部知道

題

江蘇巡撫林則徐題本　題報蘇州等屬道光十五年冬季委署知縣通判職名
道光十六年五月十九日

兵部侍郎兼都察院右副都御史巡撫江蘇等處地方提督軍務總理糧儲臣林則徐謹
題爲詳請具
題事據署蘇州布政使裕謙詳稱案奉行准吏部
咨各省委署丞倅等官及試用州縣委署員缺
係暫時署理與實缺調署不同均無庸附摺具
奏令各該督撫按季恭疏具
題等因遵照在案今查道光拾伍年冬季分蘇州
等屬內有署常州府督糧通判事試用通判劉
釗飭赴江寧差委遺缺詳委試用通判陳延恩
署理又昭文縣知縣張綬組委接運滇銅進京
遺缺詳委試用知縣金咸署理又新陽縣知縣
沈炳垣委署元和縣知縣遺缺詳委候補知縣

宋淳英署理又無錫縣知縣謝元淮委署海州
分司運判遺缺詳委原署該縣之候補知縣曾
承顯署理各在案相應查明詳候會
題等情到臣據此該臣查得委署丞倅等官及試
用州縣委署員缺例應按季恭疏具
題所有道光拾伍年冬季分蘇州等屬內有署常
州府督糧通判事試用通判劉釗飭赴江寧差
委遺缺委試用通判陳延恩署理又昭文縣知
縣張潞組委接運滇銅進京遺缺委試用知縣
金咸署理又新陽縣知縣沈炳垣委署元和縣
知縣遺缺委候補知縣宋淳英署理又無錫縣
知縣謝元淮委署海州分司運判遺缺委原署

江蘇巡撫林則徐題本　題報蘇州等屬道光十五年冬季委署知縣通判職名　道光十六年五月十九日

該縣之候補知縣曾承顯署理各在案茲據署
蘇州布政使裕謙查明詳請會
題前來臣謹會同兩江總督臣陶澍合詞具
題伏乞
皇上聖鑒勅部查照施行謹題請
旨

道光十六年五月十九日兵部右侍郎兼都察院右副都御史巡撫江蘇等處地方提督軍務總理糧儲臣林則徐

一六 江蘇巡撫林則徐題本 題報蘇州等屬道光十五年冬季委署知縣通判職名

道光十六年五月十九日

兵部侍郎兼都察院右副都御史巡撫江蘇等處地方提督軍務總理糧儲臣林則徐謹

題爲詳請具

題事該臣查得委署丞倅等官及試用州縣委署

員缺例應按季恭疏具

題所有道光拾伍年冬季分蘇州等屬內有署常

州府督糧通判事試用通判劉釗飭赴江寧差

委遺缺委試用通判陳延恩署理又昭文縣知

縣張毅組委接運滇銅進京遺缺委試用知縣

金咸署理又新陽縣知縣沈炳垣委署元和縣

知縣遺缺委候補知縣宋淳英署理又無錫縣

知縣謝元淮委署海州分司運判遺缺委原署

該縣之候補知縣曾承顯署理各在案茲據署

蘇州布政使裕謙查明詳請會

題前來謹會題請

旨

江蘇巡撫林則徐題本

題報分巡常鎮通海道李彥章在署病故日期

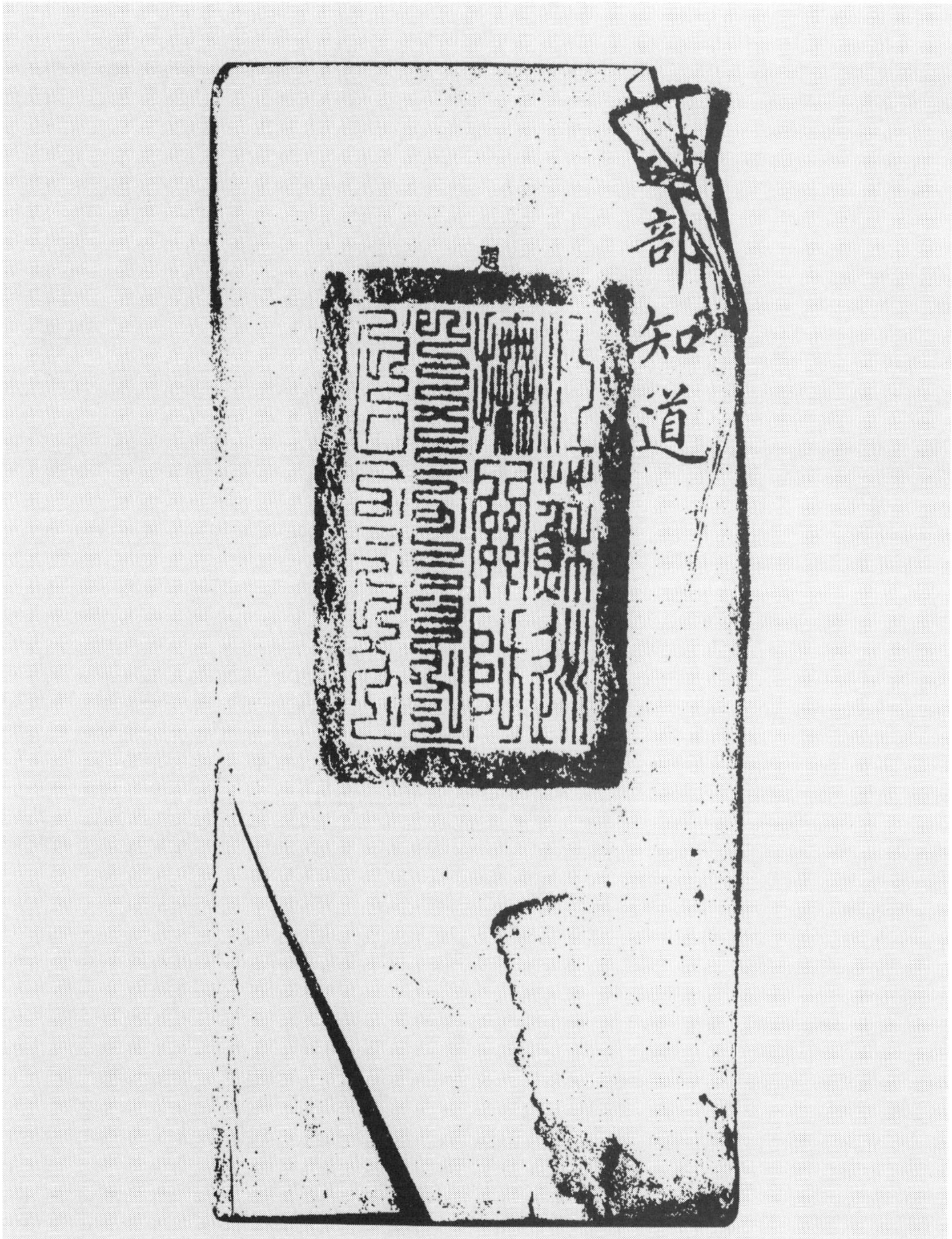

江蘇巡撫林則徐題本　題報分巡常鎮通海道李彥章在署病故日期

道光十六年五月十九日

一六

江蘇巡撫林則徐題本　題報分巡常鎮通海道李彥章在署病故日期
道光十六年五月十九日

兵部侍郎兼都察院右副都御史巡撫江蘇等處地方提督軍務總理糧儲臣林則徐謹
題為報明病故事道光拾陸年伍月拾陸日據江
寧布政使楊簧詳稱據揚州府知府劉源灝稟
據江都縣知縣鄭祖經申據陞授山東鹽運使
現任分巡常鎮通海道兼管揚關稅務李彥章
家屬王成稟稱竊家長李彥章係福建侯官縣
人由進士以內閣中書用補授中書實缺丁父
憂服闋補軍機章京充方略館纂修補中書陞
侍讀
京察壹等奉
旨記名以道府用補授廣西思恩府知府丁母憂服
闋起復補授江西吉安府知府陞江蘇常鎮通

海道於道光拾叁年叁月貳拾日到任拾陸年
正月奉
上諭山東鹽運使員缺著李彥章補授欽此因在常
鎮道任內有修造營船及捐辦運河閘座並督
挑練湖培堤等工
奏留一手經理完竣再赴新任在案茲因偶患感
冒力疾辦公於道光拾陸年伍月初伍日猝然
痰壅氣閉在於關署病故理合稟請轉報並將
道關關防貳顆呈繳前來除將關防封貯府庫
外稟祈委員接署等情到司據此相應詳候具
題等情到臣據此該臣查得陞授山東鹽運使現
任分巡常鎮通海道兼管揚關稅務李彥章因

江蘇巡撫林則徐題本　題報分巡常鎮通海道李彥章在署病故日期
道光十六年五月十九日

偶患感冒力疾辦公於道光拾陸年伍月初伍
日猝然痰壅氣閉在關署病故據江寧布政使
楊簧詳報前來除常鎮通海道員缺經臣會同
督臣陶澍遴員兼護恭摺會
奏將山東運使員缺請
旨簡員補放并揭移部科暨山東撫臣查照外所有
陞授山東鹽運使現任常鎮通海道兼管揚關
稅務李彥章病故日期理合恭疏
題報伏乞
皇上聖鑒勅部查照施行謹具題
聞

一六

江蘇巡撫林則徐題本 題報分巡常鎮通海道李彥章在署病故日期

道光十六年五月十九日

道光拾陸年伍月拾玖日兵部侍郎兼都察院右副都御史巡撫江蘇等處地方提督軍務總理糧儲臣林則徐

兵部侍郎兼都察院右副都御史巡撫江蘇等處地方提督軍務總理糧儲臣林則徐謹

題爲報明病故事。該臣查得陞授山東鹽運使現任分巡常鎮通海道兼管揚關稅務李彥章，茲因偶患感冒，力疾辦公，於道光拾陸年伍月初伍日猝然痰壅氣閉，在關署病故。據江寧布政使楊簧詳報前來，謹具題

聞

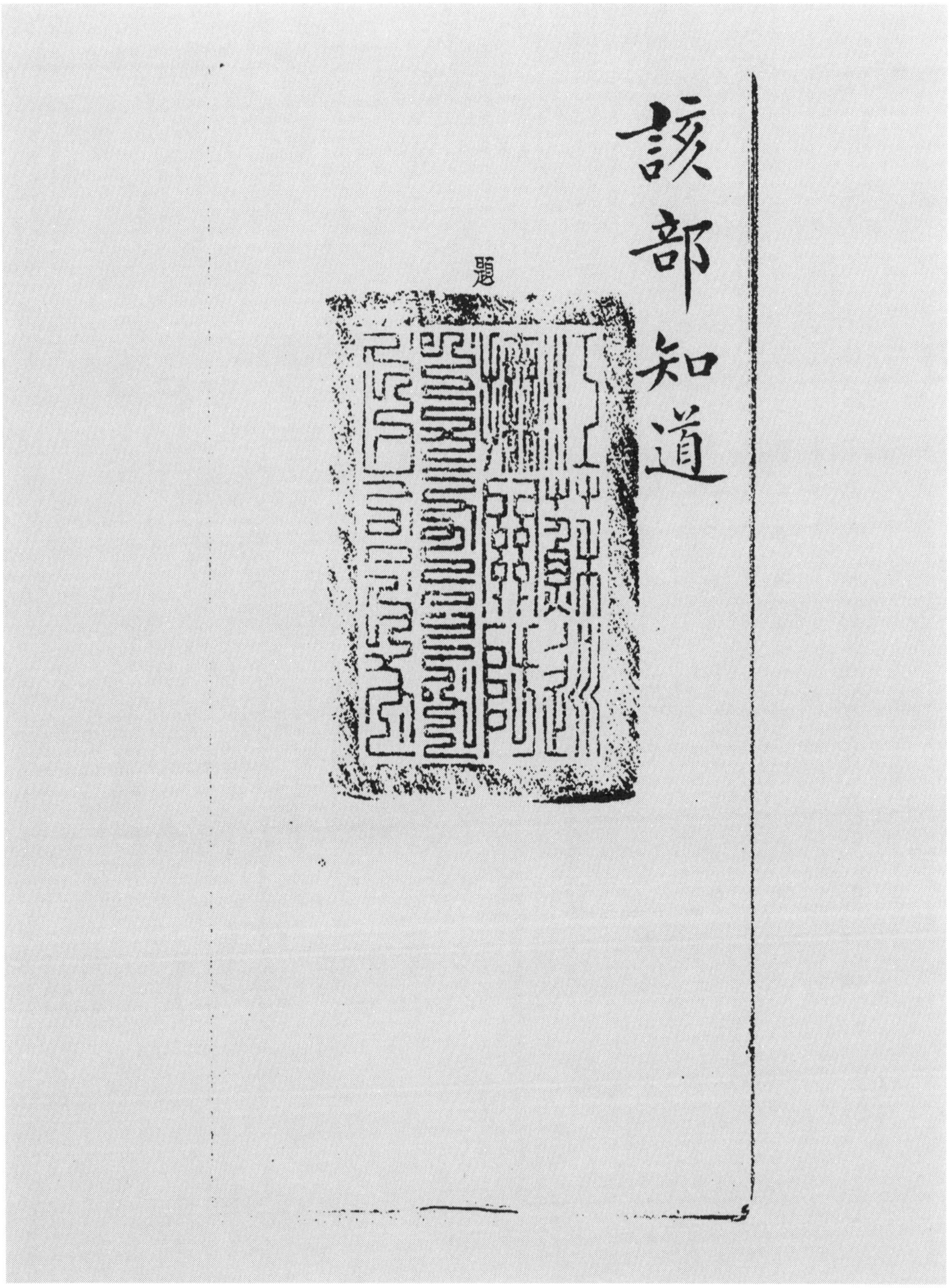
該部知道
題

江蘇巡撫林則徐題本　**題報劉源灝護理常鎮通海道並揚關由閘稅務日期**

江蘇巡撫林則徐題本　題報劉源灝護理常鎮通海道並揚關由閘稅務日期
道光十六年五月十九日

兵部侍郎兼都察院右副都御史巡撫江蘇等處地方提督軍務總理糧儲臣林則徐謹
題為恭報委管揚關由閘稅務日期仰祈
聖鑒事竊照揚關由閘稅務前經臣飭委常鎮道李
彥章管理嗣李彥章於本年伍月初伍日因病
出缺除將該道病故日期另疏
題報外茲常鎮通海道印務已札委揚州府劉源
灝兼護所有揚關及由閘稅務應令該護道兼
轄當經檄飭遵照去後今據護理常鎮通海道
劉源灝詳報遵於道光拾陸年伍月初拾日接
管揚關由閘稅務循例詳請
題報前來臣仍督飭認真經理實力稽徵並令將
前任常鎮通海道李彥章經手稅課錢糧趕緊

江蘇巡撫林則徐題本　題報劉源灝護理常鎮通海道並揚關由閘稅務日期
道光十六年五月十九日

接收清楚外相應恭疏
題報伏乞
皇上聖鑒勅部查照施行謹具題
聞

道光[illegible]提督軍務總理糧儲臣林則徐

江蘇巡撫林則徐題本 題報劉源灝護理常鎮通海道並揚關由閘稅務日期

道光十六年五月十九日

兵部侍郎兼都察院右副都御史巡撫江蘇等處地方提督軍務總理糧儲臣林則徐謹

題為恭報委管揚關由閘稅務日期仰祈

聖鑒事竊照揚關由閘稅務前經臣飭委常鎮道李彥章管理嗣該道李彥章於本年伍月初伍日因病出缺茲常鎮通海道印務已札委揚州府劉源灝兼護所有揚關及由閘稅務應令該護道兼轄當經檄飭遵照去後今據護理常鎮通海道劉源灝詳報遵於道光拾陸年伍月初拾日接管揚關由閘稅務循例詳請

題報前來臣仍督飭認真經理實力稽徵並令將關閘稅課錢糧按收清楚外謹具題

聞

江蘇巡撫林則徐題本 審明桃源縣民朱秉書毆斃劉克芝案擬絞監候

道光十六年五月十九日

江蘇巡撫林則徐題本 **審明桃源縣民朱秉書毆斃劉克芝案擬絞監候**

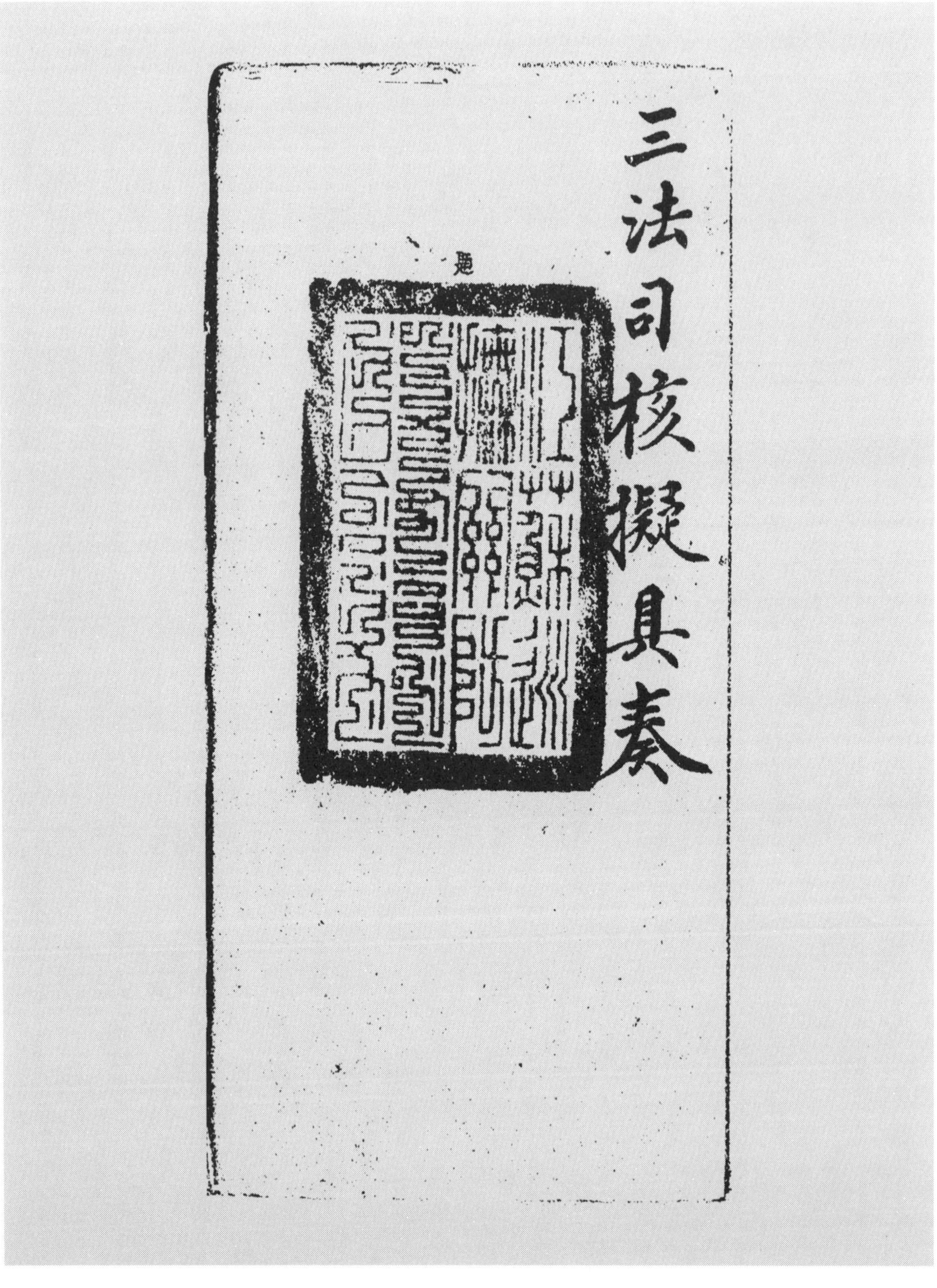
三法司核擬具奏

題

江蘇巡撫林則徐題本　審明桃源縣民朱秉書毆斃劉克芝案擬絞監候
道光十六年五月十九日

兵部侍郎兼都察院右副都御史巡撫江蘇等處地方提督軍務總理糧儲臣林則徐謹
題為報明事據署江蘇按察使積拉明阿詳據淮
安府知府周焘詳據署桃源縣知縣龔照琪詳
稱淮前任移交道光拾伍年柒月拾捌日據地
保邴學報據民婦劉宋氏投稱伊子劉克芝將
伊嫁出之女朱劉氏嫁賣柒月拾陸日伊子在
馮丁氏地內與伊婿朱秉書及朱小西撞遇理
論爭罵伊子被朱秉書等毆傷右臁肕等處旋
即身死等語往查屬實朱秉書等均已逃避報
候驗緝等情並據劉宋氏報同前由到縣據經
前縣吳蕊元帶領吏仵前詣屍所據地保邴學
面稟伊與劉宋氏進城報驗劉克芝屍身無人

肯守致右膝以下被犬殘食無存等語隨飭差
在於附近地內拾得骨殖叁塊驗係脛骨破碎
不全隨如法相驗據仵作時太喝報已死劉克
芝問年叁拾叁歲驗得仰面不致命右眼胞鐵
器傷壹處斜長陸分寬貳分青紅色右腮頰鐵
器傷壹處斜長叁分寬貳分青紅色左手腕木
器傷壹處斜長壹寸柒分寬捌分青紅色左臁
肕鐵器傷壹處斜長伍分寬叁分青紅色右膝
以下被犬殘食無存又驗得破碎脛骨叁塊有
被犬殘食形跡壹塊長伍寸肆分血暈散漫淡
紅色係重疊鐵器傷壹塊長貳寸肆分壹塊長
壹寸捌分均白色詰據仵作時太回稱劉克芝

生前係被鐵器連毆右臁肕是以壹塊脛骨血
暈散漫較各傷最爲深重其餘兩塊無傷故皆
白色至骨殖破碎處皆有被犬殘食形跡並非
生前毆斷等語餘無別故委係受傷身死報畢
親驗無異填格取結屍飭棺殮提訊屍親人等
供與報詞相同飭差緝拏旋於捌月初拾日據
差緝獲朱秉書并起獲兇器糞杓案解前來隨
提集人證查訊據地保邴學供與報詞同據見
證馮丁氏供道光拾伍年柒月拾陸日早間得
地內有人爭鬧出去查看見劉克芝被朱秉書
與族叔朱小西扳倒在地混罵朱秉書用糞杓
連毆劉克芝右臁肕婦人上前勸散問據朱秉

書說他要劉克芝妹子劉氏為妻劉克芝乘他
外出把劉氏嫁賣他氣忿毆傷的話婦人見劉
克芝傷重不能動彈纔去通知他母親劉宋氏
趕來看明不料劉克芝就因傷死了婦人勸阻
不及是實據屍母劉宋氏供丈夫早故生有壹
子壹女已死劉克芝是兒子女兒劉氏嫁與朱
秉書為妻道光拾肆年玖月間女壻朱秉書窮
苦難度把女兒寄養在婦人家自己逃荒外出
拾伍年肆月不記日子兒子恐女兒終身無靠
擅將女兒改嫁女兒應允兒子就把女兒託素
識的張小六領去賣在江淮肆幫糧船上與人
為妻得受身價錢叁拾伍千文婦人沒有阻止

本月拾叁日朱秉書回家前來探望向婦人盤
問婦人不能隱瞞告知會情朱秉書生氣找尋
兒子不見當時走去拾陸日上午有馮丁氏來
向婦人說朱秉書與朱小西在他地內把兒子
毆傷婦人忙去查看兒子傷重不能動彈據說
他左膝肕被朱小西毆傷其餘的傷是朱秉書
所毆婦人正要雇人擡回不料兒子傷重不多
一會就死了婦人投保報驗因兒子屍身無人
看守致右膝以下被犬殘食無存蒙飭差拾獲
脛骨驗明今把朱秉書拏獲来訊究是實據兇
犯朱秉書供桃源縣人年貳拾玖歲父親朱學
文年伍拾捌歲母親宋氏年伍拾叁歲兄弟朱

老小年未成丁小的要劉宋氏的女兒劉氏為妻劉克芝是妻兄素好無嫌道光拾肆年玖月間小的窮苦難度把妻子寄養在妻母劉宋氏家自己逃荒外出拾伍年柒月拾叁日小的回家前去探望不見妻子向劉宋氏查問據說妻子已經劉克芝交張小六領賣與江淮肆幫漕船上人為妻小的氣忿要與劉克芝理論找尋無着當即走回拾陸日早小的與族叔朱小西各帶糞杓上街拾糞走到馮丁氏地内與劉克芝撞遇小的向他追問妻子下落劉克芝說業已賣掉不能追回小的把他扭住要送官究治劉克芝掙脫要逃小的順用糞杓打了他右眼

胞右脇肋兩下劉克芝舉手架格小的又用杓
柄毆傷他左手腕朱小西攏勸劉克芝疑護斥
罵朱小西也用糞杓毆傷他左膝腳并把他按
倒在地劉克芝混罵舉腳亂踢小的又用糞杓
連毆他右膝肕磕下經馮丁氏走至勸散不料
劉克芝傷重就死了小的害怕逃往各處躲避
今被拏獲的小的實因妻子被劉克芝嫁責理
論爭毆致傷身死並非有心欲殺也沒起釁別
故及逃後知情容留的人糞杓已蒙起案朱小
西現逃何處不知道是實各等供據此弔驗兇
器糞杓鐵頭木柄核與屍傷相符將犯收禁兇
器貯庫錄供通詳奉批緝審道光拾伍年拾壹

江蘇巡撫林則徐題本　審明桃源縣民朱秉書毆斃劉克芝案擬絞監候

道光十六年五月十九日

月初肆日據禁卒稟報朱秉書在監患病醫治
詳咨前縣吳蕊元旋於拾壹月拾柒日卸事卑
職到任接准移交據報該犯於拾貳月初伍日
病痊催拘逸犯并查提朱劉氏等去後茲據差
稟朱小西遠颺無踪朱劉氏亦無下落查逸犯
弋獲無期隨提犯證覆訊各供均與前縣審供
相同不敘外該署桃源縣知縣龔照瑛審看得
朱秉書等共毆劉克芝身死壹案緣朱秉書籍
隸桃源娶劉克芝之妹劉氏爲妻與劉克芝素
好無嫌道光拾肆年玖月朱秉書因貧難度將
妻劉氏寄養妻母劉宋氏家自即逃荒外出拾
伍年肆月劉克芝恐朱劉氏終身無靠聳令改

嫁朱劉氏應允劉宋氏亦未向阻劉克芝即將
朱劉氏託素識之張小六領往賣給江淮幫糧
船與人爲妻得受身價錢叁拾伍千文柒月拾
叁日朱秉書回家往探向劉宋氏問知伊妻被
劉克芝嫁賣心懷氣忿欲向劉克芝理論找尋
未遇拾陸日早朱秉書與族叔朱小西各帶糞
杓上街拾糞走至馮丁氏地內與劉克芝撞遇
朱秉書追問伊妻下落劉克芝聲言業已賣掉
不能追回朱秉書將其扭住欲行送官究治劉
克芝掙脫欲逃朱秉書順用糞杓毆傷其右眼
胞右腮頰劉克芝舉手架格朱秉書又用杓柄
毆傷其左手腕朱小西攏勸劉克芝發護斥罵

朱小西亦用糞杓毆傷其左臁肕并將其扳倒
在地劉克芝混罵舉脚亂踢朱秉書又用糞杓
連毆其右臁肕叁下經馮丁氏趕至勸散詎劉
克芝傷重逾時殞命報經前縣吳悳元詣驗獲
犯訊詳奉批飭審吳悳元未及審解卸事甲職
費照琪到任查逸犯弋獲無期遵提現犯研鞫
據供前情不諱詰非有心欲殺亦無起釁別故
案無遁飾查律載罪人已就拘執而擅殺以鬬
殺論又共毆人致死下手傷重者絞監候各等
語此案朱秉書因妻兄劉克芝將伊妻嫁賣欲
行扭住送究被其掙脫該犯與朱小西共毆劉
克芝身死查劉克芝之被毆各傷惟該犯最後疊

毆右臁肕爲重應以該犯當其重罪劉克芝將
出嫁胞妹嫁賣係屬有罪之人該犯毆傷致斃
實屬擅殺朱秉書合依罪人已就拘執而擅殺
以鬭殺論共毆人致死下手傷重者絞律擬絞
監候秋後處決劉宋氏於伊子劉克芝嫁賣劉
氏並不阻止係律得容隱且伊子已死非命應
與勸阻不及之馮丁氏均無庸議劉克芝嫁賣
出嫁胞妹本干律擬業已身死亦無庸議身價
錢文身死勿徵無干省釋屍棺飭埋兇器糞杓
解驗逸犯朱小西與朱劉氏等飭緝獲日另結
等情由府審解到司該署江蘇按察使積拉明
阿提犯親審核擬無異解候勘

江蘇巡撫林則徐題本　審明桃源縣民朱秉書毆斃劉克芝案擬絞監候　道光十六年五月十九日

題等情招解到臣提犯親審無異該臣看得桃源
縣民朱秉書等共毆劉克芝身死一案緣朱秉
書籍隸桃源娶劉克芝之妹劉氏爲妻與劉克
芝素好無嫌道光拾肆年玖月朱秉書因貧難
度將妻劉氏寄養妻母劉宋氏家自即逃荒外
出拾伍年肆月劉克芝恐朱劉氏終身無靠聲
令改嫁朱劉氏應允劉宋氏亦未向阻劉克芝
即將朱劉氏託素識之張小六領往賣給江淮
幫糧船與人爲妻得受身價錢叁拾伍千文柒
月拾叁日朱秉書回家往探向劉宋氏問知伊
妻被劉克芝嫁賣心懷氣忿欲向劉克芝理論
找尋未遇拾陸日早朱秉書與族叔朱小西各

帶糞杓上街拾糞走至馮丁氏地内與劉克芝撞遇朱秉書追問伊妻下落劉克芝聲言業已賣掉不能追回朱秉書將其扭住欲行送官究治劉克芝掙脫欲逃朱秉書順用糞杓毆傷其右眼胞右腮頰劉克芝舉手架格朱秉書又用杓柄毆傷其左手腕朱小西攏勸劉克芝疑護斥罵朱小西亦用糞杓毆傷其左膁肕并將其扳倒在地劉克芝混罵舉脚亂踢朱秉書又用糞杓連毆其右膁肕巻下溜馮丁氏趨至勸散詎劉克芝傷重逾時殞命報驗獲犯訊詳審供不諱詰非有心欲殺亦無起釁別故案無遁飾查律載罪人已就拘執而擅殺以鬬殺論又共

江蘇巡撫林則徐題本　審明桃源縣民朱秉書毆斃劉克芝案擬絞監候

道光十六年五月十九日

毆人致死下手傷重者絞監候各等語此案朱
秉書因妻兄劉克芝將伊妻嫁賣欲行扭住送
究被其掙脫該犯與朱小西共毆劉克芝身死
查劉克芝被毆各傷惟該犯最後叠毆右膁肕
爲重應以該犯當其重罪劉克芝將出嫁胞妹
嫁賣係屬有罪之人該犯毆傷致斃實屬擅殺
朱秉書合依罪人已就拘執而擅殺以鬬殺論
共毆人致死下手傷重者絞律擬絞監候秋後
處決劉宋氏於伊子劉克芝嫁賣劉氏並不阻
止係律得容隱且伊子已死非命應與勸阻不
及之馮丁氏均無庸議劉克芝嫁賣出嫁胞妹
本干律擬業已身死亦無庸議身價錢文身死

勿徵無干省釋屍棺飭埋兇器糞杓發回銷毀

逸犯朱小西與朱劉氏等飭緝獲日另結臣謹

具

題伏乞

皇上聖鑒勅下三法司核覆施行再此案審限應以

道光拾伍年捌月初拾獲犯之日起前縣吳懿

元未及審解於拾壹月拾柒日卸事除犯病拾

肆日計歷審兩箇月零貳拾叁日該署縣龔照

琪是日到任前官歷審壹月以上例得加展壹

月又前官剩限柒日接扣犯病拾陸日封印壹

箇月自縣由府解司程限拾捌日統應扣至拾

陸年伍月貳拾捌日全限屆滿合並陳明謹題

江蘇巡撫林則徐題本　審明桃源縣民朱秉書毆斃劉克芝案擬絞監候

道光十六年五月十九日

請

旨

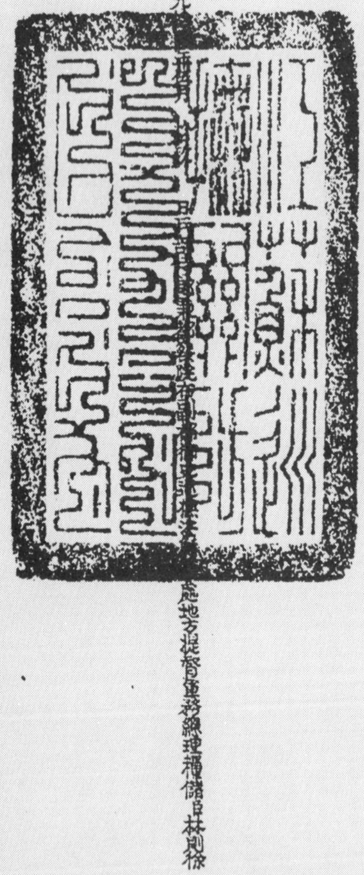

道光十六年五月十九日兵部右侍郎兼都察院右副都御史巡撫江蘇等處地方提督軍務總理糧儲臣林則徐

江蘇巡撫林則徐題本　審明桃源縣民朱秉書毆斃劉克芝案擬絞監候
道光十六年五月十九日

兵部侍郎兼都察院右副都御史巡撫江蘇等處地方提督軍務總理糧儲臣林則徐謹
題爲報明事該臣看得桃源縣民朱秉書等共毆
劉克芝身死壹案緣朱秉書娶劉克芝之妹劉
氏爲妻與劉克芝素好無嫌道光拾肆年玖月
朱秉書因貧難度將妻劉氏寄養母家自即逃
荒外出拾伍年肆月劉克芝恐朱劉氏終身無
靠貸令改嫁朱劉氏應允劉克芝即將朱劉氏
託素識之張小六領往賣給江淮幫糧船與人
爲妻得受身價錢叁拾伍千文柒月拾叁日朱
秉書回家往探向劉宋氏問知伊妻被劉克芝
嫁賣心懷氣忿欲向劉克芝理論找尋未遇拾
陸日早朱秉書與族叔朱小西各帶糞杓上街
拾糞走至馮丁氏地内與劉克芝撞遇朱秉書
追問伊妻下落劉克芝聲言業已賣掉不能追
回朱秉書將其扭住欲行送官究治劉克芝掙
脱欲逃朱秉書順用糞杓毆傷其右眼胞右腮
頰劉克芝舉手架格朱秉書又用杓柄毆傷其
左手腕朱小西攏勸劉克芝疑護斥罵朱小西
亦用糞杓毆傷其左膁肕將其扳倒在地劉克
芝混罵舉脚亂踢朱秉書又用糞杓連毆其右
膁肕叁下經馮丁氏勸散詎劉克芝傷重逾時
殞命報驗獲犯訊詳審供不諱朱秉書依罪人
已就拘執而擅殺以鬬殺論共毆人致死下手
傷重者絞律擬絞監候秋後處決謹題請
旨

上諭　林則徐奏請獎勵蘇省采辦條石出力各員著交部議叙

道光十六年五月二十一日内閣奉
上諭林則徐奏請將採辦條石出力各員分别奬勵
一摺江蘇省委員採辦條石協濟浙江海塘要工
該員等購料運往與承修工叚之員究有區别該
撫遽請予以升途實屬過優惟趕採趕運尚無貽
誤均應量予鼓勵所有承辦出力之吳縣知縣湯
譽光長洲縣主簿曹錫璜常熟縣黄泗浦巡檢孫
鳳鳴俱著交部從優議敘署無錫縣事即補知縣
曾承顯前署宜興縣事即用知縣何森林前署荆
溪縣事即用知縣洪玉珩俱著交部議敘欽此

上諭 著林則徐祇領御書匾額懸挂吳縣鄧尉山光福寺

道光十六年六月初三日内閣奉
上諭林則徐奏
觀音大士疊昭靈感佑庇民生請頒給扁額一摺
江蘇吳縣鄧尉山光福寺
觀音大士每遇旱潦之年禱祈輒應朕特親書扁
額發交該撫祇領著即虔詣該處
廟中敬謹懸挂用酬
靈貺而肅觀瞻欽此

兩江總督陶澍江蘇巡撫林則徐奏摺　**請以孫節動陞署安東縣知縣**

兩江總督臣陶澍
江蘇巡撫臣林則徐跪

奏為沿河沿海要缺知縣需員恭懇
聖恩俯准陞署以裨地方仰祈
聖鑒事竊照安東縣缺改為繁疲難沿河沿海要缺
在外揀員陞調並將句容縣缺改為簡缺
奏奉
允准當將現任安東縣張寬培
題請調補句容縣新改簡缺知縣聲明現任句容
縣知縣錢兆麟酌量另補在案臣等會查得安
東縣地方逼近黃河接連海疆訟獄繁多民情
强悍且界連海沭為私梟出沒之區一切彈壓
巡防催科緝捕在在均須整飭非精明幹練熟

悉河務海疆之員不足以資治理臣等於通省
現任簡缺知縣及候補正途人員内逐加揀選
非年例未符即人地不宜實無堪調堪補之員
惟查有丹陽縣縣丞孫節勳年五十四歲安徽
監生由捐職縣丞投効南河加捐分發嘉慶九
年十月到工十五年調派馬港口大工差竣
奏准儘先補用咨署寶應縣縣丞調署豐縣縣丞
告病病痊坐署豐縣縣丞調署令職道光十一
年五月到任十二年俸滿保薦註冊候陞九月
奉文實授旋因催儹回空漕船出力保
奏欽奉
上諭著以應陞之缺儘先陞用欽此該員明白歷練

兩江總督陶澍江蘇巡撫林則徐奏摺　請以孫節勳陞署安東縣知縣

道光十六年六月初五日

辦事能勤且係奉
旨應陞之員以之陞署安東縣沿河沿海要缺知縣
堪期勝任惟係繁缺例應先儘現任簡缺知縣
及候補正途人員選補今以應陞之員請陞與
例稍有未符但該員久任河工於沿河沿海情
形最為熟悉實在人地相需例得專摺
奏請據藩臬各司具詳前來臣等往返札商意見
相同合無仰懇
聖恩俯念員缺緊要准以丹陽縣縣丞孫節勳陞署
安東縣知縣於河工地方均有裨益仍俟試署
期滿如果稱職另請實授如蒙
俞允俟部覆至日給咨赴部引

兩江總督陶澍江蘇巡撫林則徐奏摺　請以孫節勳陞署安東縣知縣

道光十六年六月初五日

見恭候
欽定該員任内一切因公處分係陞署要缺遵例毋
庸核計應完罰俸銀兩飭令完繳清楚另行造
册咨銷謹會同江南河道總督臣麟慶合詞恭
摺具
奏伏乞
皇上聖鑒訓示謹
奏

另有旨

兩江總督陶澍江蘇巡撫林則徐奏摺 請以孫節勳陞署安東縣知縣

道光十六年六月初五日

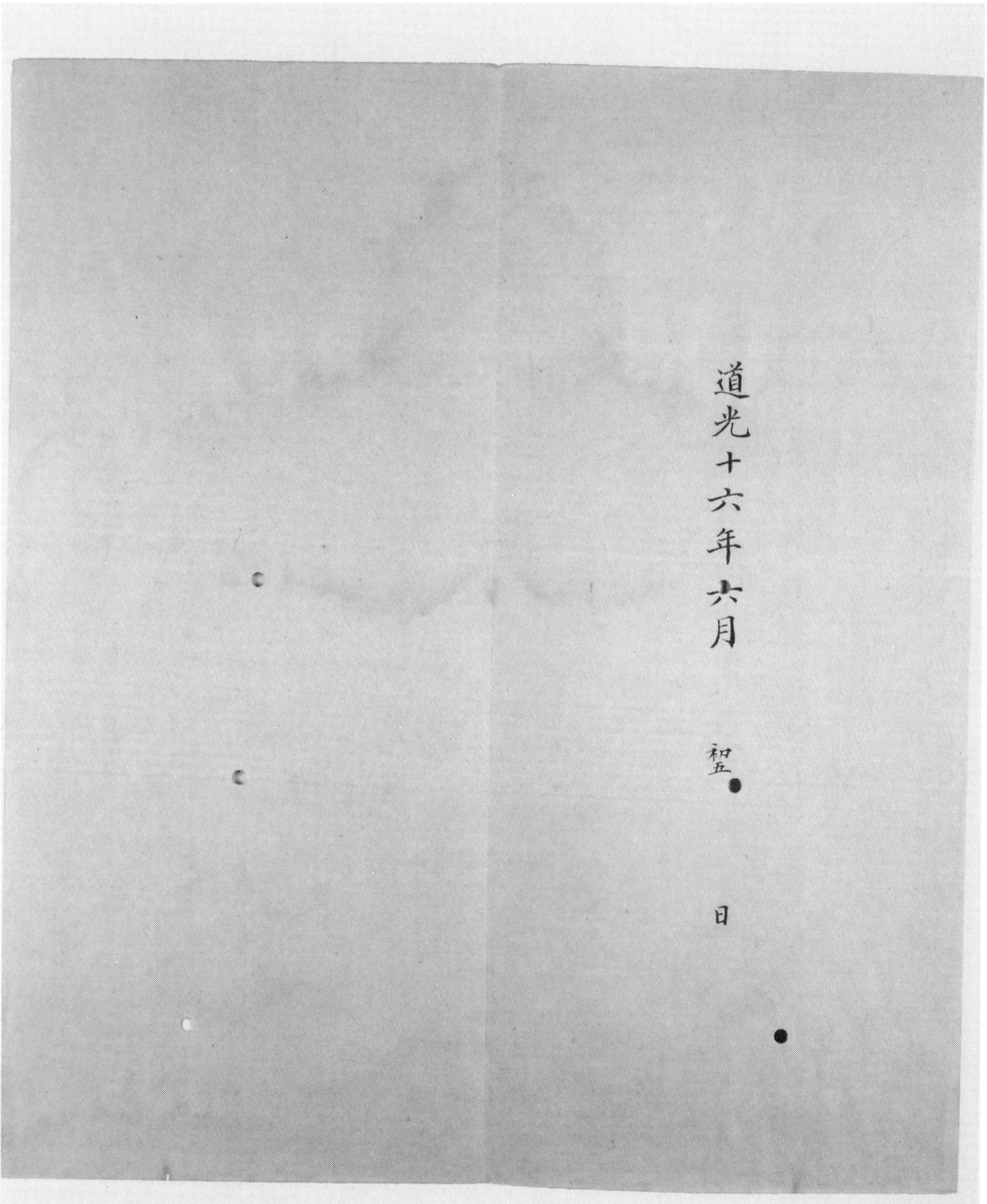

道光十六年六月初五日

兩江總督陶澍奏片　**賞假回籍奏請將督印交撫臣林則徐署理**

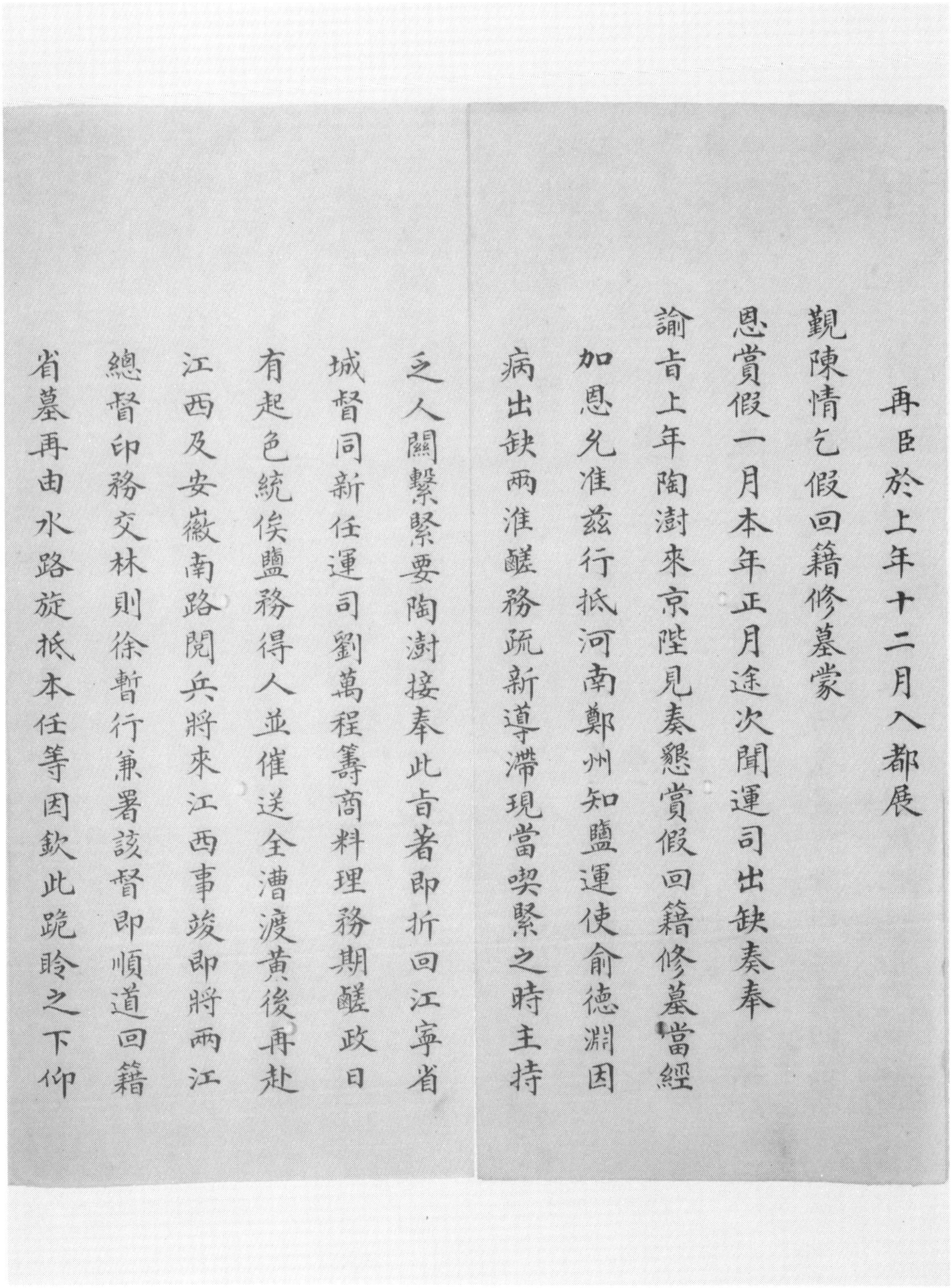

再臣於上年十二月入都展
覲陳情乞假回籍修墓蒙
恩賞假一月本年正月途次聞運司出缺奏奉
諭旨上年陶澍來京陛見奏懇賞假回籍修墓當經
加恩允准茲行抵河南鄭州知鹽運使俞德淵因
病出缺兩淮鹺務疏新導滯現當喫緊之時主持
之人關繫緊要陶澍接奉此旨著即折回江寧省
城督同新任運司劉萬程籌商料理務期鹺政日
有起色統俟鹽務得人並催送全漕渡黃後再赴
江西及安徽南路閱兵將來江西事竣即將兩江
總督印務交林則徐暫行兼署該督即順道回籍
省墓再由水路旋抵本任等因欽此跪聆之下仰

兩江總督陶澍奏片 賞假回籍奏請將督印交撫臣林則徐署理
道光十六年六月初五日

荷
聖慈體卹周至不勝感激涕零比即欽遵咨照江南
江西及臣原籍各省臣於抵任後即赴揚州督
同新運司劉萬程將疏新導滯各務逐悉籌商
復回省料理署務督催各省新漕次第渡黃至
五月二十五日渡竣即赴泰州將狼山鎮所轄
通泰各營校閱全竣六月初四日回抵省城現
在趕緊清釐各務擬於七月内即由皖省之太
平廣德寧國徽池安慶等處一路赴江西校閱
事竣遵
旨順道回籍請假一月修墓送印交江蘇撫臣兼署
惟思兩江事務本繁臣於江西送印至蘇中多

空閒之日兼以管理兩淮鹽務各場捆運開江及徵解餉鞘一切咨移牌票刻須用印難於數千里外懸待慮滋貽悞應請即於臣啓程時交印與撫臣林則徐署理其江蘇巡撫印務藩司怡良已由江西卸護撫篆前來堪以委令護理臣即謹遵前奉

特旨閲兵無須帶印前往遇有最要事件仍可彼此札商儻有需印之處沿途均可借用並無窒礙而臣校閲稍寬藉資周歷於贛南袁吉各府接連粤廣之區均得巡視以重邊防及入楚境並得與湖廣督撫臣籌商淮鹽緝銷各務趕緊回江不致稍延合併縷悉陳明伏乞

兩江總督陶澍奏片　賞假回籍奏請將督印交撫臣林則徐署理
道光十六年六月初五日

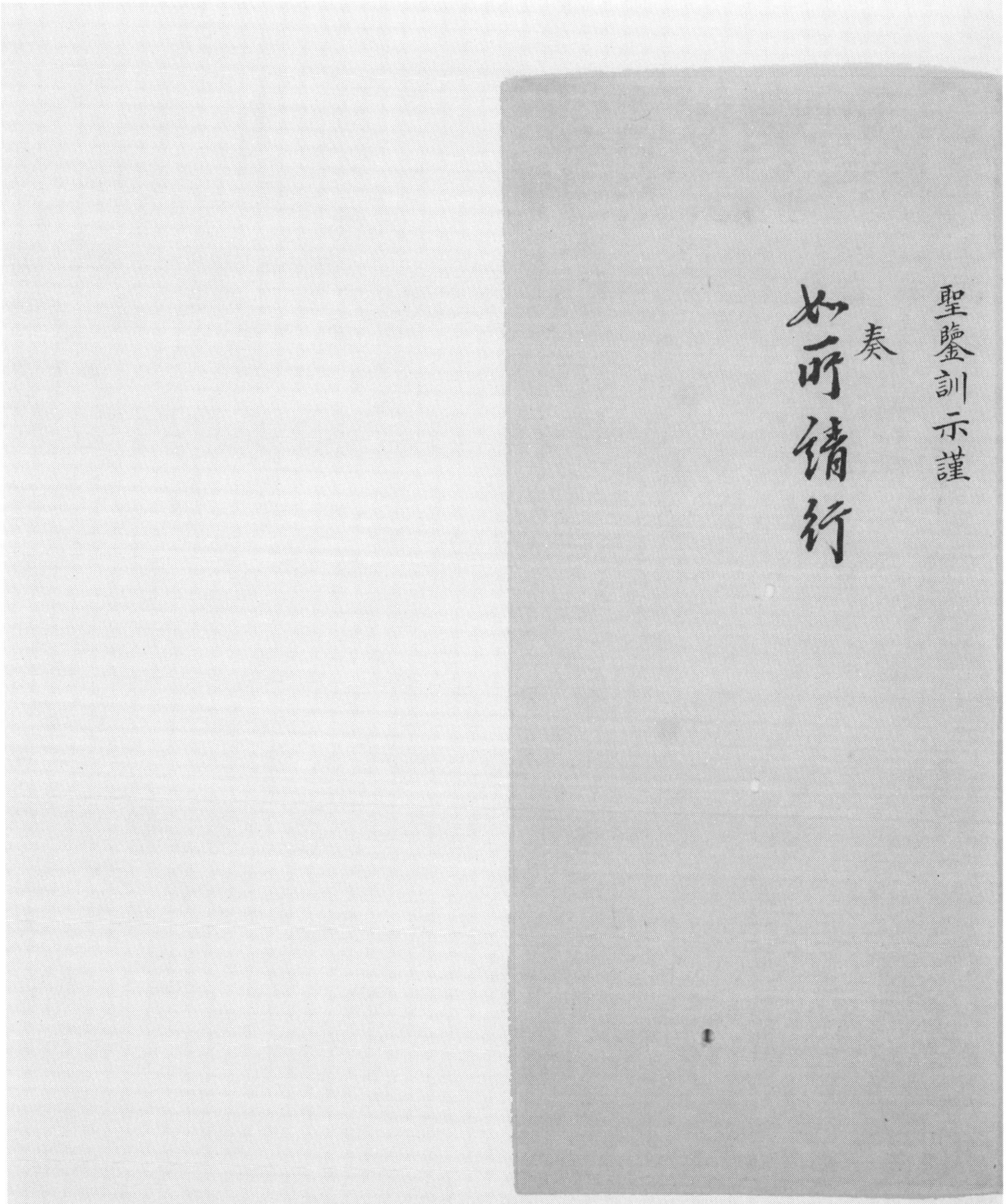
聖鑒訓示謹
奏
如所請行

江蘇巡撫林則徐題本　題參丹徒縣知縣熊傳栗等疏防停舟被劫屆滿贓犯無獲

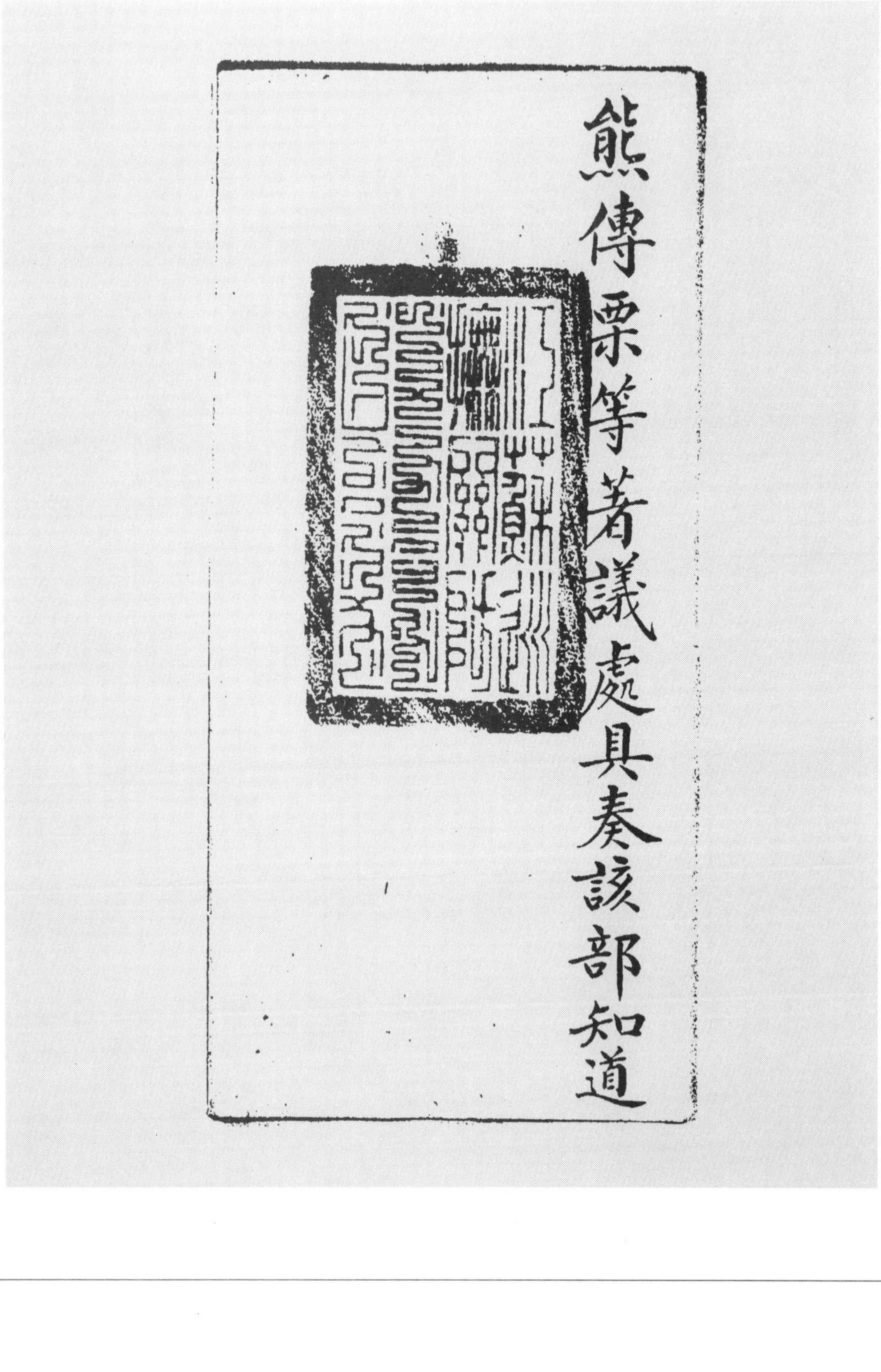
熊傳栗等著議處具奏該部知道

江蘇巡撫林則徐題本 題參丹徒縣知縣熊傳栗等疎防停舟被劫屆滿贓犯無獲

道光十六年六月初七日

兵部侍郎兼都察院右副都御史巡撫江蘇等處地方提督軍務總理糧儲臣林則徐謹
題爲詳參疎防文職事據署江蘇按察使積拉明
阿詳稱據鎮江府知府龔文煥詳據丹徒縣知
縣熊傳栗詳稱道光拾伍年拾壹月初玖日據
上虞縣家丁李陞呈稱伊家主鍁秀新選上虞
縣知縣雇坐陸聚高船隻赴浙於拾壹月初捌
日船至丹徒鎮平塔河下停泊叁更時分被匪
踢開艙門進内刦去銀兩衣服關單報候勘緝
等情據即會營親詣該處勘得丹徒鎮平塔河
有南北通行運河壹道南通丹陽北達大江該
事主船隻停泊該處下河查驗艙板牕欞俱有
斲損形跡離城捌里離汛陸里並無墩鋪防

兵提訊船户事主人等供與報詞相同估贓值
銀壹百叁拾捌兩貳錢玖分造冊通詳勒緝奉
批緝叅在案並查此案疏防限屆贓盜無獲合
將疏防印捕職名開報請叅等情由府開列督
捕督緝並准常鎮道開移兼轄職名前來除飭
勒緝贓盜務獲究報外該署江蘇按察使積拉
明阿查得丹徒縣詳浙江上虞縣家丁李陞呈
報停船被劫壹案疏防例限肆箇月應以道光
拾伍年拾壹月初捌失事之日起扣至拾陸年
叁月初捌日屆滿贓盜無獲所有文職疏防職
名印官係丹徒縣知縣熊傳栗捕官係丹徒縣
丹徒司巡檢和中育督捕係同城鎮江府糧捕

通判籌成督緝係同城鎮江府知府龔文煥兼
轄係分巡常鎮通海道李彥章查捕官和中育
已於拾陸年正月貳拾叁日未經限滿之先丁
憂卸事不復回任應請議結該縣熊傳栗於是
日兼理至貳拾陸日卸事接緝未及壹月例得
免議趙景堂即於是日代理至貳月拾伍日卸
事現署巡檢武鈞即於是日到任均係再接緝
之員例無處分合并聲明開報伏候核叅等情
到臣據此該臣查得丹徒縣詳浙江上虞縣家
丁李陞呈報停船被劫壹案疎防例限肆箇月
應以道光拾伍年拾壹月初捌失事之日起扣
至拾陸年叁月初捌日屆滿贓盜無獲開列疎

防職名請參前來除飭勒緝贓盜務獲究報外
所有文職疏防職名印官係丹徒縣知縣熊傳
栗捕官係丹徒縣丹徒司巡檢和中育督捕係
同城鎮江府糧捕通判善成督緝係同城鎮江
府知府龔文煥兼轄係分巡常鎮通海道李彥
章查捕官和中育已於拾陸年正月貳拾叁日
未經限滿之先丁憂卸事不復回任應行議結
該縣熊傳栗於是日兼理至貳拾陸日卸事接
緝未及壹月例得免議趙景堂即於是日代理
至貳月拾伍日卸事現署巡檢武鈞即於是日
到任均係再接緝之員例無處分相應聲明列
參再失事處所離城拾捌里離汛陸里並無墩

鋪防兵合並陳明臣謹具

題伏乞

皇上聖鑒勅部議覆施行謹題請

旨

道光[illegible]林則徐

江蘇巡撫林則徐題本　題參丹徒縣知縣熊傳栗等疏防停舟被劫届滿贓犯無獲　道光十六年六月初七日

工部侍郎兼都察院右副都御史巡撫江蘇等處地方提督軍務兼理糧餉臣林則徐謹

題爲詳參疏防文職事。該臣查得丹徒縣詳，浙江上虞縣家丁李陞呈報停船被劫，查案疏防例限肆箇月，應以道光拾伍年拾壹月初捌失事之日起，扣至拾陸年叁月初捌日届滿，贓盜無獲，開列疏防職名請參前來。除飭勒緝贓盜務獲究報外，所有文職疏防職名：印官係丹徒縣知縣熊傳栗，捕官係丹徒縣丹徒司巡檢和中青，督捕係同城鎮江府督捕通判黃成，督緝係同城鎮江府知府龔文煥，兼轄係分巡常鎮通海道李彥章，相應列參，謹題請

旨。

江蘇巡撫林則徐題本

核銷吳縣督辦道光七年份三綫布價銀兩

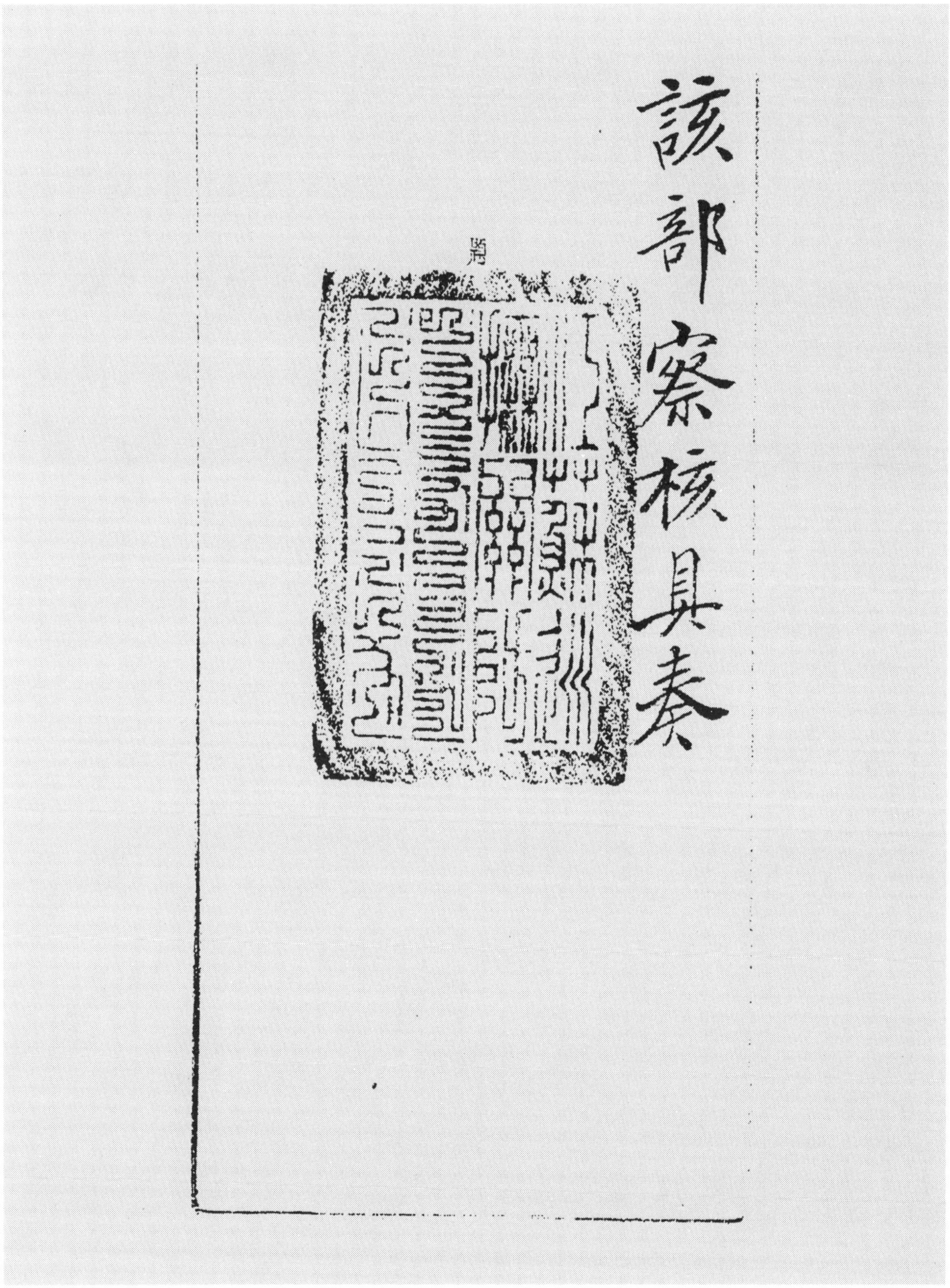

兵部侍郎兼都察院右副都御史巡撫江蘇等處地方提督軍務兼理糧餉臣林則徐謹

題為請銷布價銀兩事。據署蘇州布政使裕謙詳

稱：案奉行准户部咨江南司案呈，准緞疋庫付

稱：查得三梭布、三綫布、油衾布俱係供應

内廷并

發京户部及各衙門需用并預備緊急之項，江蘇

省每年額解五色三梭布伍千疋，其顏色向由

本庫酌派，今應解道光柒年分五色三梭布伍

千疋，現在各工並須

賞需用甚多，應添派三梭布捌萬疋，查三綫布壹項

現在庫貯所存無幾，不敷支放，應派織本色三

綫布陸萬疋，又應派本色油衾布陸萬疋，所有

額解布疋飯銀仍同停解江南布飯銀并鋪墊
銀兩照例隨布一并起批限於次年捌月內起
緊解庫交納所解布疋務須身分細密顏色鮮
明分兩準足寬長合式毋得稍有參差致干未
便相應移付江南司速行該撫於文到日迅委
妥員遵照辦理并將督辦之職名先行咨部如
敢玩延至限不交卽將該撫并督辦之員立卽
奏參等因前來相應開列布數顏色清單行文
江蘇巡撫查照緞疋庫原付樣限解交並將督
辦官職名先行送部可也等因到院行司當因
蘇省歷年奉派布數較多商力不支節經詳案
奏請酌減派辦奉部議覆三梭油墩貳項布疋斷

難議減應令按限如數解庫至三綫棉布貳項
庫貯尚可敷用前擬將采買兩年額解棉布綫
至道光拾年俟油敦三梭布解齊後於拾壹年
起分批解交其柒年分添派三綫布陸萬疋綫
至拾壹年棉布解齊後核計存貯多寡行知於
拾貳年起解嗣奉行准部文道光柒年分派辦
三綫布陸萬疋迅即委員趕解各等因奉經轉
飭遵照辦解去後除三梭油敦各布先已解部
交收業經取造報銷冊結分別詳奏
題咨准銷外該署蘇州布政使裕謙查得江蘇省
道光柒年分奉文派辦本色三綫布陸萬疋前
經照例轉飭吳縣督商遵照部頒樣布如式趕

遴幷行蘇州府飭行地方官吳縣確訪切實時
價詳報核辦嗣據蘇州府詳據吳縣詳稱據布
商汪益美等禀稱例給布價較與市價歷有不
敷前經辦商疊次禀請照依市價請增給辦均
未邀准茲商等若照市價開報誠恐批詰徒繁
案牘是以仍照向來准銷例價開報三綫布每
疋請給庫平紋銀陸錢由縣府覆核無浮轉詳
到司當經詳明給辦業已辦齊填批請給咨牌
委員代理崑山縣石浦司巡檢趙用禾入流丁
承餉督商解部在案茲據蘇州府詳據吳縣將
動用價值照例以市平色銀折實庫平紋銀分
晰開造報銷款冊由縣府加結送轉前來覆查

奉辦前項三綫布陸萬疋每疋請銷庫平紋銀
陸錢該銀叁萬陸千兩又水脚項下向例每疋
銀壹兩給銀貳分捌釐計價銀叁萬陸千兩該
銀壹千捌兩共請銷價脚銀叁萬柒千捌兩照
例在於司庫現存正項道光拾叁年地丁銀内
動放給辦核與歷年奉部准銷之案相符似無
浮冒情事理合循例轉造報銷清冊同結詳送
具
題請銷等情據此該臣查得江蘇省道光柒年分
准部行文派辦三綫布陸萬疋案經行司轉飭
吳縣督商領辦並令確訪切實時價詳候核給
嗣據布商汪盛美等遵照向例開報價值由府

詳司給辦去後今據署蘇州布政使裕謙詳稱
江蘇省道光柒年奉文派辦三綫布疋業已辦
齊塡批請給咨牌委員督商解部在案所有三
綫布陸萬疋每疋請銷庫平紋銀陸錢該銀叁
萬陸千兩又水脚項下向例每疋銀壹兩給銀
貳分捌釐計價銀叁萬陸千兩該銀壹千捌兩
共請銷價脚銀叁萬柒千捌兩照例在於司庫
現存正項道光拾叁年地丁銀内動放給辦核
與歷年奉部准銷之案相符轉造報銷清冊同
結詳送具
題等情前來臣覆核無異除冊結送部查核外相
應具

江蘇巡撫林則徐題本　核銷吳縣督辦道光七年份三錢布價銀兩
道光十六年六月初七日

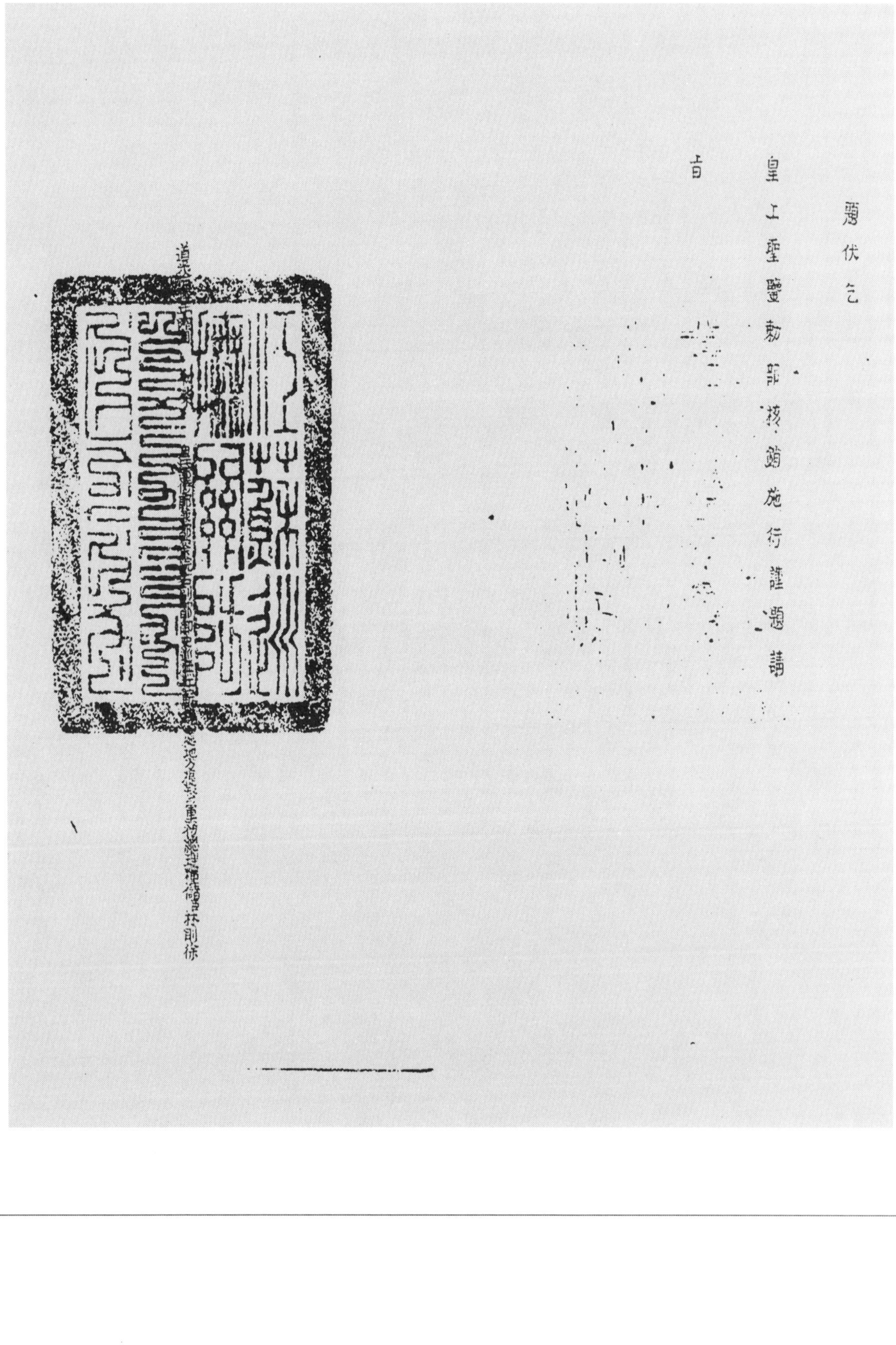
題伏乞
皇上聖鑒勅部核銷施行謹題請
旨

道光[illegible]林則徐

江蘇巡撫林則徐題本　核銷吳縣督辦道光七年份三綫布價銀兩
道光十六年六月初七日

兵部侍郎兼都察院右副都御史巡撫江蘇等處地方提督軍務總理糧儲臣林則徐謹
題為請銷布價銀兩事該臣查得江蘇省道光柒
年分准部行文派辦三綫布陸萬疋案經行司
轉飭吳縣督商領辦去後今據署蘇州布政使
裕謙詳稱道光柒年派辦三綫布疋業已辦齊
委員解部所有三綫布陸萬疋每疋請銷銀陸
錢該銀叁萬陸千兩又水脚項下向例每正銀
壹兩給銀貳分捌釐該銀壹千捌兩共請銷價
脚銀叁萬柒千捌兩照例在於司庫道光拾叁
年地丁銀內動放給辦轉造報銷清冊同結詳
題前來臣覆核無異除冊結送部外謹題請
旨

江蘇巡撫林則徐題本　**核銷吳縣督辦道光九年份油墩布價銀兩**

題
該部察核具奏

兵部侍郎兼都察院右副都御史巡撫江蘇等處地方提督軍務總理糧儲臣林則徐謹
題爲請銷布價銀兩事據署蘇州布政使裕謙詳
稱案奉行准戶部咨江南司案呈准織庫付
稱查得三梭布係供應
內廷并
盛京戶部及各衙門需用并預備緊急之項江蘇
省每年額解五色三梭布伍千疋其顏色向由
本庫酌派今應解道光玖年分五色三梭布伍
千疋內派深藍貳千疋桃紅壹千疋漂白伍百
疋沙綠壹千疋明黃伍百疋所有額解布疋飯
銀照例隨布起批解庫交納所解布疋務須身
分細密顏色鮮明分兩準足寬長合式毋得稍

有參差致干未便相應移付江南司轉行該撫
遵照辦理等因前來相應行文江蘇巡撫查照
綢疋庫原付辦理可也等因續奉行准户部咨
綢疋庫油墩布三梭布兩項存貯無幾不敷支
放應添派油墩布陸萬疋三梭布陸萬疋限於
拾貳年春秋貳季分批解庫交納等因到院行
司奉經轉飭遵照辦解去後除三梭布疋另行
照例咨部請銷外該署蘇州布政使裕謙查得
江蘇省奉文派辦道光玖年分解部本色油墩
布陸萬疋先經照例轉飭吳縣督商遵照部頒
樣布如式趕織并行蘇州府飭行地方官吳縣
確訪切實時價詳報核辦嗣據蘇州府詳據吳

縣詳稱據布商汪益美等稟稱承辦道光玖年
分布疋業飭開報時價查例給布價較與市價
歷有不敷前經辦商疊次稟請照依市價請增
給辦均未邀准茲商等若照市價開報誠恐批
詰徒繁案牘是以仍照向來准銷例價開報油
墩布每疋請給庫平紋銀肆錢貳分陸釐由縣
府覆核無浮轉詳到司當經詳明給辦業已辦
齊填批請給咨牌委員代理崑山縣石浦司巡
檢試用未入流丁承鈞齎商解部在案茲據蘇
州府詳據吳縣將動用價值照例以市平色銀
折實庫平紋銀分晰開造報銷款冊加具印結
由府加結送轉前來覆查奉辦前項油墩布陸

萬疋每疋請銷庫平紋銀肆錢貳分陸釐該銀
貳萬伍千伍百陸拾兩照例在於司庫現存正
項道光拾叁年地丁銀內動放給辦核與歷年
奉部准銷之案相符似無浮冒情事理合循例
轉造報銷清冊同結詳送具
題請銷等情據此該臣查得江蘇省准部行文派
辦道光玖年分油墩布陸萬疋案經行司轉飭
吳縣督商領辦並令確訪切實時價詳候核給
嗣據布商汪益美等遵照向例開報價值由府
詳司給辦去後今據署蘇州布政使裕謙詳稱
江蘇省派辦道光玖年分油墩布疋業已辦齊
填批請給咨牌委員督商解部在案所有油墩

布陸萬疋每疋請銷庫平紋銀肆錢貳分陸釐
該銀貳萬伍千伍百陸拾兩照例在於同庫現
存正項道光拾叁年地丁銀內動放給辦核與
歷年奉部准銷之案相符轉造報銷清冊同結
詳送具
題等情前來臣覆核無異除冊結送部查核外相
應具
題伏乞
皇上聖鑒勅部核銷施行謹題請
旨

江蘇巡撫林則徐題本　核銷吳縣督辦道光九年份油墩布價銀兩
道光十六年六月初七日

兵部侍郎兼都察院右副都御史巡撫江蘇等處地方提督軍務總理糧儲臣林則徐謹
題爲請銷布價銀兩事。該臣查得江蘇省准部行
文，派辦道光玖年分油墩布陸萬疋，案經行司
轉飭吳縣督同領辦去後，今據署蘇州布政使
裕謙詳稱，派辦道光玖年分油墩布疋業已辦
齊，委員解部所有油墩布陸萬疋，每疋請銷銀
肆錢貳分陸釐，該銀貳萬伍千伍百陸拾兩，照
例在於司庫道光拾叁年地丁銀內動放給辦，
轉造報銷清冊，同結詳請
題前來。臣覆核無異，除冊結送部外，謹題請
旨。

道光[illegible]處地方提督軍務總理糧儲臣林則徐

江蘇巡撫林則徐題本　驗明清河縣民朱庭戳斃周得案擬絞監候

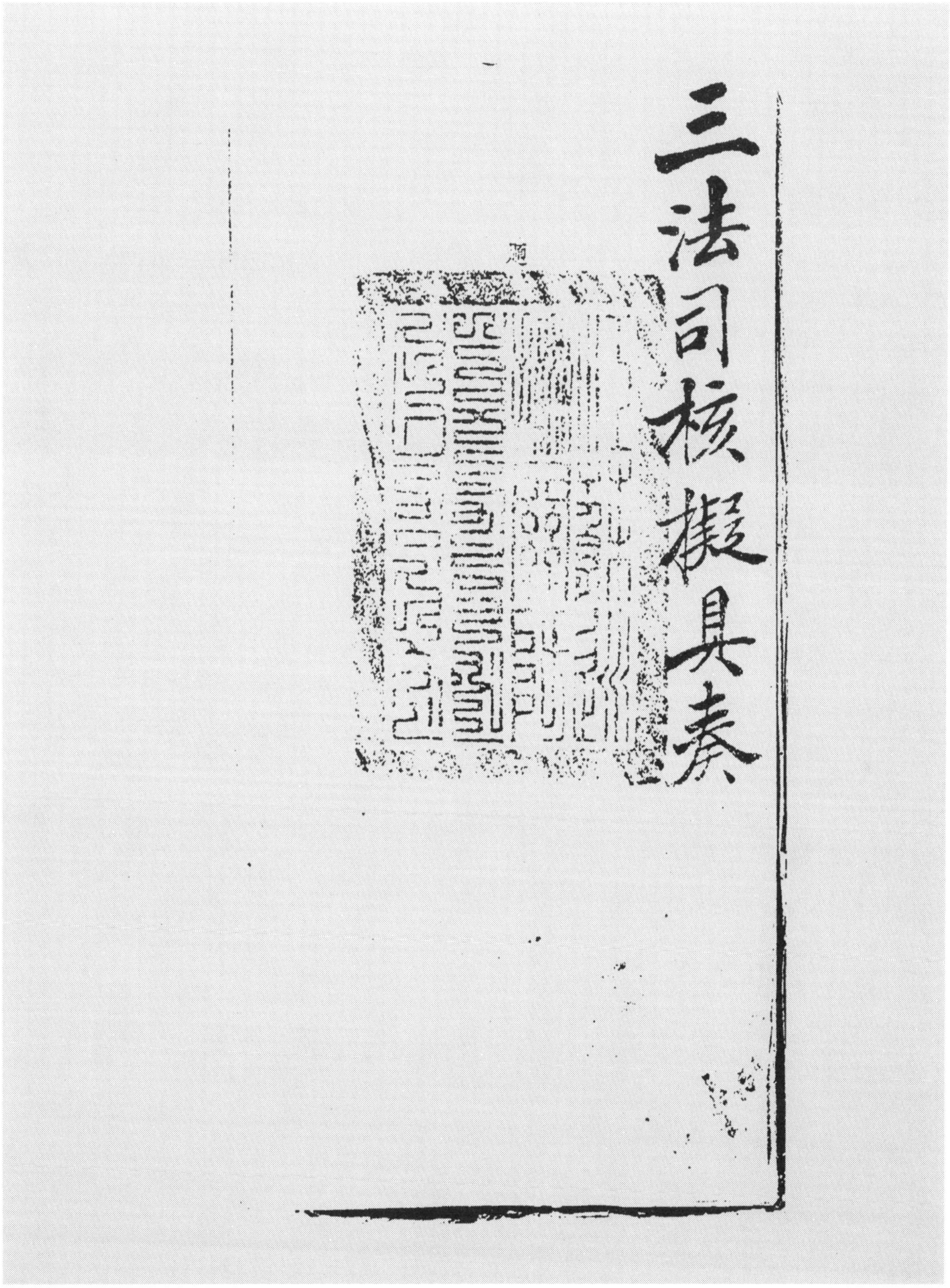
三法司核擬具奏

江蘇巡撫林則徐題本　驗明清河縣民朱庭戳斃周得案擬絞監候

道光十六年六月初七日

兵部侍郎兼都察院右副都御史巡撫江蘇等處地方提督軍務總理糧儲臣林則徐謹
題為報驗事據署江蘇按察使積拉明阿詳據淮
安府知府周燾詳據署清河縣知縣陳延連詳
稱查接管卷內道光拾伍年玖月貳拾肆日據
地保孫萬有報據民婦周王氏投稱玖月貳拾
壹日伊夫周得因向朱庭索討雇檯油薪錢文
口角爭毆伊夫被朱庭用刀戳傷左肋延至貳
拾叁日身死等語往查屬實將兇犯朱庭連刀
案解驗究等情經前縣陶焜午押犯帶領吏仵
前詣屍所如法相驗據仵作曹珠喝報已死周
得問年叁拾肆歲驗得仰面不致命左肋刃傷
壹處斜長陸分寬貳分斜深透內皮肉開血污

餘無故委係受傷身死報單親驗無異飭將兇
刀比對屍傷相符填格取結屍飭棺殮又驗得
朱庭右腮頰有掌傷壹處填單附卷隨訊據地
保孫萬有供與報詞同據周澱元朱應選同供
小的們開張油行生理向來行內撞送油簍都
託朱庭代雇腳夫道光拾伍年玖月拾捌日朱
庭雇周得撞運油簍小的們已將腳錢算交朱
庭清楚貳拾壹日周得如何向朱庭索討腳錢
爭毆被朱庭戳傷身死小的們不知道是實據
勒證彭廣得張沛同供道光拾伍年玖月貳拾
壹日小的們見周得向朱庭索討撞送油簍錢
文朱庭央緩周得不允兩相爭吵周得用手掌

戳傷朱庭右腮頰朱庭順拔身佩小刀戳傷周
得左肋小的們連忙上前勸散周得至朱庭家
醫治不料周得傷重到貳拾叁日身死了並沒
起釁別故小的們勸阻不及是實據屍妻周王
氏供周得是婦人丈夫傭趂度日翁姑已故道
光拾伍年玖月拾捌日朱庭雇丈夫擡送周潑
元們行內油簍欠少腳錢壹百伍拾伍文貳拾
壹日丈夫去向朱庭索討爭吵掌毆朱庭右腮
頰被朱庭用刀戳傷左肋婦人趕去查看丈夫
到朱庭家要他延醫調治不料丈夫傷重到貳
拾叁日身死了婦人投保報驗的並沒別故求
究抵據兇犯朱庭供清河縣人年叁拾捌歲父

親朱四年柒拾歲母親已故弟兄肆人小的居
三妻子莆氏小的與周得素好無嫌周戳元朱
應選行內油簍向是小的代雇腳夫檯送道光
拾伍年玖月拾捌日小的雇周得檯送油簍周
戳元們已把腳力算給清楚小的把錢挪用欠
少周得力錢壹百伍拾伍文貳拾壹日周得向
小的索討小的央緩周得不允彼此爭吵周得
掌毆小的右腮頰小的情急順拔身佩小刀嚇
戳適傷他左肋是彭廣得們勸散周得到小的
家央代爲延醫調治不料周得傷重延至貳拾
叁日身死了並非有心欲殺也沒起釁別故及
在場幫毆的人是實各等供據此將犯收禁兇

刀府庫錄供通詳蒙批飭審前縣陶煜午未及
審解於拾壹月拾伍日卸事卑職到任查驗朱
庭傷已平復隨提犯證覆訊供與前審無異不
敍外該署清河縣知縣陳廷連審看得縣民朱
庭戳傷周得身死壹案緣朱庭籍隸清河與周
得素好無嫌朱庭向代周溉元朱應選油行雇
夫挑運油簍道光拾伍年玖月拾捌日朱庭雇
周得挑送油簍周溉元等將腳錢算交清楚朱
庭將錢挪用欠少周得力錢壹百伍拾伍文貳
拾壹日周得向朱庭索討朱庭央緩周得不允
彼此爭吵周得掌毆朱庭右腮頰朱庭情急順
拔身佩小刀嚇戳適傷周得左肋經彭廣得等

江蘇巡撫林則徐題本　驗明清河縣民朱庭戳斃周得案擬絞監候
道光十六年六月初七日

砍傷周得至朱庭家延醫調治詎周得傷重延
至貳拾柒日酉時殞命報經前縣陶煜午驗訊通詳
奉批飭審未及審解卸事卑職到任提犯
研鞫據供前情不諱究非有心欲殺亦無起釁
別故及在場幫毆之人案無遁飾查律載鬭毆
殺人者不問手足他物金刃並絞監候等語此
案朱庭用刀戳傷周得身死應按律問擬朱庭
合依鬭毆殺人者不問手足他物金刃並絞律
擬絞監候秋後處決周得掌毆朱庭右腮頰本
干律擬業已身死應無庸議朱庭傷已平復彭
廣得等勸阻不及均無庸議朱庭所欠周得錢
文照追給屬收領屍棺飭埋兇刀解驗等情由

府審解到司該署江蘇按察使積拉明阿提犯
親訊核擬無異解候勘
題
等情招解到臣提犯親審無異該臣看得清河
縣民朱庭戳傷周得身死壹案緣朱庭籍隸清
河與周得素好無嫌朱庭向代周溯元朱應選
油行雇夫摅運油簍道光拾伍年玖月拾捌日
朱庭雇周得摅送油簍周溯元等將腳錢算交
清楚朱庭將錢挪用欠少周得力錢壹百伍拾
伍文蔵拾壹日周得向朱庭索討朱庭央緩周
得不允彼此爭吵周得掌毆朱庭右腮頰朱庭
情急順拔身佩小刀嚇戳適傷周得左肋經彭
廣得等勸散周得至朱庭家延醫調治詎周得

傷重延至次日殞命報驗訊詳當供不諱
究非有心欲殺亦無起釁別故及在場幫毆之
人案無遁飾查律載鬬毆殺人者不問手足他
物金刃並絞監候等語此案朱庭用刀戳傷周
得身死應按律問擬朱庭合依鬬毆殺人者不
問手足他物金刃並絞律擬絞監候秋後處決
周得嘗毆朱庭右腮頰本干律擬業已身死應
無庸議朱庭傷已平復彭廣得等勸阻不及均
無庸議朱庭所欠周得錢文照追給屬收領屍
棺飭埋兇刀發回案結銷毀臣謹具
題伏乞
皇上聖鑒敕下三法司核覆施行再此案審限應以

道光拾伍年玖月貳拾肆報驗之日起前縣陶
遶午未及審解於拾壹月拾伍日卸事計承審
壹箇月貳拾壹日該縣陳廷連是日到任接審
前官承審壹月以上例得加展壹月又除封印
壹月并前官剩限壹箇月零玖日自縣由府解
司程限拾陸日統應扣至拾陸年陸月初拾日
全限屆滿合並陳明謹題請
旨

江蘇巡撫林則徐題本　驗明清河縣民朱庭戳斃周得案擬絞監候

道光十六年六月初七日

兵部侍郎兼都察院右副都御史巡撫江蘇等處地方提督軍務總理糧儲臣林則徐謹

題為報驗事該臣看得清河縣民朱庭戳傷周得身死壹案緣朱庭與周得素好無嫌朱庭向代周瀛沅朱應遴油行雇工挑運油簍道光拾伍年玖月拾捌日朱庭催周得挑油簍周瀛沅等將脚錢弃交清楚朱庭將錢挪用欠少周得力錢壹百伍拾伍文商拾壹日周得向索朱庭央緩不允彼此爭吵周得掌毆朱庭右腮頰朱庭情急順拔身佩小刀戳適傷周得左肋延至拾叁日殞命報驗訊詳審供不諱朱庭依鬭毆殺人律擬絞監候秋後處決謹題請

旨

道光……地方提督軍務總理糧儲臣林則徐

江蘇巡撫林則徐題本　驗明逃犯王五糾衆傷斃趙登榜案擬絞監候

道光十六年六月初七日

江蘇巡撫林則徐題本　**驗明逃犯王五糾衆傷斃趙登榜案擬絞監候**

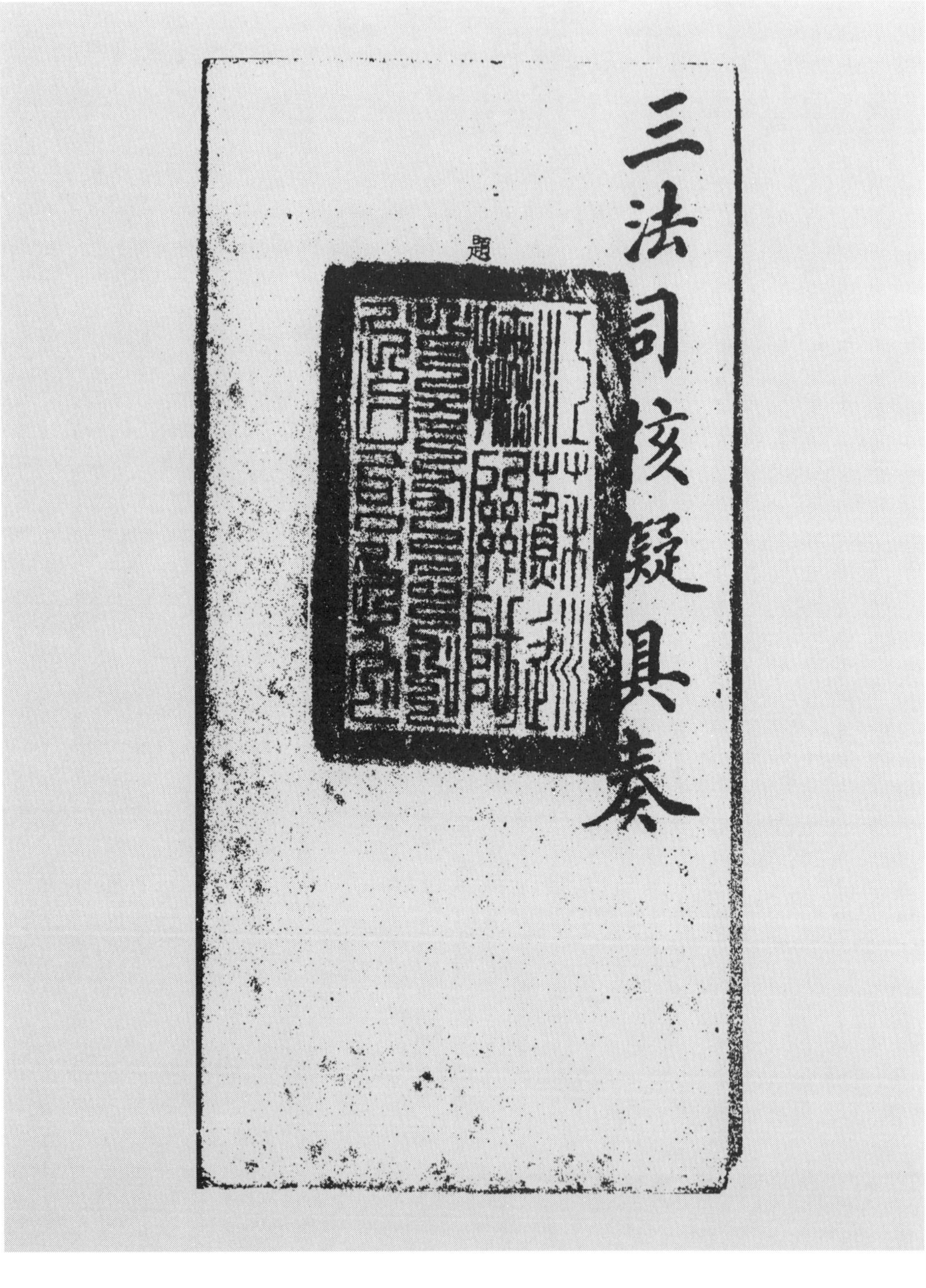
三法司核疑具奏

題

江蘇巡撫林則徐題本　驗明逃犯王五糾衆傷斃趙登榜案擬絞監候
道光十六年六月初七日

兵部侍郎兼都察院右副都御史巡撫江蘇等處地方提督軍務總理糧儲臣林則徐謹
題爲報驗事據署江蘇按察使積拉明阿詳據鎮
江府知府龔文煥詳據丹徒縣知縣熊傳栗詳
稱查接管卷內道光拾伍年捌月拾肆日據地
保馬順報據民人趙登科投稱有刁李氏因夫
故無依借伊屋同住捌月拾貳日有王五前往
探望被伊村斥走去是夜王五等踢門進內聲
稱不應畱住刁李氏在家用刀嚇伊砍傷伊兄
趙登榜趕護亦被砍傷伊兄延至拾叁日身死
等語往查屬實王五等業已逃避報候驗究等
情並據趙登科同報到縣據經前署縣張寬培
帶領吏仵前詣屍所如法相驗據仵作薛茂源

喝報已死趙登榜問年叁拾伍歲驗得仰面不
致命左胳膊刃傷壹處斜長貳寸闊貳分深至
骨左手腕刃傷壹處骨斷手落右胳膊刃傷壹
處橫長貳寸叁分闊貳分深至骨骨損左脚腕
相連合面脚踝右脚腕相連合面脚踝各有刃
傷壹處俱橫長貳寸貳分闊貳分深至骨骨損
皮肉捲縮血污合面不致命右手背刃傷壹處
皮開骨斷血污手心皮肉尚連左脚心劃傷壹
處橫長壹寸捌分闊貳分深壹分皮肉捲縮血
污，餘無故委係受傷身死報畢親驗無異填格
取結屍飭棺殮又驗得趙登科右手腕右臁肋
右脚腕右脚踝左腿肚刃傷各壹處均皮破血

污左脚跟刃傷壹處皮破筋斷血污塡單附卷
飭醫調治勒差嚴拏兇犯王五等解究去後嗣
於捌月貳拾壹日准京口水師營守備葛廷松
把總王駿先姚錞鎮江營把總王萬青督同兵
役將兇犯王五拏獲並起出兇刀移解過縣飭
將兇刀燒驗上有血跡隨提人證研訊據地保
馬順供與報詞同據姦婦刁李氏供丹徒縣人
年肆拾貳歲丈夫刁文學久已身故婦人先在
揚州居住道光拾叁年閏月不記日期王五與
婦人調戲成姦以後遇便續姦不記次數後因
王五在江都販私被獲拾伍年柒月裏婦人回
到鎮江借住趙登科家又與趙登科姦好他哥

子趙登榜都知道的捌月拾貳日王五走來探
望被趙登科村斥彼此口角走散那夜起更時
分王五與李大倡王大亮胡順子王士位踢門
進內王五喊說趙登科不應留住婦人在家就
同李大倡把趙登科揪按倒地用刀砍傷趙登
科右手腕左脚跟等處趙登科喊救趙登榜拏
了扁擔趕護王五用刀把扁擔格落砍傷趙登
榜左胳膊並砍落左手倒地趙登榜右手拉住
王五衣服不放王五又用刀砍傷趙登榜右手
兩脚婦人趕攏勸阻王五們跑走不料趙登榜
傷重到拾叁日死了趙登科投保報驗的是實
據屍弟趙登科供安徽壽州人年叁拾貳歲趙

江蘇巡撫林則徐題本 驗明逃犯王五糾衆傷斃趙登榜案擬絞監候
道光十六年六月初七日

登榜是小的哥子道光拾伍年柒月裏素識的
刁李氏從揚州回到鎮江在小的家借住小的
與他調戲成姦聞知他與素識的王五也曾姦
好哥子都是知道的捌月拾貳日王五來探望
刁李氏小的看見把他村斥彼此口角走散那
夜起更時分王五同李大倡們踢門進內王五
喊說小的不應留住刁李氏在家就同李大倡
把小的揪按倒地李大倡用刀砍傷小的右手
腕右膁肋脚腕脚踝王五也用刀砍傷小的左
腿肚並劃傷左脚跟小的喊救哥子拏了扁擔
趕出幫護王五用刀把扁擔格落哥子趕攏奪
刀被王五壘砍多傷逃跑那時小的受傷昏暈

沒有看清後來哥子告知他身受的傷都是王
五砍的不料哥子傷重到拾叁日死了小的就
投保報驗的小的傷已平復只有左脚跟筋斷
行走不便是實據兇犯王五即王潮春供安徽
壽州人年叁拾貳歲父親王仕年捌拾歲母親
王氏年柒拾捌歲弟兄叁人小的娶妻陳氏沒
生子女向在鎮江揚州一帶小本營生與趙登
榜素識無嫌道光拾叁年陸月不記日期小的
在揚州與刁李氏調戲成姦以後遇便續姦不
記次數拾肆年肆月小的在江都販私被獲問
徒遞籍定地發配拾月初壹日由定遠縣僉差
遞解初叁日走到壽州地方小的乘間脫逃日

行辟路求乞夜宿孤廟涼亭拾伍年捌月拾貳
日小的逃到鎮江關知刁李氏與趙登科同居
姦宿就去探望被趙登科看見村斥彼此口角
走散小的心懷嫉妒起意糾夥洩忿糾邀素識
在逃的李大倡王大亮胡順子王士位相幫那
夜起更時分同到趙登科門首大家踢門進內
小的喊說趙登科不應留住刁李氏在家就同
李大倡把趙登科揪按倒地李大倡用刀砍傷
趙登科右手腕右臁肕脚腕脚踝小的也用刀
砍傷趙登科左腿肚並劃傷左脚跟趙登科喊
救他哥子趙登榜拏著扁擔趕出幫護小的用
刀把扁擔格落趙登榜趕攏奪刀小的用刀砍

傷他左胳膊並砍落左手倒地趙登榜右手抓
住小的衣服不放小的用刀砍傷他右胳膊右
手背趙登榜鬆手舉脚亂踢小的又連砍他左
右脚腕并劃傷左脚心那時李大倡們沒有動
手小的見趙登榜傷重就同李大倡們逃散不
料趙登榜到拾叁日因傷死了小的逃往各處
躲避被兵役獲解的實係妒姦糾毆因趙登榜
幫護欲傷致死委非有心欲殺也沒起釁別故
及另有幫毆的人小的前此逃籍中途脱逃解
役們並沒賄縱逃後也沒另犯不法及知情容
留人家李大倡們現逃何處不知道兇刀已丟
起來是實各等供據此將犯收禁一面關查犯

事脫逃各原案先行錄供通詳蒙批飭審前縣
張寬培未及審解卸事甲職到任正在覆審間
道光拾伍年拾壹月拾貳日據禁卒稟報王五
在監患病醫治詳咨茲於拾貳月拾肆日報痊
前來並准江都定遠貳縣先後移覆王五籍隸
安徽壽州於道光拾肆年肆月間在江都販私
被獲審擬滿徒遞籍定地發配於拾月初壹日
由定遠縣僉差朱兆等押解初叁日行至壽州
境內乘間脫逃訊供詳緝等情前來查逸犯李
大倡等七獲無期提驗趙登科傷已平復惟左
腳跟筋斷已成廢疾隨提集覆訊各供與前審
無異不敘外該丹徒縣知縣熊傳栗審看得王

江蘇巡撫林則徐題本　驗明逃犯王五糾衆傷斃趙登榜案擬絞監候
道光十六年六月初七日

五砍傷趙登榜身死壹案緣王五即王漏春籍
隸安徽壽州向在鎮江揚州一帶小本營生與
趙登榜素識無嫌道光拾叁年陸月王五在揚
州與刁李氏調戲成姦後非一次拾肆年肆月
王五在江都販私被獲審擬滿徒遞籍定地發
配於拾月初壹日由定遠縣僉差遞解初叁日
行至壽州境內王五乘間脫逃詳緝未獲拾伍
年柒月刁李氏回至鎮江向趙登榜之弟趙登
科借屋同住又與趙登科姦好趙登榜亦係知
情捌月拾貳日王五逃至鎮江聞知刁李氏與
趙登科同居姦宿前往探望被趙登科村斥口
角走散王五心懷被斥起意糾毆洩忿邀允素

識在逃之李大倡王大亮邵順子王士位相幫
是夜起更時分同至趙登科家踢門進內王五
聲言趙登科不應霸佔刀李氏在家將其撳按
倒地李大倡用刀砍傷趙登科右手腕右臁肕
脚腕脚踝王五亦用刀砍傷趙登科左腿肚并
劃傷左脚跟趙登科喊救趙登榜即攜扁擔出
護王五用刀將扁擔格落趙登榜趕攏奪刀王
五用刀砍傷其左胳膊並砍落左手倒地趙登
榜右手抓住王五衣服不放王五復砍其右胳
膊右手背趙登榜鬆手用脚亂踢王五又連砍
其左右脚腕并劃傷左脚心王五見趙登榜傷
重即與李大倡等逃逸詎趙登榜傷重延至次

江蘇巡撫林則徐題本　驗明逃犯王五糾衆傷斃趙登榜案擬絞監候

道光十六年六月初七日

日殞命報經前縣張寬培詣驗獲犯訊供通詳
奉批飭審張寬培未及審解卸事甲職抵任提
驗趙登科傷已平復惟左脚跟筋斷已成廢疾
查逸犯李大倡等弋獲無期現犯未便久稽遵
復提犯研鞫據供前情不諱詰非有心欲殺亦
無起釁別故及另有在場幫毆之人矢口不移
案無遁飾查律載鬭毆殺人者不問手足他物
金刃並絞監候等語此案王五因趙登榜之弟
趙登科將與伊通姦之劉李氏留住姦宿往探
被斥起意糾毆洩忿因趙登榜幫護用刀砍傷
致斃應按律問擬王五即王源春除犯姦及賍
私擬徒脫逃並砍傷趙登科成廢各輕罪不議

外合依鬬毆殺人者不問手足他物金刃並絞
律擬絞監候秋後處決刁李氏與王五趙登科
通姦應與趙登科均依軍民相姦例各枷號壹
箇月杖壹百刁李氏杖決枷贖餘屬領回趙登
科業已成殮照律收贖王五在逃脫逃解役人
等訊非賄縱應聽定遠縣擬結逸犯李大倡等
緝獲另結無干省釋屍棺給屬領埋兇刀解驗
所有首先拏獲兇犯壹名應敘職名係署京口
水師營守備葛廷松協獲職名係水師營把總
王駿先飛錞鎮江營把總王萬青相應開報等
情由府審解到司該署江蘇按察使積拉明阿
提犯親訊核擬無異解候勘

江蘇巡撫林則徐題本 驗明逃犯王五糾衆傷斃趙登榜案擬絞監候 道光十六年六月初七日

題等情招解到臣提犯親審無異茲臣看得丹徒縣客民王五砍傷趙登榜身死壹案緣王五即王潮春籍隸安徽壽州向在鎮江揚州一帶小本營生與趙登榜素識無嫌道光拾叁年陸月王五在揚州與刁李氏調戲成姦後非一次拾肆年肆月王五在江都販私被獲審擬滿徒遞籍定地發配於拾月初壹日由定遠縣僉差遞解初叁日行至壽州境內王五乘間脫逃詳緝未獲拾伍年柒月刁李氏回至鎮江向趙登榜之弟趙登科借屋同住又與趙登科姦好趙登榜亦係知情捌月拾貳日王五逃至鎮江聞知刁李氏與趙登科同居姦宿前往探望被趙登

科村斥口角走散王五心懷嫉妒起意糾毆洩
忿邀允素識在逃之李大倡王大亮胡順子王
士位相幇是夜起更時分同至趙登科家喝門
進內王五聲言趙登科不應畱住刀李氏在家
將其掀按倒地李大倡用刀砍傷趙登科右手
腕右膁肕脚腕脚踝王五亦用刀砍傷趙登科
左腿肚并劄傷左脚跟趙登科喊救趙登榜聞
攜扁擔出護王五用刀將扁擔格落趙登榜趕
攏奪刀王五用刀砍傷其左胳膊並砍落左手
倒地趙登榜右手抓住王五衣服不放王五復
砍其右胳膊右手背趙登榜鬆手用脚亂踢王
五又連砍其左右脚腕并劄傷左脚心王五見

趙登榜傷重即與李大倡等逃逸詎趙登榜傷
重延至次日殞命報驗獲犯訊詳前署張寬培
即事該縣熊傳栗祇任提驗趙登科傷已平復
惟左腳跟筋斷成廢提犯審供不諱詰非有心
欲殺亦無起釁別故及另有在場幫毆之人矣
口不移案無遁飾查律載鬬毆殺人者不問手
足他物金刃並絞監候等語此案王五因趙登
榜之弟趙登科將與伊通姦之刁李氏留住姦
宿往探被斥起意糾毆洩忿因趙登榜幫護用
刀砍傷致斃應按律問擬王五即王滙春除犯
姦及販私擬徒脫逃並砍傷趙登科成廢各輕
罪不議外合依鬬毆殺人者不問手足他物金

刁址絞律擬絞監候秋後處決刁李氏與王五
趙登科通姦應與趙登科均依軍民相姦例各
枷號壹箇月杖壹百刁李氏杖決枷贖飭屬領
回趙登科業已成廢照律收贖王五在途脫逃
解役入等訊非賄縱應聽定遠縣擬結逸犯李
大倡等飭緝獲日另結無干省釋屍棺飭埋兇
刁發回貯庫所有首先拏獲兇犯壹名應敍職
名係署京口水師營守備葛廷松協獲職名係
水師營把總王駿先兆鎮江營把總王萬青
相應開報聽候部議臣謹具
題伏乞
皇上聖鑒勅下三法司核覆施行再此案審限應以

江蘇巡撫林則徐題本　驗明逃犯王五糾衆傷斃趙登榜案擬絞監候

道光十六年六月初七日

道光拾伍年捌月貳拾壹日獲犯之日起前署縣
張寬培未及審解於拾月拾陸日卸事計歷審
壹箇月零貳拾伍日該縣熊傳栗是日到任前
官歷審過半例得加展壹箇半月又除犯病封
印各壹月自縣由府解司程限捌日統應扣至
拾陸年陸月拾肆日全限屆滿尚有臣前赴寶
山等處查勘海塘順便驗收新挑河道公出日
期可扣合並陳明謹題請
旨

江蘇巡撫林則徐題本　驗明逃犯王五糾衆傷斃趙登榜案擬絞監候
道光十六年六月初七日

道光

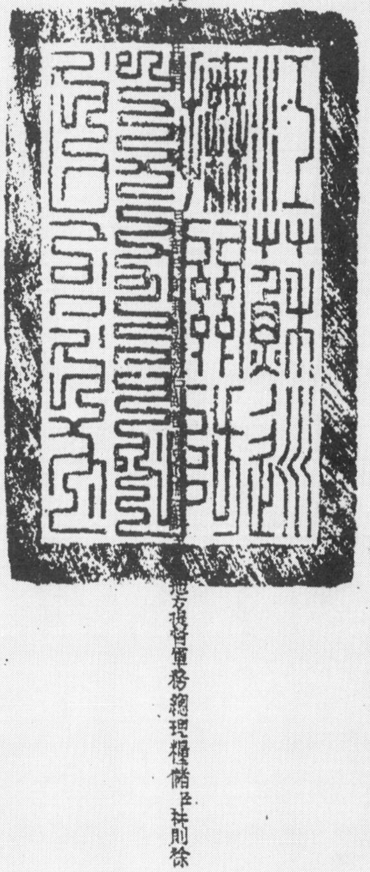

地方提督軍務總理糧儲臣林則徐

兵部侍郎兼都察院右副都御史巡撫江蘇等處地方提督軍務總理糧儲臣林則徐謹
題
爲報驗事該臣看得丹徒縣客民王五砍傷趙
登榜身死壹案據王五即王瀛春向在鎮江揚
州一帶小本營生與趙登榜素識無嫌道光拾
叁年陸月王五在揚州與刁李氏調戲成姦後
非一次拾肆年肆月王五在江都販私被獲審
擬滿徒遞籍定地發配於拾月初壹日由定遠
縣僉差遞解初叁日行至壽州境内王五乘間
脫逃詳緝未獲拾伍年柒月刁李氏回至鎮江
即向趙登榜之弟趙登科借屋同住又與趙登
科姦好趙登榜亦係知情捌月拾貳日王五逃
至鎮江聞知刁李氏與趙登科同居姦宿前往
探望被趙登科村斥口角走散王五心懷嫉妒
起意糾毆洩忿遂允素識在逃之李大倡王大

江蘇巡撫林則徐題本　驗明逃犯王五糾衆傷斃趙登榜案擬絞監候

道光十六年六月初七日

兇朝淌子王士位相幫是夜起更時分同至趙
登科門首踢門進內王五聲言趙登科不應留
住刀李氏在家將其推按倒地李大倡用刀砍
傷趙登科右手腕右臁肕腳腕腳踝王五亦用
刀砍傷趙登科左腿肚并割傷左腳跟趙登科
喊救趙登榜聞聲携扁擔出護王五用刀將扁擔
格落趙登榜趕攏奪刀王五用刀砍傷其左胳
膊並砍落左手倒地趙登榜右手揪住王五衣
服不放王五復砍其右胳膊右手背趙登榜鬆
手用腳亂踢王五又連砍其左右兩腕并劃傷
左腳心即與李大倡等逃逸詎趙登榜傷重延
至次日殞命報驗獲犯訊解審供不諱王五依
鬪毆殺人律擬絞監候秋後處決謹題請
旨

兩江總督陶澍江蘇巡撫林則徐奏摺

請以龔善思調補上元縣知縣

一六　兩江總督陶澍江蘇巡撫林則徐奏摺　請以龔善思調補上元縣知縣

道光十六年六月十七日

兩江總督臣陶澍
江蘇巡撫臣林則徐跪

奏為省會要缺知縣需員恭懇
聖恩俯准調補以裨地方事竊照上元縣知縣保先
烈請陞邳州知州業經欽奉
上諭允准在案所遺上元縣知縣員缺係衝煩難兼
三要缺例應在外揀選調補該縣為省會首邑
政務殷煩且時有發審案件必得精明強幹之
員方足以資治理臣等與藩臬兩司於現任知
縣內逐加遴選查有興化縣知縣龔善思年四
十九歲安徽進士道光十二年二月選補興化
縣知縣六月十二日到任歷俸已滿三年該員
年強才裕結實安詳以之調補上元縣省會要

缺知縣人地實屬相宜與例亦屬相符據藩臬
兩司會詳前來臣等往返札商意見相同合無
仰懇
聖恩俯念員缺緊要准以該員龔善思調補上元縣
知縣實於地方有裨如蒙
俞允該員係現任知縣請調知縣銜缺相當毋庸送
部引
見其任内一切因公處分遵例毋庸核計仍飭將應
完罰俸銀兩照例完繳咨銷所遺興化縣知縣
係屬簡缺江蘇現有應補人員容臣等另行遴
員請補合並陳明謹合詞恭摺具
奏伏乞

兩江總督陶澍江蘇巡撫林則徐奏摺　請以龔善思調補上元縣知縣

道光十六年六月十七日

皇上聖鑒訓示謹

奏

另有旨

道光十六年六月十七日

大學士管理户部事務潘世恩等題本　林則徐題如皋縣續完道光十二年雜税銀兩范仕義徐森議請開復

大學士管理户部事務潘世恩等題本　林則徐題如皋縣續完道光十二年雜税銀兩范仕義徐森議請開復

道光十六年六月十七日

大學士管理户部事務潘世恩等題本 林則徐題如臯縣續完道光十二年雜税銀兩范仕義徐森議請開復

道光十六年六月十七日

户部等部大學士管理户部事務臣潘世恩等謹
題爲經徵等事户科抄出江蘇巡撫林則徐題如
臯縣續完道光拾貳年雜税銀兩原叅處分聲
請開復一案道光拾伍年拾壹月初拾日題拾貳
月拾柒日奉
旨該部查議具奏欽此欽遵於本日抄出到部
該臣等會查得江蘇巡撫林則徐疏稱江淮等
屬道光拾貳年雜税項下如臯縣未完正銀柒
千玖百兩叁錢貳分壹釐耗羡銀柒百玖拾兩
叁分壹釐前於奏銷案内開叅奉准部議如臯
縣知縣范仕義代理如臯縣事試用通判徐森

均照例降俸二級戴罪催追完日開復徐森係
試用署事之員其應照例議結之處均俟復參
案内聲明卸事日期吏部再行核議等因在案
今據江寧布政使楊簧詳稱如皋縣未完雜税
正耗銀兩已據批解全完所有如皋縣知縣范
仕義代理如皋縣事試用通判徐森原奉部議
降俸二級戴罪催追之案應請照例開復應完
降俸銀兩俟奉准開復之日再行截數造報應
造册具題開復並聲明徐森係於道光拾貳年
閏玖月初叁日卸如皋縣事合併聲明等情臣
覆核無異除册送部查核外相應具題等因前
來
查江寧省道光拾貳年地丁奏銷案内

大學士管理户部事務潘世恩等題本　林則徐題如皋縣續完道光十二年雜税銀兩范仕義徐森議請開復
道光十六年六月十七日

如皋縣未完雜税銀柒千玖百兩叁錢貳分壹
釐耗銀柒百玖拾兩叁分壹釐先據該撫彙
案題叅經户部會同吏部照例議處在案今據
該撫疏稱該縣未完前項雜税正耗銀兩已據批
解全完請將如皋縣知縣范仕義代理如皋縣
事試用通判徐森原議降俸二級戴罪催追之
案照例開復等語户部核與該年奏銷案内造
報未完銀數相符吏部查定例錢糧未完各官
叅後續報全完者將該員原叅議處之案題請
開復等語應將叅後續報全完之如皋縣知縣
范仕義代理如皋縣事蘇州府通判徐森各原
議降俸二級戴罪催追之案均照例准其開復

至前項續完正銀柒千玖百兩叁錢貳分壹釐據冊報造入道光拾叁年冬撥冊内銀肆千捌百貳拾兩捌錢柒分陸釐外溢完正銀貳兩又造入拾伍年秋撥冊内正銀叁千柒拾玖兩肆錢肆分伍釐戶部核對該二年秋冬各撥冊造報銀數均屬相符應毋庸議其續完耗銀柒百玖拾兩叁分壹釐據稱存俟造入道光拾叁年耗羨報銷冊内銀貳百捌拾貳兩捌分柒釐外溢完耗銀貳錢造入拾伍年耗羨報銷冊内耗銀伍百柒兩玖錢肆分肆釐查該二年耗羨報銷均未據該省造送到部無從查核除將前項續完耗羨共銀柒百玖拾兩貳錢叁分壹釐

户部照數登記外仍令該撫飭俟該二年耗羨
報銷清册送部之日專案咨報户部核結所有
該縣知縣范仕義代理知縣試用通判徐森應
完降俸銀兩俟奉
旨准其開復之日飭令截數扣解仍統於地丁隨本
降罰各奏銷案内造報查核此本係户部主稿
科抄於道光拾伍年拾貳月拾柒日到部於拾
陸年貳月叁拾日會吏部於肆月叁拾日准吏
部會回茲於陸月拾柒日辦理具
題合併聲明臣等未敢擅便謹
題請
旨

大學士管理户部事務潘世恩等題本　林則徐題如皋縣續完道光十二年雜税銀兩范仕義徐森議請開復

道光十六年六月十七日

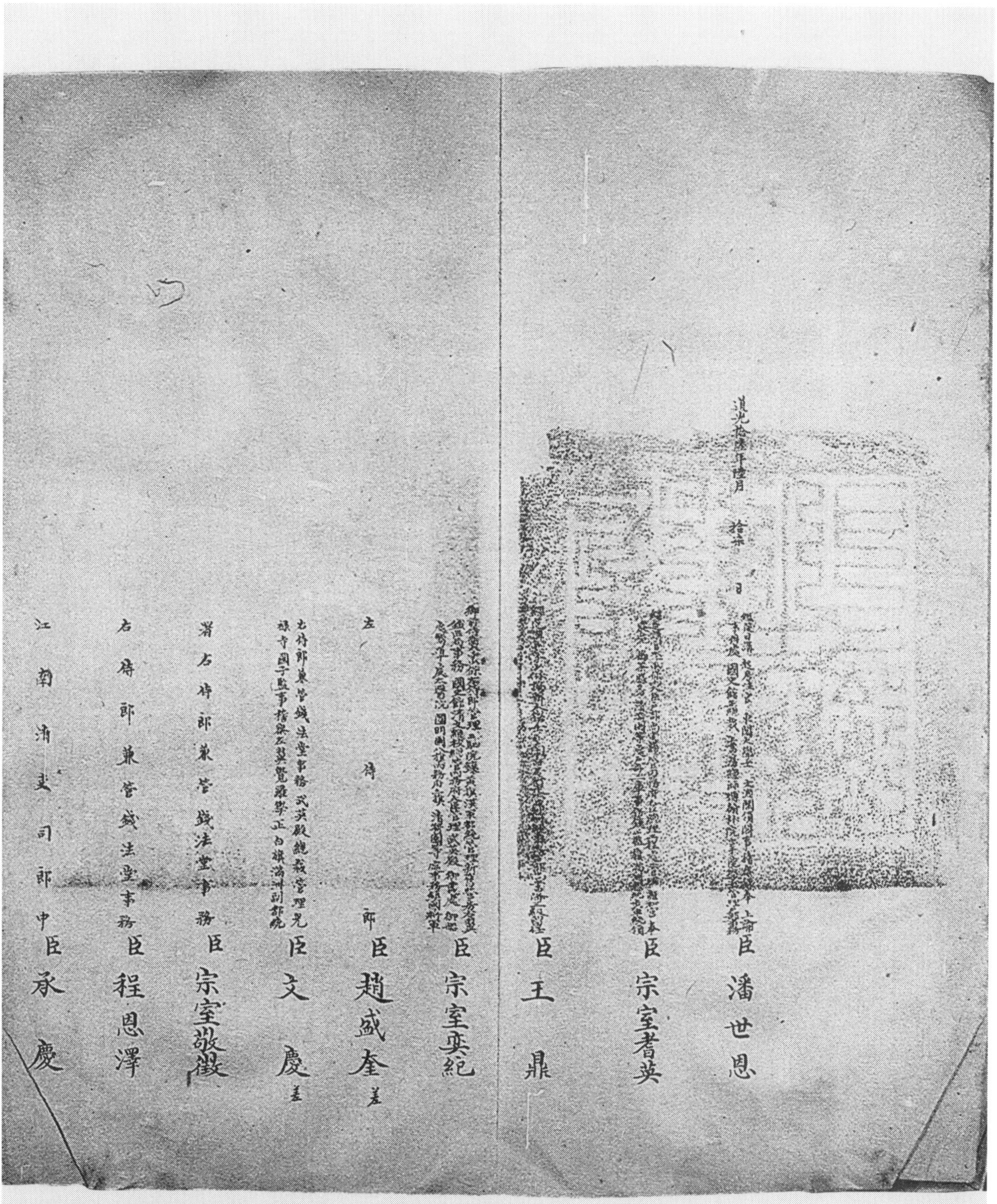

道光拾陸年陸月　拾柒　日

[illegible]臣潘世恩

[illegible]臣宗室耆英

[illegible]臣王鼎

[illegible]臣宗室奕紀

左　侍　郎臣趙盛奎　差

[illegible]臣文慶　差

署右侍郎兼管錢法堂事務臣宗室敬徵

右侍郎兼管錢法堂事務臣程恩澤

江南清吏司郎中臣承慶

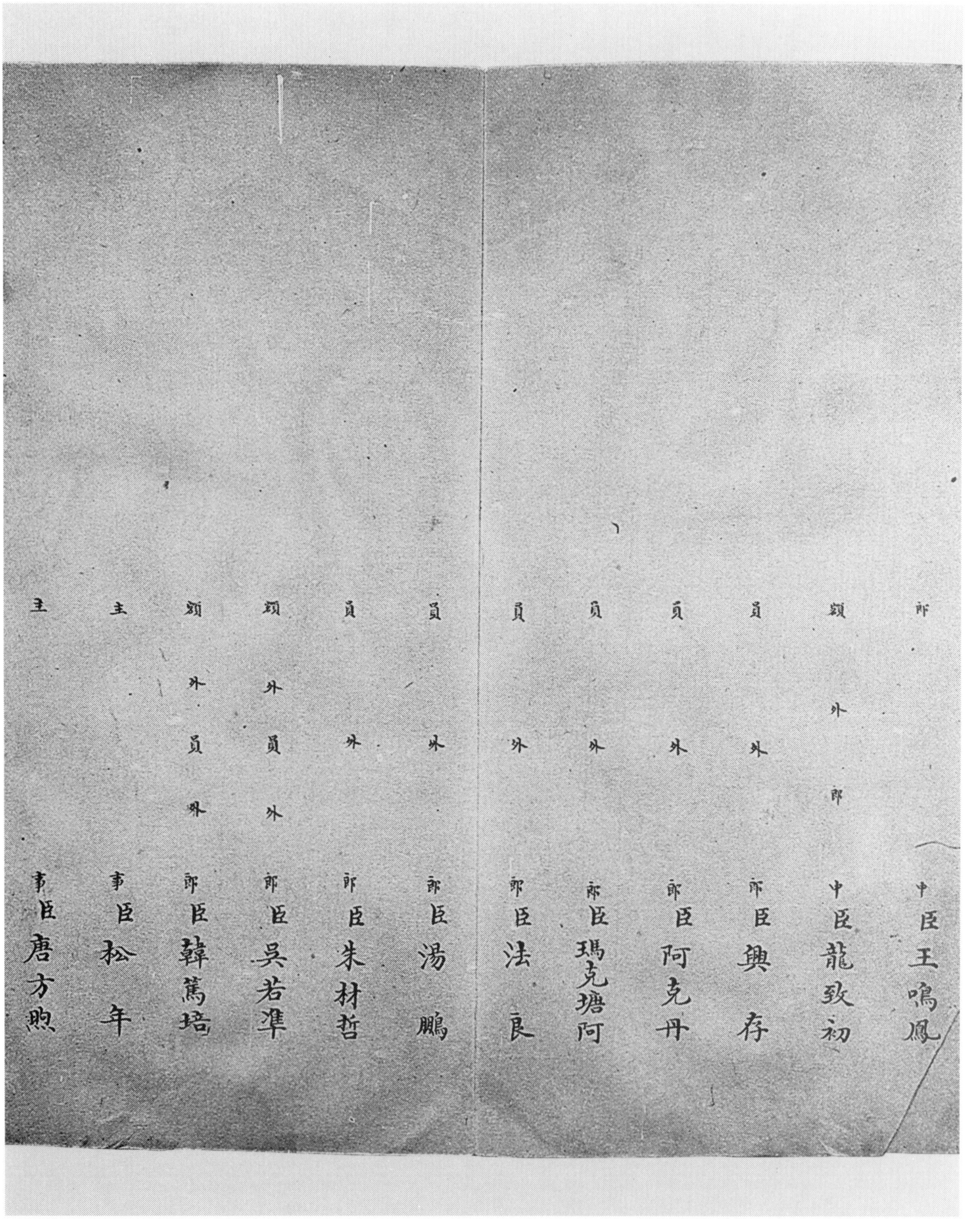

郎中臣王鳴鳳

額外郎中臣龍致初

員外郎臣興存

員外郎臣阿克丹

員外郎臣瑪克塘阿

員外郎臣法良

員外郎臣湯鵬

員外郎臣朱材哲

額外員外郎臣吴若準

額外員外郎臣韓篤培

主事臣松年

主事臣唐方煦

額外主事臣中和

額外主事臣閆臨川

額外主事臣趙東昕

額外主事臣馮德馨

額外主事臣胡增瑞

額外主事臣張銘謙

額外主事臣顔錫惠

額外主事臣林廷禧

大學士管理吏部事務臣文孚

協辦大學士吏部尚書臣穆彰阿

尚書臣湯金釗差

左侍郎臣桂輪

左侍郎臣龔守正差

右侍郎臣宗室恩桂

右侍郎臣卓秉恬

考功清吏司員外郎臣榮椿

主事臣吳一珩

江蘇巡撫林則徐題本　太倉州吏目郭瀛俸滿循例保薦

該部議奏

題

江蘇巡撫林則徐題本　太倉州吏目郭瀛俸滿循例保薦
道光十六年六月十九日

兵部侍郎兼都察院右副都御史巡撫江蘇等處地方提督軍務總理糧儲臣林則徐謹
題爲俸滿人員循例保
題事據署蘇州布政使裕謙會同署江蘇按察使
積拉明阿詳稱准護理蘇松太道汪忠增移據
太倉州知州李正鼎詳據吏目郭瀛詳稱竊職
現年伍拾壹歲浙江仁和縣人由監生遵工賑
例報捐主簿復遵捐輸例加捐分發簽掣江蘇
借署太倉州吏目道光拾年肆月貳拾柒日到
任試署期滿詳咨實授今自道光拾年肆月貳
拾柒日到任之日起連閏扣至拾陸年正月貳
拾柒日初次陸年俸滿例應出考茲驗備具親
供到州該太倉州知州李正鼎查得郭瀛自到

任以來每逢朔望詣同官講
聖諭教民興化嚴督捕役梭織巡防務使宵小斂跡居
民安謐防範獄囚加意矜恤約束禁卒不許凌
虐恪遵
功令不敢稍受民詞覆查該員辦公詳奮緝捕勤
能理合造冊詳送到道該護理蘇松太道汪忠
增到任未及兩月例不加考合將供冊轉呈驗
轉等因到司該署蘇州布政使裕謙會同署江
蘇按察使裕拉明阿詳稱查得太倉州吏目郭
瀛自道光拾年肆月貳拾柒日到任之日起連
閏扣至拾陸年正月貳拾柒日初次陸年俸滿
茲准據該管道州取具供冊出考呈送驗轉前

來驗得該員明幹勤能實心任事堪以保薦相
應詳候驗看會
題等情到臣據此該臣查得太倉州吏目郭瀛自
道光拾年肆月貳拾柒日到任之日起連閏扣
至拾陸年正月貳拾柒日初次陸年俸滿例應
驗看既別據署蘇州布政使裕謙等會詳該員
自到任以來每逢朔望隨同宣講
聖諭教民興化嚴督捕役梭織巡防務使宵小斂跡居
民安謐防範獄囚加意矜恤約束禁卒不許凌
虐恪遵
功令不敢擅受民詞覆查該員明幹勤能實心任
事堪以保薦詳請會

江蘇巡撫林則徐題本 太倉州吏目郭瀛俸滿循例保薦
道光十六年六月十九日

題前來臣查驗得郭瀛居官謹飭辦事勤能堪膺
保薦除將供冊送部查核外謹會同兩江總督
臣陶澍合詞具
題伏乞
皇上聖鑒勅部核覆施行謹題請
旨

道光十六年六月　日
兵部右侍郎兼都察院右副都御史巡撫江蘇等處地方提督軍務總理糧儲臣林則徐

一六

江蘇巡撫林則徐題本 太倉州吏目郭瀛俸滿循例保薦

道光十六年六月十九日

兵部侍郎兼都察院右副都御史巡撫江蘇等處地方提督軍務總理糧儲臣林則徐謹
題爲俸滿人員循例保
題事該臣查得太倉州吏目郭瀛自道光拾年肆
月貳拾柒日到任之日起連閏扣至拾陸年正
月貳拾柒日初次陸年俸滿例應驗看甄別據
署蘇州布政使裕謙等會詳該員明幹勤能實
心任事堪以保薦詳請會
題前來臣查驗得郭瀛居官謹飭辦事勤能堪膺
保薦除將供冊送部外謹會題請
旨

江蘇巡撫林則徐題本　奏銷蘇州撫標各營道光十五年支過朋馬銀數

題
該部察核具奏冊併發

江蘇巡撫林則徐題本　奏銷蘇州撫標各營道光十五年支過朋馬銀數
道光十六年六月十九日

兵部侍郎兼都察院右副都御史巡撫江蘇等處地方提督軍務總理糧餉臣林則徐謹
題爲奏銷道光拾伍年撫標各營朋馬錢糧事竊
照蘇州撫標左右兩營蘇州城守營朋馬文冊
例歸臣衙門
奏報所有道光拾伍年分蘇州撫標左營右營並
蘇州城守營朋樁銀兩數目先經臣行令中軍
參將吉祥保蘇州營參將易騰霄照例分別查
造轉發蘇州布政司覆核去後茲據署蘇州布
政使裕謙核明造冊鈐印詳送前來臣查撫標
左營右營並蘇州營額設官兵除裁擬馬步戰
守兵外實存官兵壹千陸百陸拾員名又各官
例馬柒拾陸匹各兵騎操馬壹百柒拾匹共馬

貳百肆拾陸疋道光拾伍年分朋扣皮臟共銀
玖百玖拾伍兩陸錢柒分捌釐内除買補馬肆
拾捌疋動支馬價銀陸百柒拾兩伍錢陸分據
司冊報實存朋扣銀叁百壹拾叁兩伍錢捌分
貳釐現存司庫聽候撥用臣逐加查核並無遺
漏濫支理合繕黄冊恭呈
御覽除將清冊分送部科道查核外臣謹會同兩江
總督臣陶澍合詞具
題伏乞
皇上聖鑒勅部核覆施行再此案例應於伍月内具
題據司聲明撫標營冊籍於伍月貳拾柒日移司
核辦是以不克副限辦理合並陳明爲此具本

江蘇巡撫林則徐題本　奏銷蘇州撫標各營道光十五年支過朋馬銀數　道光十六年六月十九日

專差承差蕭湧金齎捧謹題請

旨

計進

呈文冊貳本

道光拾陸年陸月拾玖日兵部右侍郎兼都察院右副都御史巡撫江蘇等處地方提督軍務總理糧儲臣林則徐

江蘇巡撫林則徐題本 奏銷蘇州撫標各營道光十五年支過朋馬銀數

道光十六年六月十九日

兵部侍郎兼都察院右副都御史巡撫江蘇等處地方提督軍務總理糧餉臣林則徐謹
題為奏銷道光拾伍年撫標各營朋馬錢糧事該
臣查得撫標左營右營並蘇州營額設官兵除
裁撥馬步戰守外實存官兵壹千陸百陸拾員
名又各官例馬柒拾陸匹各兵騎操馬壹百柒
拾匹共馬貳百肆拾陸匹道光拾伍年分朋扣
皮臟共銀玖百玖拾伍兩陸錢柒分捌釐內除
買補馬肆拾捌匹動支馬價銀陸百柒拾兩伍
錢陸分據司冊報實存朋扣銀叁百壹拾叁兩
伍錢捌分貳釐現存司庫聽候撥用臣逐加查
核並無遺漏濫支理合敬繕黃冊恭呈
御覽除將清冊分送部科道查核外謹會題請
旨

江蘇巡撫林則徐題本　奏銷江淮興武二衛道光十五年支領行月錢糧

道光十六年六月十九日

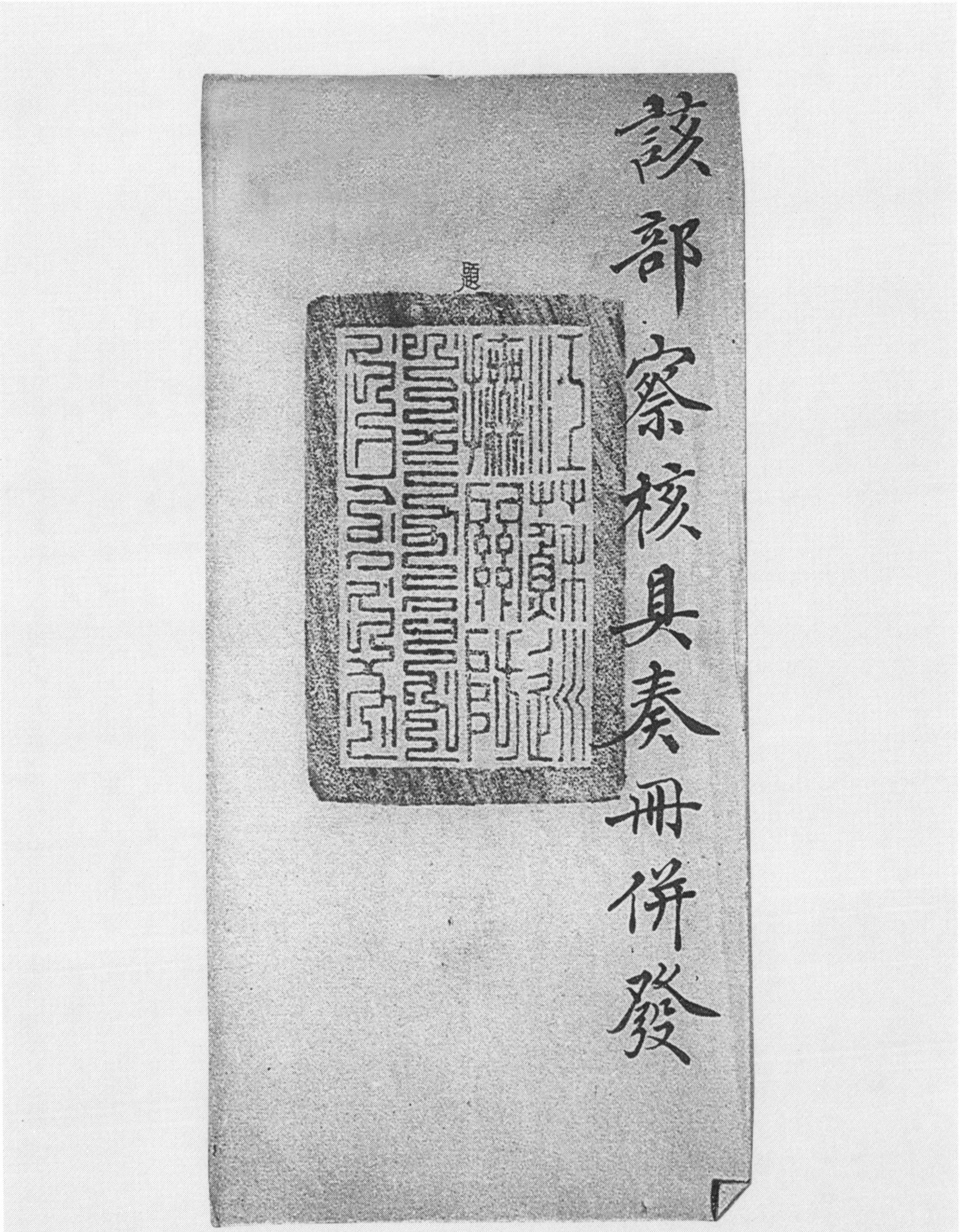

江蘇巡撫林則徐題本　**奏銷江淮興武二衛道光十五年支領行月錢糧**

江蘇巡撫林則徐題本 奏銷江淮興武二衛道光十五年支領行月錢糧 道光十六年六月十九日

兵部侍郎兼都察院右副都御史巡撫江蘇等處地方提督軍務兼理糧餉臣林則徐謹
題爲奏銷江興貳衛支領行月錢糧事據江安督
糧道唐鑑詳稱竊照省衛官丁支領行月本折
錢糧例應按年奏銷造冊詳送
題報所有江淮興武貳衛幫道光拾陸年起運拾
伍年分漕白船捌百柒拾壹隻實支行月等米
陸萬貳千陸百壹拾肆石捌斗壹升玖合柒勺
行月俸廩等銀玖萬肆千肆百捌拾壹兩捌分
柒釐相應造冊呈送具
題再江淮興武貳衛幫原支名本實折等米奉文
自乾隆伍拾叁年爲始改支本色已於冊內分
晰開造餘照舊例造報合并聲明等情據此該

一六

江蘇巡撫林則徐題本　奏銷江淮興武二衛道光十五年支領行月錢糧

道光十六年六月十九日

臣查得省衛官丁支領行月本折錢糧例應按
年
奏銷造冊
題報所有道光拾陸年起運拾伍年分漕白船隻
支領各幫官丁俸工行月本折銀米先經行令
造報奏銷去後今據江安督糧道唐鑑詳稱江
淮興武貳衛幫道光拾陸年起運拾伍年分漕
白船捌百柒拾壹隻實支行月等米陸萬貳千
陸百壹拾肆石零行月俸廩等銀玖萬肆千肆
百捌拾壹兩零造冊呈送并聲明江淮興武貳
衛幫原支名本實折等米奉文自乾隆伍拾叁
年為始改支本色已於冊內分晰開造餘照舊

例造報等情前來臣覆加察核謹將給放派支
緣由分晰繕造黃冊恭呈
御覽並將清冊咨移部科外相應具
題伏乞
皇上聖鑒勅部查核施行再此案奏銷例應於伍月
內
題報今據該道於限內具詳合並陳明爲此具本
專差承差蕭湧金賫捧謹具題
聞
計進
呈文冊壹本

江蘇巡撫林則徐題本　奏銷江淮興武二衛道光十五年支領行月錢糧
道光十六年六月十九日

道光拾陸年陸月拾玖日兵部右侍郎兼都察院右副都御史巡撫江蘇等處地方提督軍務總理糧儲臣林則徐

兵部右侍郎兼都察院右副都御史巡撫江蘇等處地方提督軍務總理糧儲臣林則徐謹
題爲奏銷江興貳衛支領行月錢糧事該臣查得
省衛官丁支領行月本折錢糧例應按年
奏銷造冊
題報所有道光拾陸年起運拾伍年分漕白船隻
支給各幫官丁俸工行月本折錢糧先經行令
造報奏銷去後今據江安督糧道唐鑑詳稱江
淮興武貳衛幫道光拾陸年起運拾伍年分漕

江蘇巡撫林則徐題本　奏銷江淮興武二衛道光十五年支領行月錢糧

道光十六年六月十九日

白船捌百柒拾壹隻實支行月等米陸萬貳千
陸百壹拾肆石零行月俸廩等銀玖萬肆千肆
百捌拾壹兩零造冊呈送并聲明江淮興武貳
衛幫原支名本實折等米奉文自乾隆伍拾叁
年爲始改支本色已於冊內分晰開造餘照舊
例造報等情前來臣覆加察核謹將給放派支
緣由分晰繕造黃冊恭呈
御覽並將清冊咨移部科外謹具題
聞

江蘇巡撫林則徐題本　奏銷江寧等屬額徵道光十四年津貼銀兩已未完數

道光十六年六月十九日

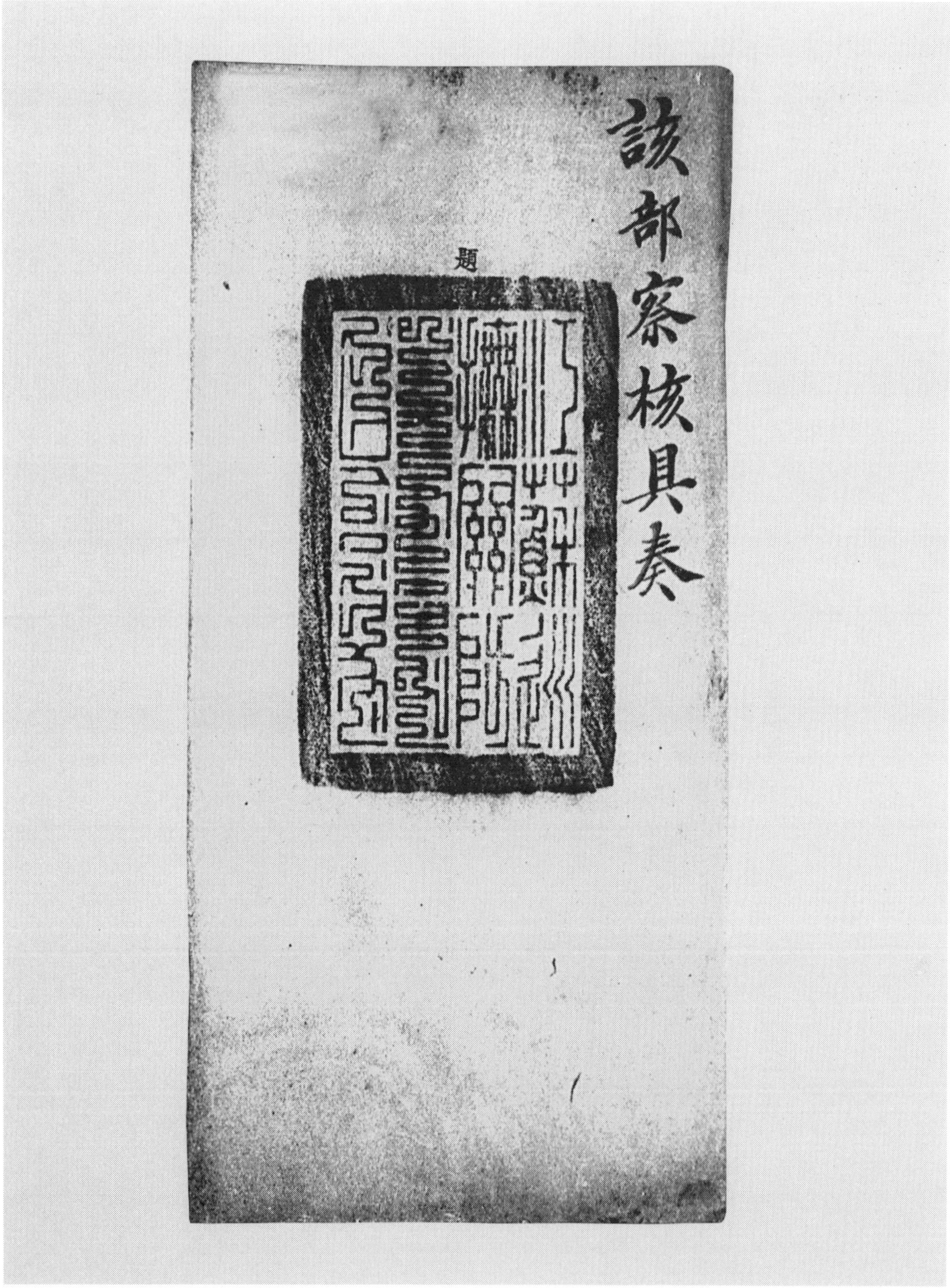

江蘇巡撫林則徐題本　**奏銷江寧等屬額徵道光十四年津貼銀兩已未完數**

江蘇巡撫林則徐題本　奏銷江寧等屬額徵道光十四年津貼銀兩已未完數

道光十六年六月十九日

兵部侍郎兼都察院右副都御史巡撫江蘇等處地方提督軍務總理糧儲臣林則徐謹
題爲奏銷道光拾肆年津貼錢糧事據江寧布政
使楊簧詳稱案照江蘇省各幫議徵津貼銀兩
奉准户部咨文每年於捌月前徵解道庫給丁
濟運次年拾月内造具經徵職名奏銷清冊由
司轉造詳送核
題等因歷經遵辦在案今查道光拾肆年分江寧
府屬上元等縣額徵津貼除陞坍豁免并義塚
蠲免外該銀捌千壹百肆拾兩肆錢壹分柒釐
内已完解道庫銀伍千柒百柒兩貳錢壹分伍
釐未完熟田銀肆百捌拾玖兩肆錢玖分玖釐
未完災緩銀壹千玖百肆拾叁兩柒錢叁釐又

揚州府屬高郵等州縣衛額徵津貼銀伍千貳
百叁拾肆兩肆錢柒分捌釐内已完解道銀肆
千柒百肆拾柒兩叁錢柒分伍釐未完熟田銀
柒拾伍兩玖錢叁分肆釐未完災緩銀肆百壹
拾壹兩壹錢陸分玖釐查江寧揚州貳府屬該
年災緩銀兩業於道光拾肆年秋災情形案内
題明緩至道光拾伍年秋後啓徵均應俟扣滿停
徵日期徵解另報以上通共額徵津貼銀壹萬
叁千叁百柒拾肆兩捌錢玖分伍釐内已完解
道庫銀壹萬肆百伍拾肆兩伍錢玖分未完災
緩銀貳千叁百伍拾肆兩捌錢柒分貳釐應俟
扣滿停徵日期另報外合將已未完分數開列

江蘇巡撫林則徐題本　奏銷江寧等屬額徵道光十四年津貼銀兩已未完數
道光十六年六月十九日

經徵職名轉造奏銷冊呈送具
題至道光拾叄年以前舊欠津貼銀兩內有熟田
未完銀兩復坐災區遞緩者應俟扣滿停徵日
期徵解其實在未完熟田銀兩現在催提統於
下屆奏銷案內據實請豁今查明積完仍欠災
熟各數目分晰開造隨奏款冊附呈所有節年
例案遵於司總冊首開敘再此案津貼銀兩應
於道光拾肆年捌月前由各州縣衛徵解道庫
給丁濟運於道光拾伍年拾月內同舊有津貼銀
一并造報奏銷因江寧縣應造奏銷冊於拾陸
年叄月內始行送司輾轉飭查以致未克副限
詳

一六　江蘇巡撫林則徐題本　奏銷江寧等屬額徵道光十四年津貼銀兩已未完數

道光十六年六月十九日

題合亟聲明等情據此該臣查得各州縣應徵各
衛幫津貼銀兩例應按年核明完欠造冊
題報今據江寧布政使楊簧詳稱道光拾肆年分
江寧府屬上元等縣額徵津貼除陞坍豁免并
義塚蠲免外該銀捌千壹百肆拾兩零內已完
解道庫銀伍千柒百柒兩零未完熟田銀肆百
捌拾玖兩零未完災緩銀壹千玖百肆拾叁兩
零又揚州府屬高郵等州縣衛額徵津貼銀伍
千貳百叁拾肆兩零內已完解道庫銀肆千柒
百肆拾柒兩零未完熟田銀柒拾伍兩零未完
災緩銀肆百壹拾壹兩零查江寧揚州貳府屬
該年災緩銀兩業於道光拾肆年秋災情形案

江蘇巡撫林則徐題本 奏銷江寧等屬額徵道光十四年津貼銀兩已未完數 道光十六年六月十九日

內
題明緩至道光拾伍年秋後啓徵以上通共額徵
津貼銀壹萬叁千叁百柒拾肆兩零內已完解
道庫銀壹萬肆百伍拾肆兩零未完災緩銀貳
千叁百伍拾肆兩零應俟扣滿停徵日期另報
外合將已未完分數開列經徵職名轉造奏銷
冊呈送具
題茲聲明道光拾叁年以前舊欠津貼銀兩內有
熟田未完銀兩復坐災區遞緩者應俟扣滿停
徵日期徵解其實在未完熟田銀兩現在確提
統於下屆奏銷案內據實請參今查明續完仍
欠災熟各數目分晰開造隨奏款冊附呈所有

江蘇巡撫林則徐題本　奏銷江寧等屬額徵道光十四年津貼銀兩已未完數

道光十六年六月十九日

節年例案釐於司總冊首開敘再此案津貼銀
兩應於道光拾肆年捌月前由各州縣衛徵解
道庫給丁濟運於道光拾伍年拾月內同舊有
津銀一并造報奏銷因江寧縣應造奏銷冊於
拾陸年叁月內始行送司輾轉飭查以致未克
剋限詳
題等情前來臣覆核無異除冊送部查核外臣謹
具
題伏乞
皇上聖鑒勅部查核施行謹題請
旨

江蘇巡撫林則徐題本　奏銷江寧等屬額徵道光十四年津貼銀兩已未完數　道光十六年六月十九日

道光拾陸年陸月拾玖日兵部侍郎兼都察院右副都御史巡撫江蘇等處地方提督軍務總理糧儲臣林則徐

兵部侍郎兼都察院右副都御史巡撫江蘇等處地方提督軍務總理糧儲臣林則徐謹
題爲奏銷道光拾肆年津貼錢糧事該臣查得各
州縣應徵各衛幫津貼銀兩例應按年核明完
欠造冊
題報今據江寧布政使楊簧詳稱道光拾肆年分
江寧府屬上元等縣揚州府屬高郵等州縣衛
額徵津貼銀壹萬叁千叁百柒拾肆兩零已完
解道庫銀壹萬肆百伍拾肆兩零未完災緩銀
貳千叁百伍拾肆兩零應候扣滿停徵日期另
報開列經徵職名轉造奏銷冊呈送具
題等情前來臣覆核無異除冊送部外謹
題請
旨

一六

江蘇巡撫林則徐題本 題報江寧各屬道光八年常平倉穀動存各數

道光十六年六月十九日

江蘇巡撫林則徐題本 **題報江寧各屬道光八年常平倉穀動存各數**

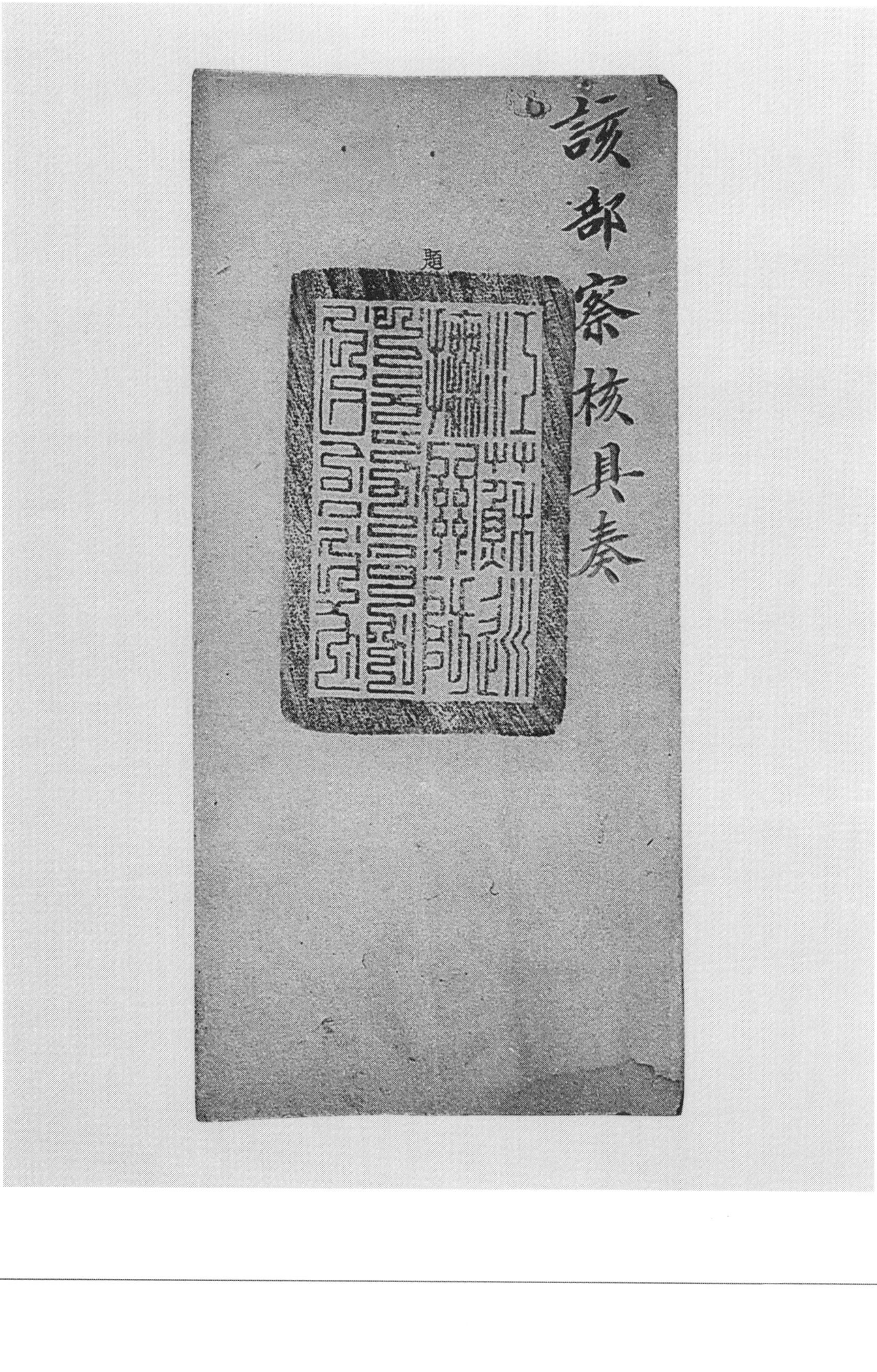

江蘇巡撫林則徐題本　題報江寧各屬道光八年常平倉穀動存各數

道光十六年六月十九日

兵部侍郎兼都察院右副都御史巡撫江蘇等處地方提督軍務總理糧儲臣林則徐謹

題爲報銷常平倉穀事據江寧布政使楊簧詳稱

竊照常平倉積貯倉糧案奉

奏明分别大中小叁等州縣定額收貯至每年動

用買補收貯各數例應按年造冊詳

題報銷除嘉慶貳拾肆年以前歷年動存穀數俱

經按年造報在案所有嘉慶貳拾伍年江淮等

屬常平倉穀奏銷先因辦理叁次清查詳請咨

明展限奉部覆准嗣於清查事竣通飭各屬將

道光元貳叁肆伍陸柒等柒年報銷詳

題在案所有道光捌年冊籍應行接辦今催據各

屬陸續造送前來伏查江寧淮安揚州徐州海

州通州等陸府州屬上元等叁拾伍州縣常平
倉項下按照大縣額貯穀叁萬石中縣額貯穀
貳萬石小縣額貯穀壹萬陸千石又海州贛榆
貳州縣各添貯穀伍千石又分設東臺縣議請
泰州改貯穀貳萬石東臺縣中縣額貯穀貳萬
石共貯穀捌拾萬捌千石舊管道光柒年倉穀
報銷冊報存倉穀壹拾壹萬陸千玖百叁拾伍
石伍斗壹升陸合壹勺壹抄新收共穀伍千柒
百柒拾石叁斗陸升開除共穀陸千伍石伍升
玖合實在截至道光捌年年底止存倉穀壹拾
壹萬陸千柒百石捌斗壹升柒合壹勺壹抄又
各屬歷年借撥省道各倉並出易平糶搭放賑

濟以及報入貳叁次清查並參奏折價追補同
豁免註銷等項應買應徵應還共穀陸拾萬捌
千陸百肆拾石伍升叁合捌勺玖抄內有桃源
蕭縣碭山贛榆等肆縣溢穀貳萬玖千叁百柒
拾肆石肆斗柒升伍勺實計上元等叁拾壹州
縣動缺額貯穀壹拾壹萬貳千叁拾叁石伍斗
玖升伍合伍勺係歷年支給四遞軍流人犯口
糧之用外有銅山蕭縣睢寧海州贛榆等州縣
徵存乾隆伍拾年夏災借給口糧漕米改徵小
麥抵穀歸入常平倉額外存貯共穀壹萬肆千
伍拾貳石壹斗捌升玖合內除銅山縣嘉慶陸
年協撥蕭縣搭放展賑應買麥抵穀肆千壹百

江蘇巡撫林則徐題本　題報江寧各屬道光八年常平倉穀動存各數
道光十六年六月十九日

叁拾陸石捌斗陸升蕭縣海州贛榆叁州縣報
入貳叁次清查虧缺折價追補並墊完民欠豁
免註銷應買共穀柒千玖百叁拾伍石玖升陸
合實該睢寧縣存倉小麥抵穀壹千玖百捌拾
石貳斗叁升叁合內於道光柒年出易除完未
還穀壹千玖拾捌石又湊放道光捌年因遞口
糧貳拾壹石肆斗壹升陸合貳勺實在存倉穀
捌百陸拾石捌斗壹升陸合捌勺相應分晰轉
造四柱清冊並遵新例將節年部文裝釘冊首
詳候具
題并聲明各屬解存買補盈餘以及減存行月糶
價盈餘銀兩留備添補買補不敷之用每年另

一六 江蘇巡撫林則徐題本 題報江寧各屬道光八年常平倉穀動存各數

道光十六年六月十九日

造壹冊附入倉穀奏銷案內
題報今將道光捌年收除實存各數分晰造冊附
呈又歷年出借倉穀未完年限職名案經前任
藩司詳請咨明隨同倉穀奏銷送部核議除嘉
慶貳拾貳年以前各年出易民欠倉穀已於嘉
慶貳拾叁年拾貳月拾貳日欽奉
恩旨蠲免積欠案內請豁業於上屆年限冊內登結無
庸再行開報外今將嘉慶貳拾伍年並道光叁
肆柒等年出易倉穀查明完欠應徵應緩年限
職名開造清冊一并附呈送部再此案報銷清
查辦竣即應彙案詳
題因屬造未齊旋值司署科房失慎冊卷被焚飭

江蘇巡撫林則徐題本　題報江寧各屬道光八年常平倉穀動存各數
道光十六年六月十九日

令補造又因開報未協駁轉行查以致造報稍
稽遲延有因並請邀免查議合并聲明等情據
此該臣查得常平倉穀例應按年造冊
題
報除嘉慶貳拾肆年以前歷年動存穀數俱經
按年造報其嘉慶貳拾伍年報銷先因辦理叁
次清查當經前撫臣咨明展限歸於清查事竣
即飭藩司通飭各屬查造將道光元貳叁肆伍
陸柒等柒年報銷詳
題
在案所有道光捌年冊籍應行接辦今據江寧
布政使楊簧詳稱江寧淮安揚州徐州海州通
州等陸府州屬上元等叁拾伍州縣常平倉項
下額貯穀捌拾萬捌千石舊管道光柒年報銷

冊報存倉穀壹拾壹萬陸千玖百叁拾伍石零
新收穀伍千柒百柒拾石零開除穀陸千伍石
零實在截至道光捌年年底止存倉穀壹拾壹
萬陸千柒百石零又各屬歷年借撥省道各倉
並出易平糶撥放賑濟以及報入清查並飛案
折價追補同豁免註銷等項應買應徵應還共
穀陸拾萬捌千陸百肆拾石零內有桃源蕭縣
碭山贛榆等肆縣溢穀貳萬玖千叁百柒拾肆
石零實計上元等叁拾壹州縣動缺額貯穀壹
拾壹萬貳千叁拾叁石零係歷年支給囚遞軍
流人犯口糧之用又銅山蕭縣睢寧海州贛榆
等州縣徵存乾隆伍拾年夏災借給口糧漕米

江蘇巡撫林則徐題本　題報江寧各屬道光八年常平倉穀動存各數
道光十六年六月十九日

改徵小麥歸入常平倉額外存貯抵穀壹萬肆
千伍拾貳石零內除銅山縣嘉慶陸年協撥蕭
縣搭放展賑應買麥抵穀肆千壹百叁拾陸石
零蕭縣海州贛榆叁州縣報入貳叁次清查虧
缺折價追補並整完民欠豁免註銷應買共穀
柒千玖百叁拾伍石零實該睢寧縣存倉小麥
抵穀壹千玖百捌拾石零內於道光柒年出易
除完未還穀壹千玖拾捌石又湊放道光捌年
四遞口糧穀貳拾壹石零實在存倉穀捌百陸
拾石零分晰轉造四柱款冊並遵新例將節奉
部文裝敍冊首詳請具
題并聲明各屬解存買補盈餘以及減存行月糧

江蘇巡撫林則徐題本 題報江寧各屬道光八年常平倉穀動存各數
道光十六年六月十九日

價銀兩留備添補買補不敷之用造冊附呈送
部再此案報銷清查辦竣即應彙案詳
題旋因司署科房失慎卷宗被焚飭令補造又因
關報未協輾轉行查以致稽遲延有因應請
邀免查議等情前來臣覆核無異除冊送部查
核外相應具
題伏乞
皇上聖鑒敕部核覆施行謹題請
旨

江蘇巡撫林則徐題本　題報江寧各屬道光八年常平倉穀動存各數

道光十六年六月十九日

道光拾陸年陸月拾玖日兵部侍郎兼都察院右副都御史巡撫江蘇等處地方提督軍務總理糧餉臣林則徐

兵部侍郎兼都察院右副都御史巡撫江蘇等處地方提督軍務總理糧餉臣林則徐謹
題爲報銷常平倉穀事。該臣查得常平倉穀例應
按年造冊
題報，除嘉慶貳拾肆年以前歷年動支穀數俱經
按年造報，其嘉慶貳拾伍年報銷先因辦理叁
次清查，當經前撫臣咨明展限，嗣於清查事竣
即飭藩司通飭各屬查造，將道光元、貳、叁、肆、伍、
陸、柒等柒年報銷詳
題在案。所有道光捌年冊籍應行接辦，今據江寧
布政使楊簧詳稱：江寧等陸府州屬上元等叁
拾伍州縣常平倉項下舊管道光柒年報銷冊

江蘇巡撫林則徐題本 題報江寧各屬道光八年常平倉穀動存各數

道光十六年六月十九日

報存倉穀壹拾壹萬陸千玖百叁拾伍石零新
收穀伍千柒百柒拾石零開除穀陸千伍石零
實在截至道光捌年年底止存倉穀壹拾壹萬
陸千柒百石零又各屬歷年借撥省道各倉並
出易平糶搭放賑濟以及報入清查叅案折價
追補同豁免註銷等項應買應徵應還共穀陸
拾萬捌千陸百肆拾石零內有桃源蕭縣碭山
贛榆等縣溢穀貳萬玖千叁百柒拾肆石零實
計上元等叁拾壹州縣動缺額貯穀壹拾壹萬
貳千叁拾叁石零又銅山蕭縣睢寧海州贛榆
等州縣徵存乾隆伍拾年夏災借給口糧漕米
改徵小麥歸入常平倉額外存貯抵穀壹萬肆
千伍拾貳石零內除銅山縣嘉慶陸年協撥蕭
縣搭放屡賑應買麥抵穀肆千壹百叁拾陸石
零蕭縣海州贛榆叁州縣報入貳叁次清查虧
缺折價追補並整完民欠豁免註銷應買穀柒
千玖百叁拾伍石零實該睢寧縣存倉小麥抵
穀壹千玖百捌拾石零內於道光柒年出易除
完未還穀壹千玖拾捌石又湊放道光捌年回
遞口糧穀貳拾壹石零實在存倉穀捌百陸拾
石零分晰轉造四柱款冊詳請具
題等情前來臣覆核無異除冊送部查核外謹題
請
旨

江蘇巡撫林則徐題本　**題報浙江鹽運司運副李華生母在籍病故例應丁憂**

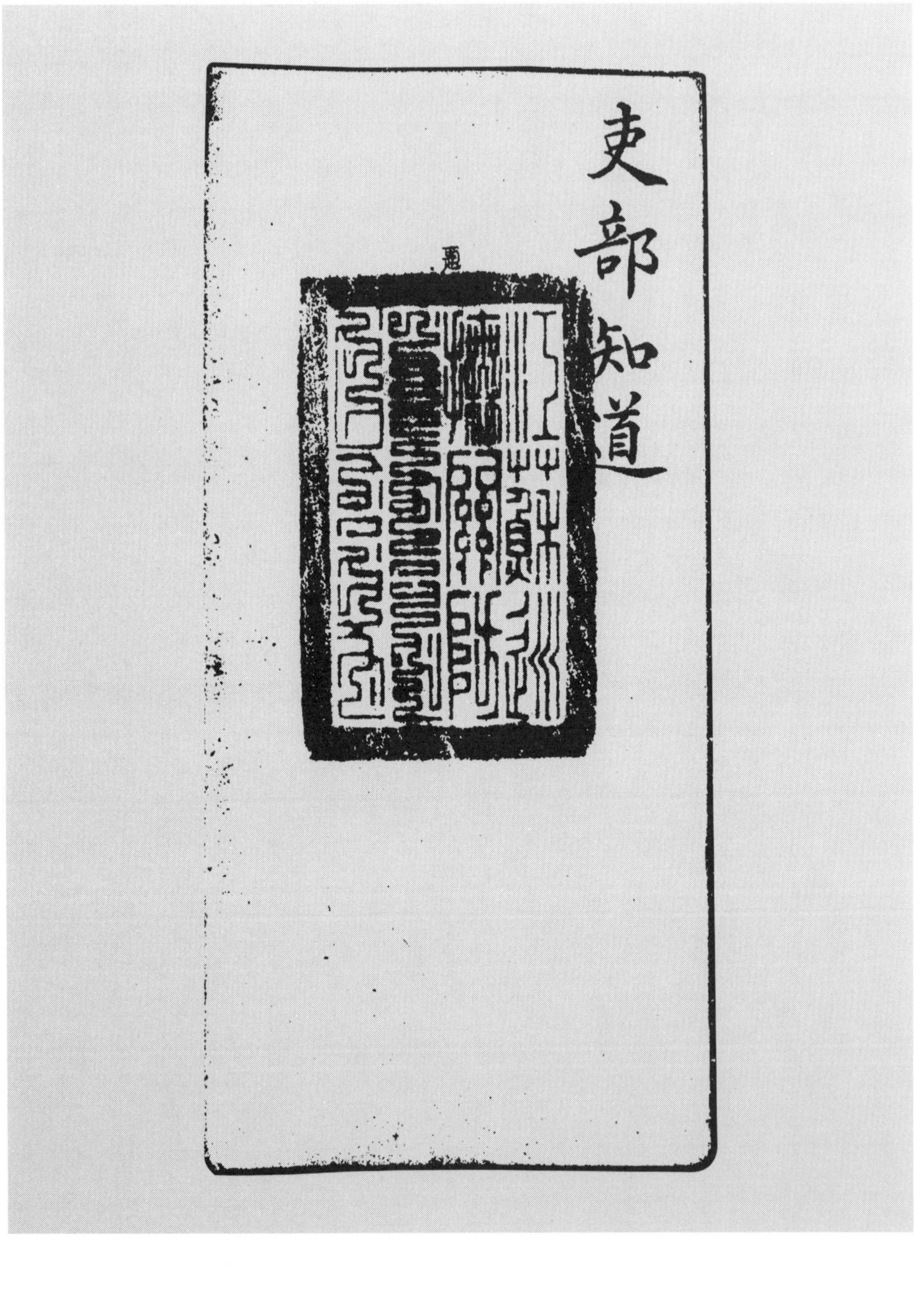

江蘇巡撫林則徐題本　題報浙江鹽運司運副李華生母在籍病故例應丁憂

道光十六年七月初一日

兵部侍郎兼都察院右副都御史巡撫江蘇等處地方提督軍務總理糧儲臣林則徐謹

題為報明丁憂事據上元縣知縣保先烈詳稱據

家人速陞呈稱竊家長現任浙江鹽運司運副

李華係上元縣人今生母張氏於道光拾陸年

陸月初肆日在籍病故家長係屬親子並無過

繼例應丁憂除信知回籍守制外備具地鄰甘

結呈縣轉報相應據結蓋印詳送具

題等情到臣據此該臣查得現任浙江鹽運司運

副李華係上元縣人有生母張氏於道光拾陸

年陸月初肆日在籍病故該員係親子並無過

繼例應丁憂回籍守制據上元縣知縣保先烈

取結詳報前來臣覆核無異除結揭移吏部科

江蘇巡撫林則徐題本　題報浙江鹽運司運副李華生母在籍病故例應丁憂

道光十六年七月初一日

暨浙江撫兼管鹽政臣外臣謹具

題伏

皇上聖鑒勅部查照施行謹具題

聞

道光〔印〕地方提督軍務總理糧儲臣林則徐

江蘇巡撫林則徐題本 題報浙江鹽運司運副李華生母在籍病故例應丁憂

道光十六年七月初一日

兵部侍郎兼都察院右副都御史巡撫江蘇等處地方提督軍務總理糧儲臣林則徐謹

題爲報明丁憂事該臣查得現任浙江鹽運司運

副李華係上元縣人有生母張氏於道光拾陸

年陸月初肆日在籍病故該員係親子並無過

繼例應丁憂回籍守制據上元縣知縣保先烈

取結詳報前來臣覆核無異除結揭移吏部科

暨浙江撫兼管鹽政臣外謹具題

聞

江蘇巡撫林則徐題本　太倉州學正朱寶書俸滿循例保薦

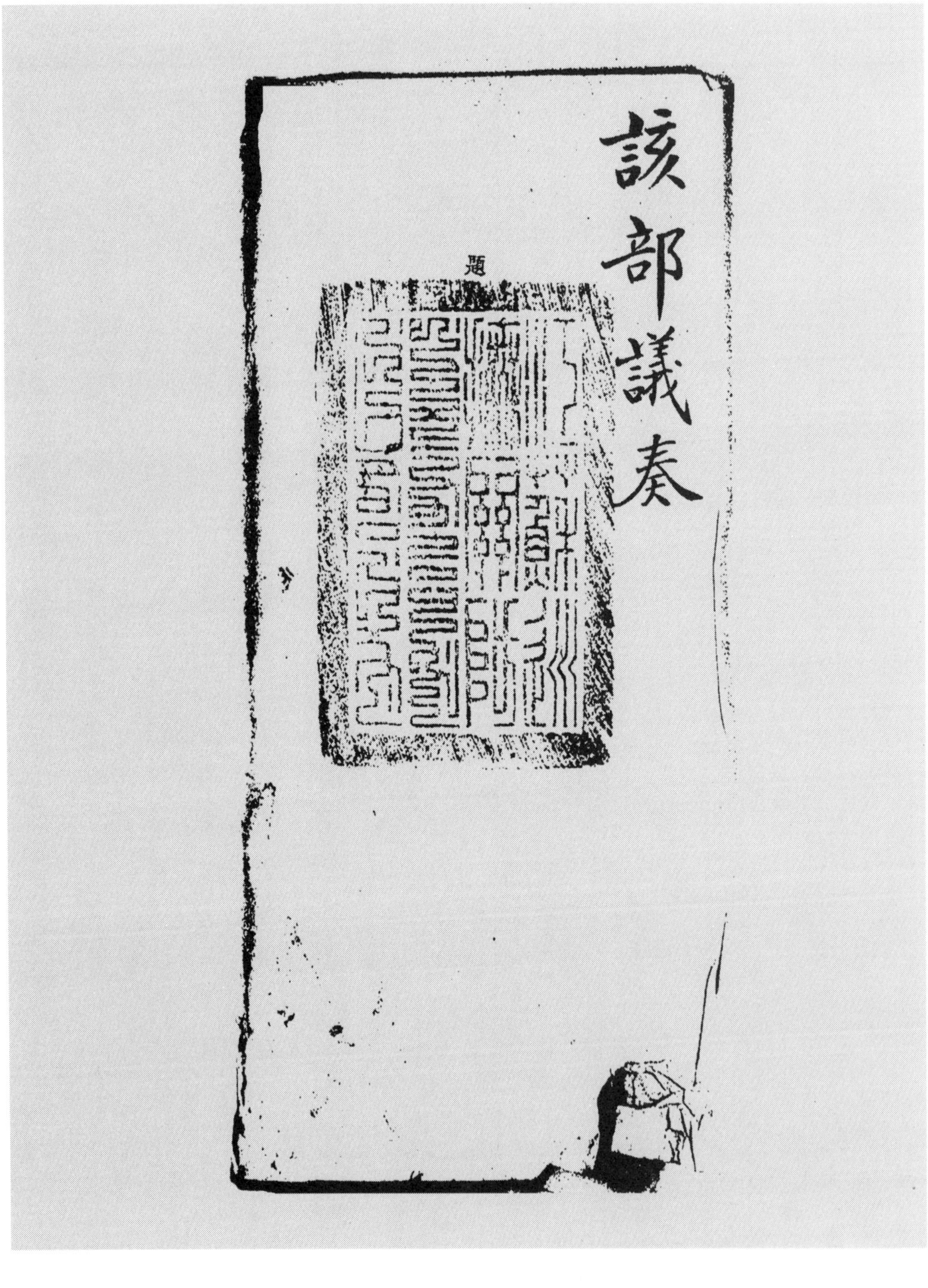
該部議奏
題

江蘇巡撫林則徐題本 太倉州學正朱寶書俸滿循例保薦

道光十六年七月初一日

兵部侍郎兼都察院右副都御史巡撫江蘇等處地方提督軍務總理糧儲臣林則徐謹

題爲教職俸滿循例保

題事據署蘇州布政使裕謙詳稱案奉行准吏部

咨嗣後各屬教職能勸誨士子完糧息訟並無

過愆歷俸陸年保

題陞用等因在案今准護理蘇松太巡道汪忠增

呈據太倉州知州李正鼎詳據學正朱寶書申

稱竊寶書現年肆拾柒歲安徽涇縣人由附生

中式嘉慶丙子科舉人庚辰科揀選知縣道光

丙戌科會試後大挑貳等以教職用選授今職

於道光拾年陸月拾叁日到任今自到任之日

起連閏扣至拾陸年肆月拾叁日初次陸年俸

滿備具親供呈送等情到州該太倉州知州李
正鼎查得學正朱寶書自到任以來每逢朔望
隨同宣講
聖諭廣訓務使士民立品端行知所遵守月課諸生評
閱佳獎約束士子不得干預外事覆查該員明
白吏治才能出衆堪膺民社理合造冊詳候驗
轉等情到道該護理蘇松太巡道汪忠增在任
未及叁月例不出考合將供冊轉呈驗轉等情
到司該署蘇州布政使裕謙查得太倉州學正
朱寶書自道光拾年陸月拾叁日到任之日起
連閏扣至拾陸年肆月拾叁日初次陸年俸滿
兹准據該管道州取具供冊遞行驗轉前來查

驗該員年壯才明留心吏治堪以保薦相應詳
候驗看會
題等情到臣據此該臣查得太倉州學正朱寶書
自道光拾年陸月拾叁日到任之日起連閏扣
至拾陸年肆月拾叁日初次陸年俸滿例應驗
看既別據署蘇州布政使裕謙具詳該員自到
任以來每逢朔望隨同宣講
聖諭廣訓務使士民立品端行知所遵守月課諸生評
閱佳獎約束士子不得干預外事覆查該員年
壯才明留心吏治堪以保薦詳請會
題前來臣查驗得朱寶書學裕才明講求吏治任
內並無過愆堪膺保薦除將事實供冊送部查

江蘇巡撫林則徐題本　太倉州學正朱寶書俸滿循例保薦
道光十六年七月初一日

核外謹會同兩江總督臣陶澍江蘇學政臣龔
守正合詞具
題伏乞
皇上聖鑒勑部議覆施行謹題請
旨

道光[illegible]地方提督軍務總理糧儲臣林則徐

江蘇巡撫林則徐題本 太倉州學正朱寶書俸滿循例保薦
道光十六年七月初一日

兵部侍郎兼都察院右副都御史巡撫江蘇等處地方提督軍務總理糧儲臣林則徐謹

題爲教職俸滿循例保

題事。該臣查得太倉州學正朱寶書自道光拾年
陸月拾叁日到任之日起，連閏扣至拾陸年肆
月拾叁日初次陸年俸滿，例應驗看甄別。據署
蘇州布政使裕謙具詳，該員年壯才明，留心吏
治，堪以保薦，詳請會

題前來。臣查驗得朱寶書學裕才明，講求吏治，任
內並無過愆，堪膺保薦。除將事實供冊送部外，
謹會題請

旨

江蘇巡撫林則徐題本　**補參署上海縣知縣黃冕等疎防竊案屆滿逸犯未獲**

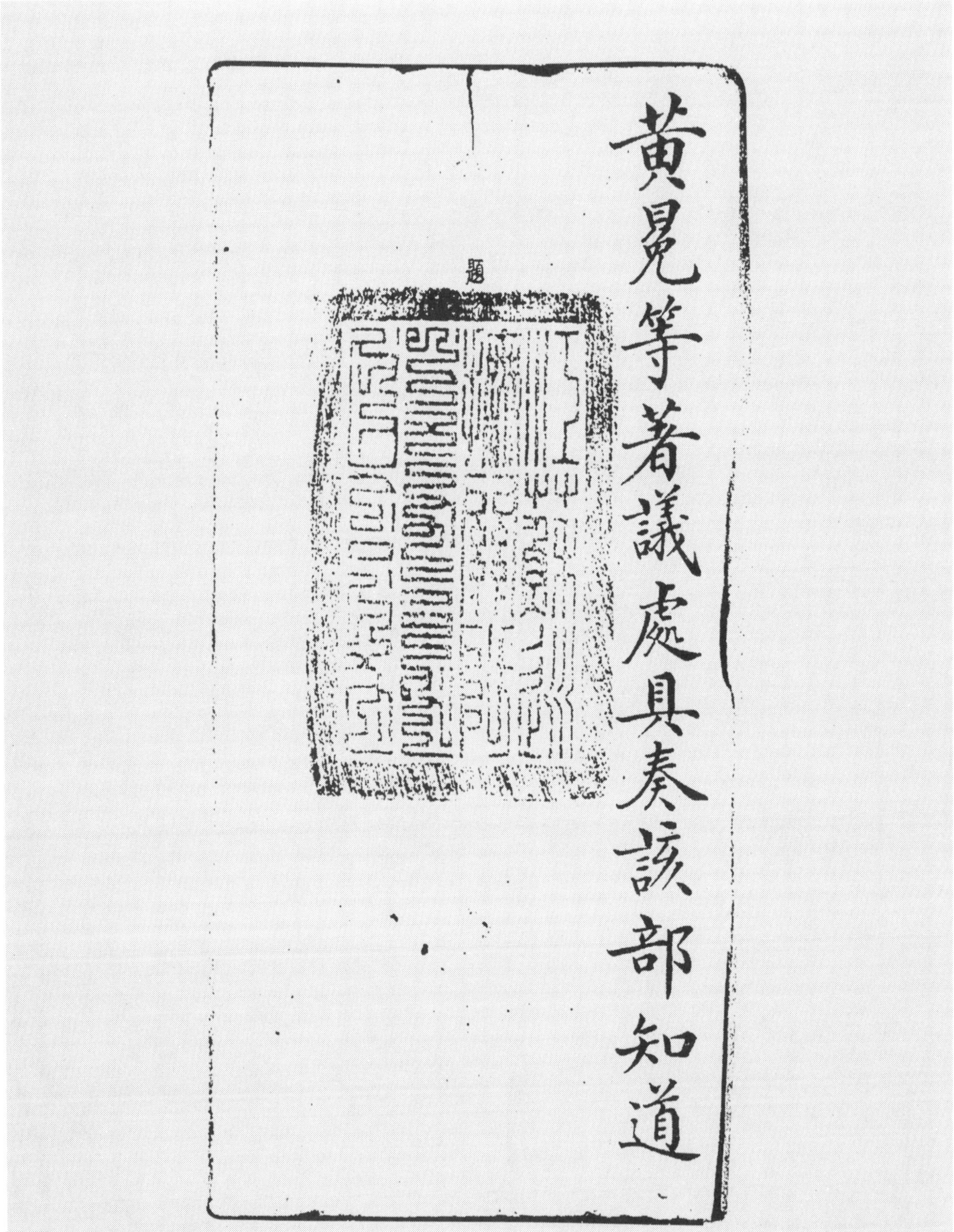
黃冕等著議處具奏該部知道

題

江蘇巡撫林則徐題本 補參署上海縣知縣黃冕等疏防竊案屆滿逸犯未獲

道光十六年七月初一日

兵部侍郎兼都察院右副都御史巡撫江蘇等處地方提督軍務總理糧儲臣林則徐謹
題爲補參疏防文職事據署江蘇按察使積拉明
阿詳稱據松江府知府覺羅炳奎詳據署上海
縣知縣黃冕詳稱道光拾伍年玖月初壹日據
地保吳鑑榮報據民人陳煥文投稱拾月叁拾
日夜被賊撬門圖竊伊母陳夏氏開門出捕扭
住一賊被賊用刀劃傷左手背右膁肋鄰人謝
南觀趕至亦被劃傷掙脫逃走伊追獲一賊汪
阿鳴等語往查屬實解候訊究等情並據事主
陳煥文同報到縣據即會營前詣勘得事主陳
煥文家有朝南住屋前後兩進前進平屋叁間
東西兩間各設門扇據事主陳煥文指稱是夜

被賊撬東屋門扇圖竊伊母在西屋聽聞開門
出捕扭住一賊喊經鄰人謝南觀趕至相幫均
被用刀劃傷逃逸伊在後進睡臥聞鬧趕出當
與謝南觀追獲一賊汪阿鳴等語查驗東閣門
上有撬損痕跡該處離城柒拾貳里離汛拾貳
里並無墩鋪防兵四無近鄰勘畢驗明陳夏氏
左手背右臁肕刀劃傷各壹處謝南觀左手食
指刀劃傷壹處分別填單飭醫提訊地鄰事主
人等供與報詞無異訊據賊犯汪阿鳴供認聽
從在逃之楊惠夥同沈金等共夥拾壹人行竊
事主陳煥文家未經得財楊惠被獲圖脫用刀
非傷事主之母陳夏氏鄰人謝南觀左手指等

處該犯落後被獲等語將該犯審依竊盜未經
得財逃走被事主追逐拒捕刃傷者從犯擬流
例杖壹百流叁千里依律免刺監候待質解掌
勘轉詳咨聲明此案首夥拾壹人僅獲從犯壹
名文武疎防各職名另行補叅在案合將印捕
職名開報等情由府道遞開督補督緝兼轄各
職名前來除飭勒緝逸犯楊恵等務獲究報外
該署江蘇按察使積拉明阿查得上海縣事主
陳煥文被賊圖竊拒傷壹案疎防例限肆箇月
應以道光拾伍年閏月叁拾失事之日起扣至
拾貳月叁拾日屆滿逸犯楊恵等無獲所有文
職疎防職名印官係署上海縣知縣黃冕補官

係上海縣黃浦司巡檢陳光曙晉補係不同城
川沙撫民同知何士祁督緝係不同城松江府
知府覺羅炳奎兼轄係分巡蘇松太道陽金城
相應開報伏候核參再此案係獲犯審定後補
參並非無故遲延合并聲明等情到臣據此該
臣查得上海縣事主陳煥文被賊圖竊拒傷壹
案疏防例限肆箇月應以道光拾伍年捌月叁
拾失事之日起扣至拾貳月叁拾日屆滿此案
首夥拾壹人僅獲從犯壹名拒捕首犯楊惠等
未獲開列疏防職名補參前來除飭勒緝逸犯
楊惠等務獲究報外所有文職疏防職名印官
係署上海縣知縣黃冕補官係上海縣黃浦司

巡檢陳光曙督捕係不同城川沙撫民同知何
士祁督緝係不同城松江府知府覺羅炳奎兼
轄係分巡蘇松太道陽金城相應列參至失事
處所離城柒拾貳里離汛拾貳里並無墩鋪防
兵再此案係獲犯審定後補參並非無故遲延
合並陳明臣謹具
題伏乞
皇上聖鑒勅部議覆施行謹題請
旨

江蘇巡撫林則徐題本　補參署上海縣知縣黃冕等疏防竊案屆滿逸犯未獲

道光十六年七月初一日

道光[illegible]處地方提督軍務總理糧儲臣林則徐

兵部侍郎兼都察院右副都御史巡撫江蘇等處地方提督軍務總理糧儲臣林則徐謹
題爲補參疏防文職事該臣查得上海縣事主陳
炳文被賊圖竊拒傷壹案疏防例限肆箇月應
以道光拾伍年捌月叁拾失事之日起扣至拾
貳月叁拾日屆滿此案首夥拾壹人僅獲從犯
壹名拒補首犯楊惠等未獲開列疏防職名補
參前來除飭勒緝逸犯楊惠等務獲究報外所
有文職疏防職名印官係署上海縣知縣黃冕
補官係上海縣黃浦司巡檢陳光墀督補係不
同城川沙撫民同知何士祁督緝係不同城松
江府知府覺羅炳奎兼轄係分巡蘇松太道陽
金城相應列參謹題請
旨

江蘇巡撫林則徐題本

題參前署銅山縣知縣王文炳等疏防竊案屆滿贓犯無獲（破損）

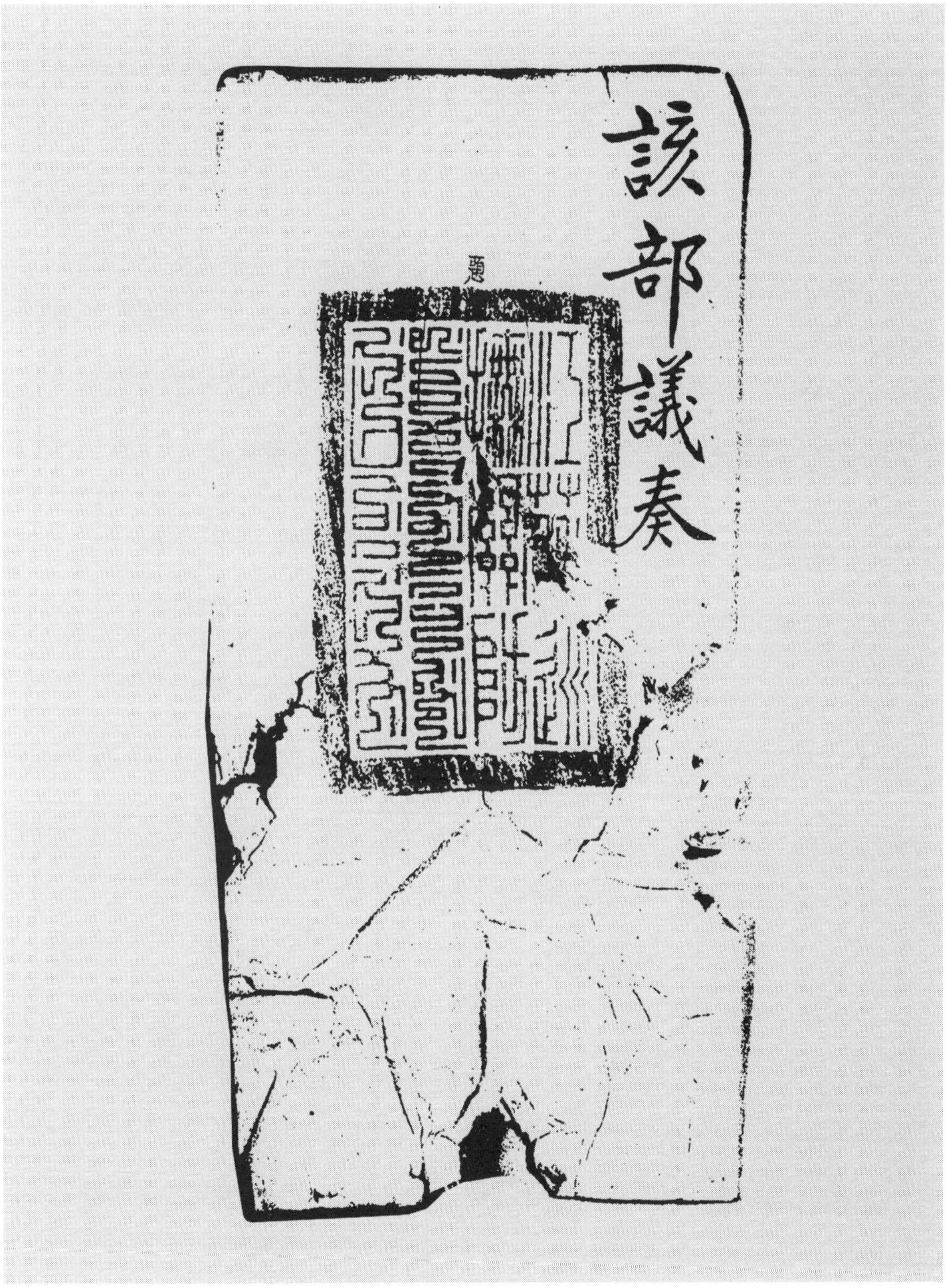

一六　江蘇巡撫林則徐題本　題參前署銅山縣知縣王文炳等疏防竊案屆滿贓犯無獲

道光十六年七月初一日

兵部侍郎兼都察院右副都御史巡撫江蘇等處地方提督軍務兼理糧餉臣林則徐謹

題為詳參疏防文職事據署江蘇按察使積拉明

阿詳稱據徐州府知府武凌漢詳據銅山縣知

縣[illegible]詳稱查接管卷內道光拾伍年叁月

初伍日據民人苗本報於叁月初叁日夜被賊

撬門進內竊去牛驢衣服伊弟苗立驚覺追捕

被賊拒傷報候勘緝等情到縣據經前署縣王

文炳會營前詣失事處所勘得苗本家門扇有

撬損[illegible]傷件驗得苗立左腮頰刃傷壹處皮

破並出決單飭營提訊地鄰人等供與報詞無

異錄存估贓值銀拾陸兩叁錢取結附卷錄供

通詳奉批緝參在案茲查疏防限屆贓賊無獲

江蘇巡撫林則徐題本　題參前署銅山縣知縣王文炳等疏防竊案屆滿贓犯無獲
道光十六年七月初一日

飭查事主傷已平復合將印捕職名開報等情
由府道遞開督捕督糧兼轄職名前來除飭勒
緝賊匪務獲究報外該署江蘇按察使積拉明
阿查□山縣事主苗本被竊拒傷查案疏防
扣限肆箇月應以道光拾伍年叁月初叁失事
之日起扣至閏陸月初叁日届滿賊匪無獲所
有文職疏防職名印官係前署銅山縣知縣王
文炳捕官係銅山縣四界司巡檢徐鋅督捕係
同□□銅沛同知崔志元督糧係同城徐州
府知府武凌漢兼轄係同城分巡徐州道王廷
彥查督捕同知崔志元已於拾伍年肆月拾壹
日未經限滿之先卸事未□任應請議結現

江蘇巡撫林則徐題本　題參前署銅山縣知縣王文炳等疏防竊案屆滿贓犯無獲

道光十六年七月初一日

署同知曹文昭是日到任係接督滿之員例無
處分相應聲明開報伏候核參再失事處所離
城肆拾伍里離汛叁拾里並無墩堡防兵至此
案因[illegible]令補參疏防職名以致開報稽合并
聲明等情到臣據此該臣查得銅山縣事主苗
本被竊拒傷查參疏防例限肆箇月應以道光
拾伍年叁月初叁失事之日起扣至閏陸月初
叁日屆滿贓匪無獲開列疏防職名詳參前來
除飭勒緝贓匪務獲究報外所有文職疏防職
名印官係前署銅山縣知縣王文炳捕官係銅
山縣四界司巡檢徐鐸督捕係同城前任銅沛
同知崔志元督緝係同城徐州府知府武凌漢

兼轄徐同城分巡徐州道王廷彥查督捕同知
崔志元已於拾伍年肆月拾壹日未經限滿之
先卸事不得回任應行議結現署同知曹文昭
是日到任係接督滿之員例無處分相應聲明
列參再失事處所離城肆拾伍里離汛叁拾里
並無墩堡防兵至此案因該令補參疎防職名
以致開報稍遲合並陳明臣謹具
題伏乞
皇上聖鑒勅部議覆施行謹題請
旨

江蘇巡撫林則徐題本　題參前署銅山縣知縣王文炳等疏防竊案屆滿贓犯無獲

道光十六年七月初一日

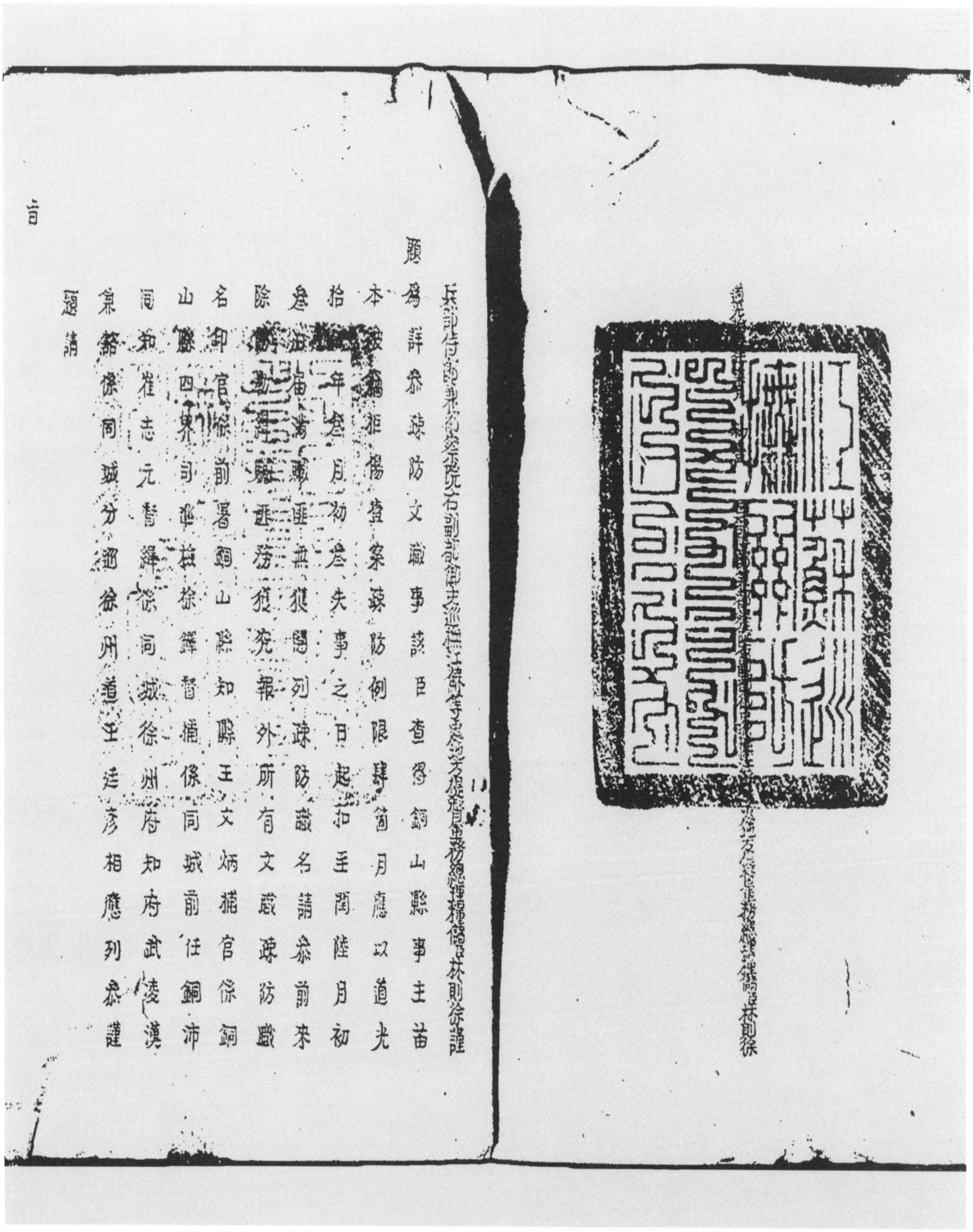
兵部侍郎兼都察院右副都御史巡撫江蘇等處地方提督軍務總理糧儲臣林則徐謹
題爲詳參疏防文職事該臣查得銅山縣事主苗
本[illegible]被竊拒傷一案疏防例限肆個月應以道光
拾叁年叁月初叁失事之日起扣至閏陸月初
叁[illegible]滿賊匪無獲照例列疏防職名請參前來
除[illegible]賊匪務獲究報外所有文職疏防職
名印官係前署銅山縣知縣王文炳捕官係銅
山縣[illegible]司巡檢徐鐸督捕係同城前任銅沛
同知崔志元督緝係同城徐州府知府武凌漢
兼轄係同城分巡徐州道王廷彥相應列參謹
題請
旨

道光[illegible]年[illegible]月[illegible]日兵部侍郎兼都察院右副都御史巡撫江蘇等處地方提督軍務總理糧儲臣林則徐

江蘇巡撫林則徐題本

題銷江淮等屬道光十五年五月前已未完地丁等項錢糧

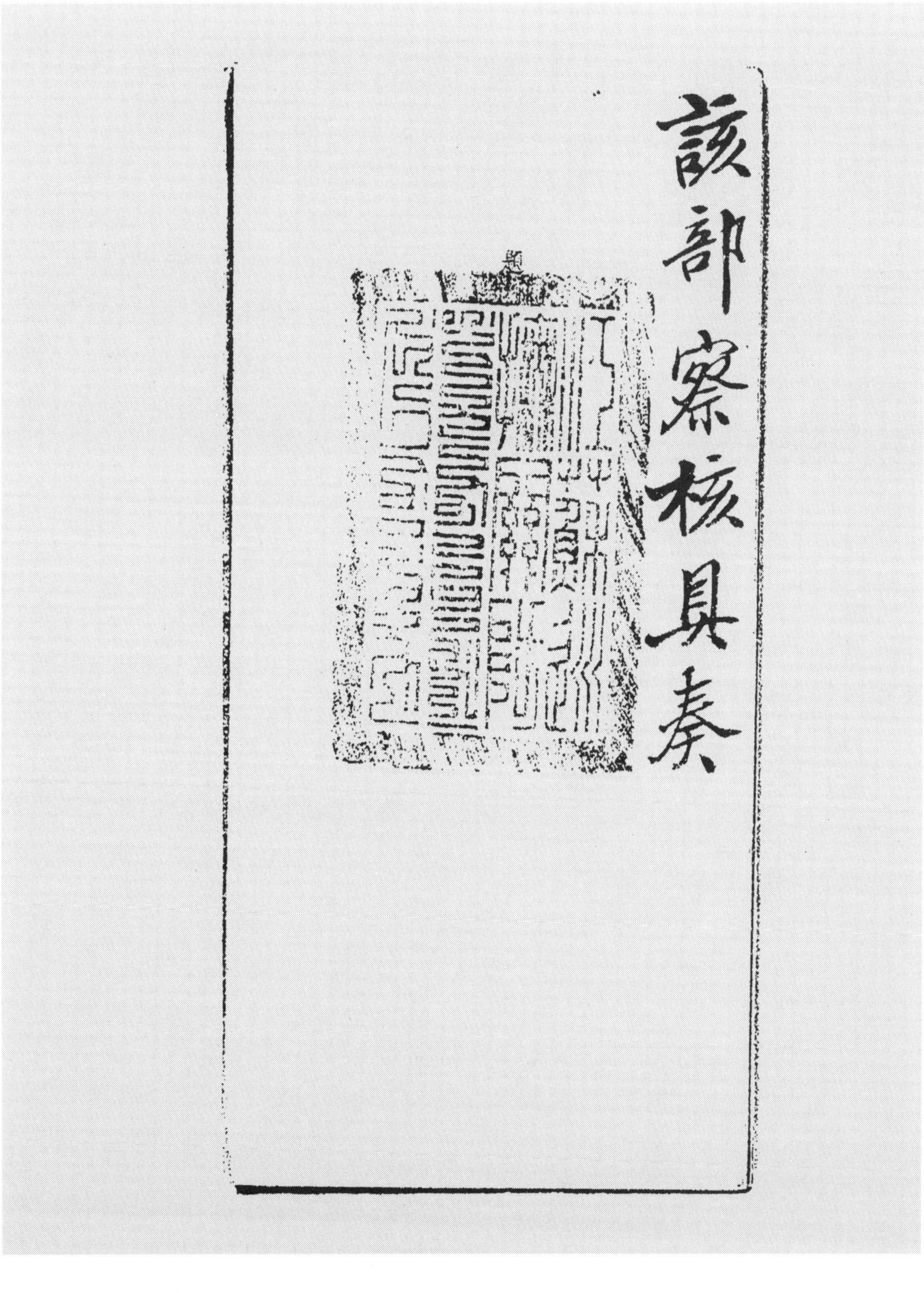
該部察核具奏

江蘇巡撫林則徐題本 題銷江淮等屬道光十五年五月前已未完地丁等項錢糧

道光十六年七月初一日

兵部侍郎兼都察院右副都御史巡撫江蘇等處地方提督軍務總理糧儲臣林則徐謹
題爲請定奏銷成例以昭畫一事據江寧布政使
楊簧詳稱案奉行准部咨嗣後奏銷現年錢糧
之時將歷年未完項下續完若干仍未完若干
并動用存貯各數目分別彙造清冊另繕
題本隨本年奏銷一并具
題等因今江淮等屬道光拾肆年地丁等項錢糧
奏銷業經造冊詳
題所有嘉慶貳拾叁肆伍并道光元貳叁肆伍陸
柒捌玖拾拾壹拾貳等年未完解司民屯地丁
并徑徵各款及社腳學租漕價雜稅公費地畝
空缺節省等項正銀叁百柒拾叁萬壹千肆百

壹拾捌兩陸錢陸分柒釐耗羨加徑支養廉銀
叁拾肆萬壹千玖百捌拾伍兩貳錢捌分陸釐
又應增淮安府屬阜寧縣左芹等減則復熟田
地應徵道光肆伍兩年地丁正銀肆拾兩貳錢
伍分壹釐耗羨銀肆兩貳分伍釐又道光拾叁
年奏銷冊報未完各款正銀肆拾壹萬伍千壹
百伍拾壹兩陸錢陸分耗羨加徑支養廉銀叁
萬玖千叁百壹拾陸兩伍錢肆分壹釐共該正
銀肆百壹拾肆萬陸千陸百壹拾兩伍錢柒分
捌釐耗羨銀叁拾捌萬壹千叁百伍兩捌錢伍
分貳釐內已完解并徑支各款正銀壹拾貳萬
伍千貳百伍拾肆兩貳分壹釐耗羨并徑支養

江蘇巡撫林則徐題本　題銷江淮等屬道光十五年五月前已未完地丁等項錢糧　道光十六年七月初一日

廉銀壹萬伍百陸拾柒兩肆錢捌分陸釐仍該未完正銀肆百貳萬壹千叁百伍拾陸兩伍錢伍分柒釐耗羨銀叁拾柒萬柒百叁拾捌兩叁錢陸分陸釐又道光拾叁年隨奏冊報及奏銷案內未完嘉慶貳拾叁肆伍並道光元貳叁肆伍陸柒捌玖拾拾壹拾貳拾叁等年恤孤米貳千柒百石肆斗壹升叁合肆勺內已完米陸拾捌石壹斗伍升伍合肆勺未完米貳千陸百叁拾貳石貳斗伍升捌合又道光拾叁年隨奏冊報及奏銷案內未完道光元叁陸拾拾壹拾貳拾叁等年公費易豆肆百肆石貳斗陸升伍合伍勺未據完解又道光拾叁年隨奏冊報及奏

銷案內未完嘉慶貳拾叁肆伍並道光元貳叁
肆伍陸柒捌玖拾拾壹拾貳拾叁等年南屯米
豆叁拾貳萬貳千伍百陸拾叁石伍斗捌升肆
合捌勺內已完米豆壹萬柒千肆百玖拾玖石
玖斗玖升伍合陸勺未完米豆叁拾萬伍千陸
拾叁石伍斗捌升玖合貳勺理合截至道光拾
肆年並拾伍年伍月底止將已未完解數目循
照向例分晰造冊詳送具
題等情據此該臣查得奏銷現年錢糧之時例應
將歷年未完項下續完仍欠動存各數分別造
冊另繕
題本隨本年奏銷一并具

題今據江寧布政使楊簧詳稱江淮等屬道光拾
肆年地丁等項錢糧奏銷業經造冊詳
題所有嘉慶貳拾叁肆伍陸道光元貳叁肆伍陸
柒捌玖拾拾壹拾貳等年未完解司民屯地丁
並徑徵各款及杠腳學租漕價雜稅公費地畝
空缺節省等項正銀叁百柒拾叁萬壹千肆百
壹拾捌兩零耗羨並徑支養廉銀叁拾肆萬壹
千玖百捌拾伍兩零又應增淮安府屬阜寧縣
左芹等減則復熟田地應陞道光肆伍兩年地
丁正銀肆拾兩零耗羨銀肆兩零道光拾叁年
奏銷冊報未完各款正銀肆拾壹萬伍千壹百
伍拾壹兩零耗羨並徑支養廉銀叁萬玖千叁

百壹拾陸兩零共該正銀肆百壹拾肆萬陸千
陸百壹拾兩零耗羨銀叁拾捌萬壹千叁百伍
兩零內已完解并徑支各款正銀壹拾貳萬伍
千貳百伍拾肆兩零耗羨并徑支養廉銀壹萬
伍百陸拾柒兩零仍該未完正銀肆百貳萬壹
千叁百伍拾陸兩零耗羨銀叁拾柒萬柒百叁
拾捌兩零又道光拾叁年隨奏冊報及奏銷案
內未完嘉慶貳拾叁肆伍並道光元貳叁肆伍
陸柒捌玖拾拾壹拾貳拾叁等年恤孤米貳千
柒百石零內已完米陸拾捌石零未完米貳千
陸百叁拾貳石零又道光拾叁年隨奏冊報及
奏銷案內未完道光元叁陸拾拾壹拾貳拾叁

等年公費易豆肆百肆石零未經完解又道光
拾叁年隨奏冊報及奏銷案內未完嘉慶貳拾
叁肆伍加道光元貳叁肆伍陸柒捌玖拾拾壹
拾貳拾叁等年角屯米豆叁拾貳萬貳千伍百
陸拾叁石零內已完米豆壹萬柒千肆百玖拾
玖石零未完米豆叁拾萬伍千陸拾叁石零合
將已未完解數目照例分晰造冊詳送具
題等情前來臣覆核無異除冊送部查核外相應
具
題伏乞
皇上聖鑒勅部核覆施行謹題請
旨

道光[illegible]處地方提督軍務總理糧儲臣林則徐

兵部侍郎兼都察院右副都御史巡撫江蘇等處地方提督軍務總理糧儲臣林則徐謹

題爲請定奏銷成例以昭畫一事該臣查得奏銷
現年錢糧之時例應將歷年未完項下續完仍
欠動存各款分别造册另繕

題本隨本年奏銷一并具

題今據江寧布政使楊簧詳稱江淮等屬道光拾
肆年地丁等項錢糧奏銷業經造册詳

題所有嘉慶貳拾叁肆伍加道光元貳叁肆伍
柒捌玖拾拾壹拾貳等年未完民屯地丁並漕
撥江腳學租漕價雜税公費地畝空缺節省等
項以道光拾叁年奏銷隨奏册報未完各款銀
米豆石已未完解數目照例分晰造册詳

題前來臣覆核無異除册送部外謹題請

旨

江蘇巡撫林則徐題本　報銷江南省道光壬辰科文闈鄉試支用供給各項銀數

道光十六年七月初一日

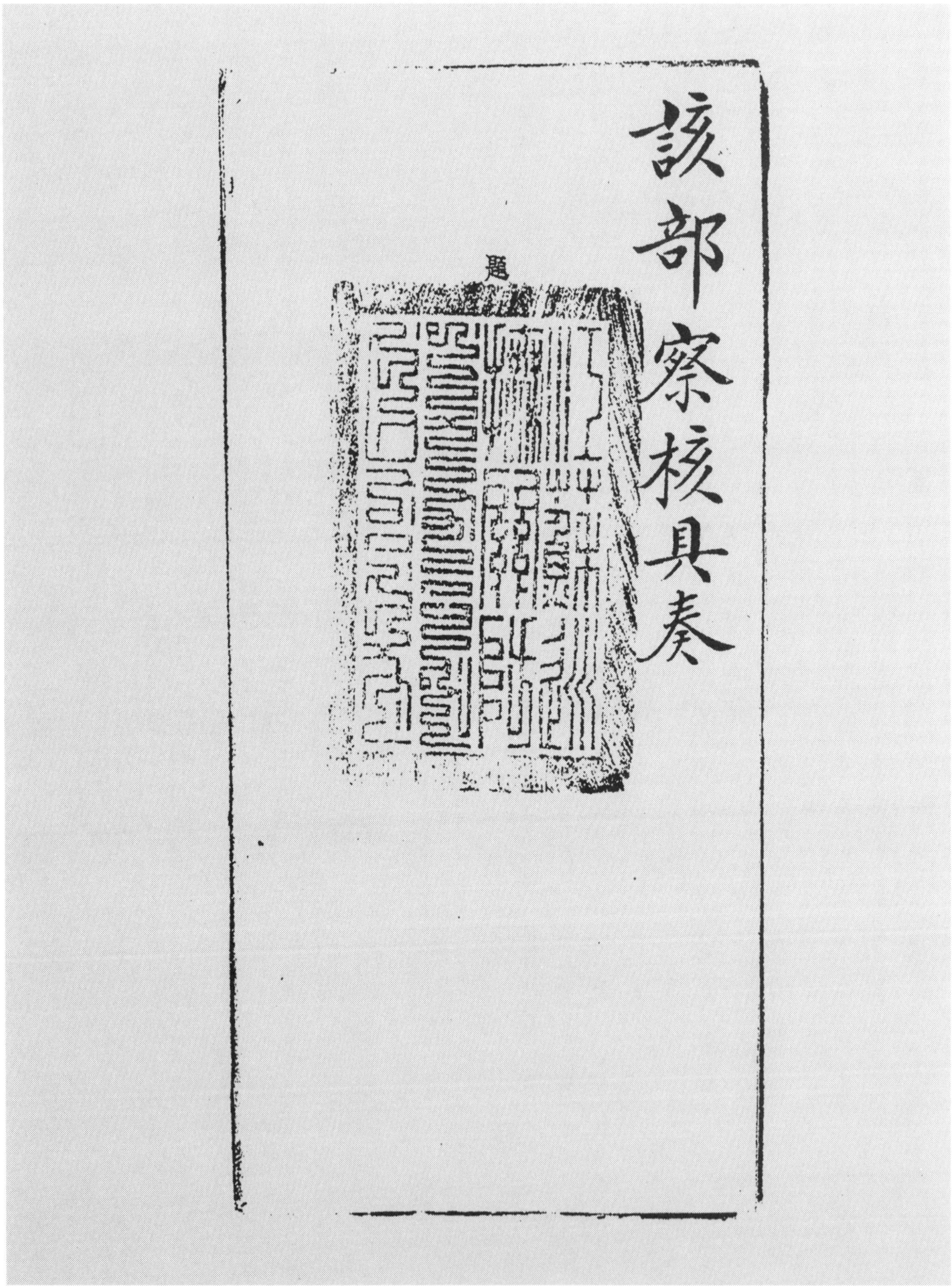
該部察核具奏

題

江蘇巡撫林則徐題本　**報銷江南省道光壬辰科文闈鄉試支用供給各項銀數**

江蘇巡撫林則徐題本　報銷江南省道光壬辰科文闈鄉試支用供給各項銀數

道光十六年七月初一日

兵部侍郎兼都察院右副都御史巡撫江蘇等處地方提督軍務總理糧儲臣林則徐謹

題爲科舉事。據江寧布政使楊簧詳稱，案奉撫行

道光拾叁年正月拾陸日准戶部咨江南司案

呈准江蘇巡撫林則徐咨，據江寧布政使趙盛

奎詳稱，案照江省文闈一切供應例應造冊報

銷。今歲壬辰科文闈現在場務已竣，所有內外

供給并一切食品什物俱於場前酌發銀兩，飭

備伺應。現在分飭各委員逐款核實報銷，惟所

開之項或因時價昂貴，開報浮多，或積舊習任

意浮報，均需按照市價之貴賤、用物之多寡逐

款確核，往返駁減，又須各委員覆齊找給銀兩，

取齊屬冊始可彙造，司總詳候核題。准文移報

轉有當時日從前各科報銷並無題定限期嗣
於乾隆辛酉科文闈因報銷題達稍延奉部文
行令嗣後報銷以出闈之日爲始定限肆箇月
報銷等因當因此項冊籍駁查催提斷難遵照
肆箇月之限造報經前辦提調道以難結事件
例得請展詳奉咨部准其展限嗣後各科均經
請展在案今科文闈報銷事同一例除現在嚴
飭內外供給各官及各委員將辦過各項造冊
送司核算確實即行彙冊核詳分別請題外所
有此案難以遵照肆箇月限期造報緣由具文
詳候咨部等情相應咨達前來查江南省壬辰
科文闈供應報銷旣據該撫聲稱難以遵照肆

箇月限期題報應如所咨准其循照舊案展限
仍咨該撫即飭趕緊核明造冊題銷毋任浮冒
可也等因到院行司奉此該江寧布政使楊簧
查得江南省道光拾貳年壬辰科文闈鄉試應
造報銷冊籍行據內外供給及採辦各官前署
江寧南捕通判李嘉奎上元江寧貳縣并產地
各州縣將辦過各項品物紙張舉人帽項等項
同舖戶辦過各項租備什物以及上元江寧貳
縣承修貢院分別造報請銷先後呈送到司覆
查前項一切食品什物款目繁多凡有可以委
員採辦之物向係委員採辦以期銀歸實用當
經前司詳委無爲州及合肥溧水貳縣並理問

江蘇巡撫林則徐題本　報銷江南省道光壬辰科文闈鄉試支用供給各項銀數
道光十六年七月初一日

吴景周庫大使單瑞圖弁內供給官前署江寧
南補通判李嘉奎預爲採辦專司買備解用弁
因所辦各物場內不敷行令外供給官上元江
寧貳縣採辦備用其場內所需臘燭鹽蛋銀硃
鹽蘿蔔乾照案分委和州高郵貳州蕪湖山陽
貳縣在於該州縣出產地方買備解應至場內
所需零星品物及不能久貯之物難以酌數預
備者亦經前司詳明委令外供給官責令該賣
鋪戶認辦照時給價並將修理貢院詳委上元
江寧貳縣領銀承修各在案除修理貢院用過
工料銀兩先經委員勘估詳奉咨准工部咨覆
准其於協濟耗羨項下動支業據該貳縣照估

修竣造冊報銷已經專案具詳歸於另案銷結
外所有內外供給各官並委員造報辦過供應
各項價值及舉人杯盤雀頂銀花等項俱經由
司逐件逐款細加查核凡有稍浮之處核減確
實同由司起解協濟會試銀貳百貳兩遞共請
銷銀玖千玖百陸拾壹兩壹錢陸釐內除兩江
各州縣編徵銀叁千壹百玖拾陸兩叁錢叁分
捌釐儘數動用外是科上江值科由安藩司原
奉
奏定協貼耗羨銀柒千兩內動支銀陸千柒百陸
拾肆兩柒錢陸分捌釐計餘剩耗羨銀貳百叁
拾伍兩貳錢叁分貳釐俱係逐加撙節並無絲

江蘇巡撫林則徐題本　報銷江南省道光壬辰科文闈鄉試支用供給各項銀數

道光十六年七月初一日

毫浮冒至冊內所造各款係照歷科准銷成案
各歸各物分別名目造報只有供應正副主試
每日所用品物各項俱係零星瑣碎難以臚列
亦照歷屆冊式開造惟江省文闈備辦各物實
屬浩繁向係隨時動辦是以歷科動用銀兩多
寡不一核計上屆辛卯
恩科請銷銀玖千玖百陸拾叁兩壹錢叁分貳釐此
次壬辰科報銷請銷銀玖千玖百陸拾壹兩壹
錢陸釐核與歷屆報銷相等所有餘剩耗羨銀
兩另行造報撥用又應解戶部協濟會試銀貳
百貳兩由安徽藩司附便委員搭解相應造具
細款簡明總徼銀兩添備什物各冊取具內供

給官並無浮冒印結加具司結具文詳候
題銷再此案報銷因未能依限造報先經詳奉咨
准部覆展限在案合並聲明等情據此該臣查
得江南省道光拾貳年壬辰科文闈鄉試應造
報銷冊籍當據藩司以逐款確核往返駁減難
以遵照肆箇月定限造報節經咨部覆准展限
在案茲據江寧布政使楊簧詳稱江南省道光
拾貳年壬辰科文闈鄉試應造報銷冊籍案經
行據內外供給及採辦各官前署江寧南捕通
判李嘉奎上元江寧貳縣并產地各州縣將辦
過各項品物紙張舉人帽項等項同鋪戶辦過
各項租備什物以及上元江寧貳縣承修貢院

分別造報請銷先後呈送到司除修理貢院用過工料銀兩先經委員勘估詳奉咨准工部咨覆准其於協撥耗羨項下動支業據該貳縣照估修竣造冊報銷已經專案具詳歸於另案銷結外所有內外供給各官並委員造報辦過供應各項價值及舉人杯盤雀項銀花等項俱經由司逐件逐款細加查核凡有稍浮之處核減確實同由司起解協濟會試銀貳百貳兩通共報銷銀玖千玖百陸拾壹兩壹錢零內除兩江各州縣編徵銀叁千壹百玖拾陸兩叁錢零儘數動用外是年上江值科

奏定協貼耗羨銀柒千兩內動支銀陸千柒百陸

江蘇巡撫林則徐題本 報銷江南省道光壬辰科文闈鄉試支用供給各項銀數

道光十六年七月初一日

拾肆兩柒錢零計餘剩銀貳百叁拾伍兩貳錢
零俱係逐加樽節並無絲毫浮冒至冊內所造
各款係照歷科准銷成式各歸各物分別名目
造報只有供應正副主試每日所用品物各項
俱係零星瑣碎難以臚列亦照歷屆冊式開造
惟江省文闈備辦各物實屬浩繁向係隨時動
辦是以歷科動用銀兩多寡不一核計上屆辛
卯
恩科報銷請銷銀玖千玖百陸拾叁兩零核與歷屆
報銷相等所有餘剩耗羨銀兩另行造報備用
又應解戶部協濟會試銀貳百貳兩由安省附
便委員搭解相應造具細款簡明編徵銀兩添

備什物各冊取具内供給官並無浮冒印結加
具司結詳候
題銷并據聲明此案報銷因未能依限造報先經
由司詳奉咨部覆准展限在案等情前來臣覆
核無異除冊結送戶部查核外理合具
題伏乞
皇上聖鑒勅部核覆施行謹題請
旨

江蘇巡撫林則徐題本　報銷江南省道光壬辰科文闈鄉試支用供給各項銀數

道光十六年七月初一日

道光[illegible]處地方提督軍務總理糧儲臣林則徐

兵部侍郎兼都察院右副都御史巡撫江蘇等處地方提督軍務總理糧儲臣林則徐謹

題為科舉事。該臣查得江南省道光拾貳年壬辰科文闈鄉試應造報銷冊籍，當經藩司以逐款確核往返駁減，難以壹照肆個月定限造報，節經咨部覆准展限在案。茲據江寧布政使楊簧詳稱：江南省道光拾貳年壬辰科文闈鄉試應造報銷冊籍，業經行據內外供給及採辦各官前署江寧南捕通判李嘉奎、上元江寧貳縣并產地各州縣將辦過各項品物紙張舉人帽項等項，同鋪戶辦過各項租備什物以及上元江寧貳縣承修貢院分別造報請銷，先後呈送到司。除修理貢院用過工料銀兩先經委員勘估

江蘇巡撫林則徐題本　報銷江南省道光壬辰科文闈鄉試支用供給各項銀數　道光十六年七月初一日

詳奉咨准工部咨覆准其於協撥耗羨項下動
支業據該貳縣照估修竣造冊報銷已經專案
具詳歸於另案銷結外所有內外供給各官並
委員造報辦過供應各項價值及舉人杯盤雀
項銀花等項俱經由司逐件逐款細加查核凡
有稍浮之處核減確實同由司起解協濟會試
銀貳百貳兩通共報銷銀玖千玖百陸拾壹兩
壹錢零內除兩江各州縣編徵銀叁千壹百玖
拾陸兩叁錢零儘數動用外是年上江值科
奏定協貼耗羨銀柒千兩內動支銀陸千柒百陸
拾肆兩柒錢零計餘剩銀貳百叁拾伍兩貳錢
零俱係逐加樽節並無絲毫浮冒至冊內所造
各款係照歷科准銷成式各歸各物分別名目
造報只有供應正副主試每日所用品物各項
俱係零星瑣碎難以臚列亦照歷屆冊式開造
惟江省文闈備辦各物實屬浩繁向係臨時動
辦是以歷科動用銀兩多寡不一核計上屆辛
卯
恩科報銷請銷銀玖千玖百陸拾叁兩零核與歷屆
報銷相等所有餘剩耗羨銀兩另行造報撥用
又應解戶部協濟會試銀貳百貳兩由安省附
便委員搭解相應造具細款簡明編徵銀兩添
備什物各冊取具內供給官並無浮冒印結加
具司結詳候
題銷前來臣覆核無異除冊結送部外謹題請
旨

江蘇巡撫林則徐題本 報銷蘇州等屬道光十三年份支過囚犯錢糧

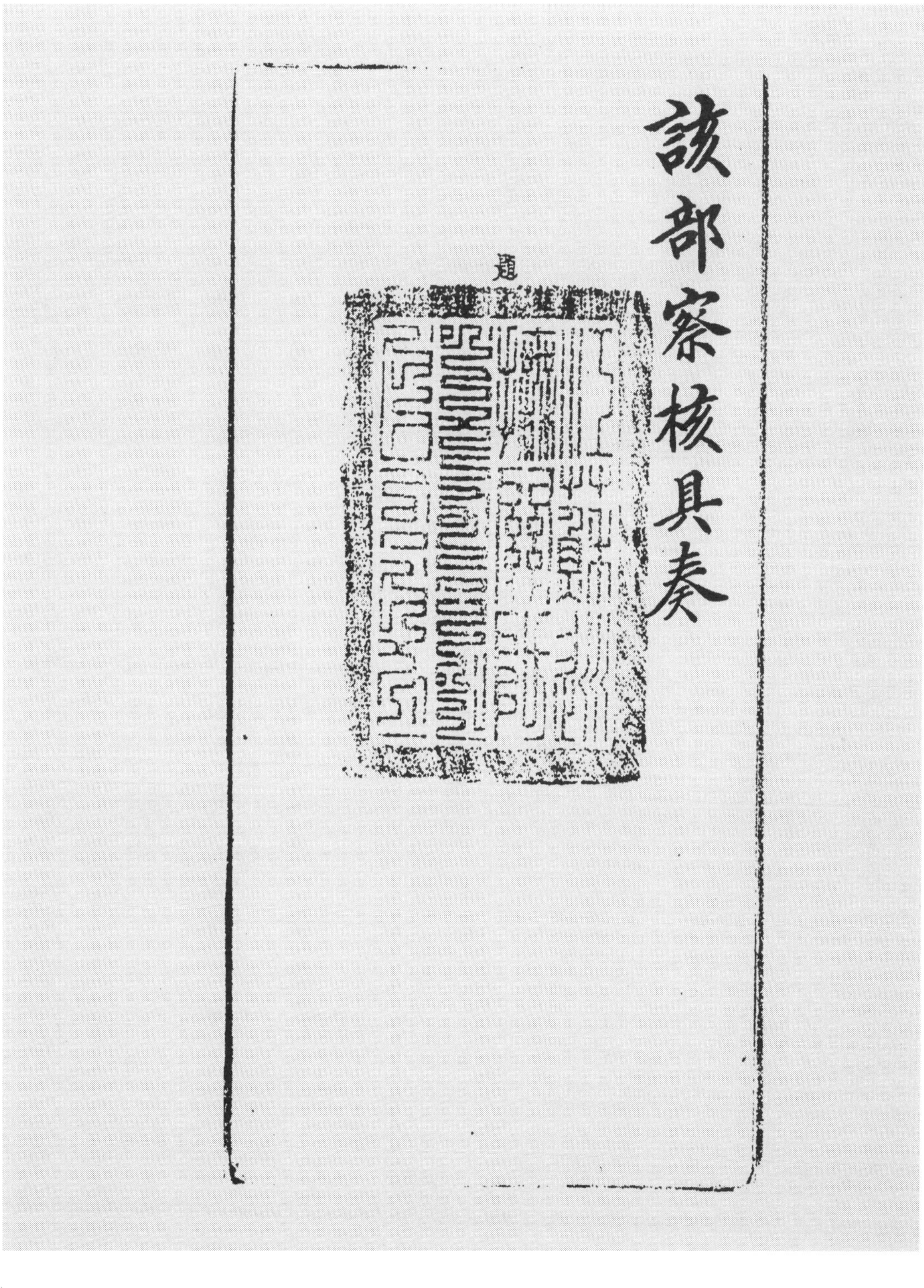
該部察核具奏

題

江蘇巡撫林則徐題本　報銷蘇州等屬道光十三年份支過囚犯錢糧

道光十六年七月初一日

兵部侍郎兼都察院右副都御史巡撫江蘇等處地方提督軍務總理糧儲臣林則徐謹
題爲報銷囚逃人犯口糧事據署蘇州布政使裕
謙署江蘇按察使積拉明阿會詳稱竊照蘇松
各屬每年支過獄囚遞解口糧錢文例應按年
造册詳
題所有道光拾叁年分蘇州等屬獄囚遞解口糧
錢文准據蘇州松江常州鎮江太倉伍府州屬
各廳州縣并按察司司獄蘇州府監分款造册
詳送按察司核明移交布政司覆核通計共給
過獄囚口糧米貳千壹百貳拾伍石壹斗玖升
捌合肆勺内除司獄司動用獄租米肆拾陸石
壹斗陸升肆合陸勺又屬支給獄囚租米肆百

壹石叁斗捌升玖合柒勺外實動常平倉米壹
千陸百柒拾柒石陸斗肆升肆合壹勺支給獄
囚柴薪鹽菜錢壹千貳百捌拾千貳百肆拾文
內除司獄司監犯鹽菜錢貳拾柒千捌百壹拾
文係動該司獄易存銀錢內抵給外實該錢壹
千貳百伍拾貳千肆百叁拾文按照各該州廳
縣每月報部銀錢時價合該銀玖百叁拾伍兩
叁錢柒分於司庫耗羨銀內動支又司獄司并
長洲溧陽貳縣獄租通共存剩米柒百伍拾石
捌斗伍升玖合伍抄錢貳拾肆千肆百壹拾伍
文內除司獄司存剩米玖拾柒石貳斗玖合陸
勺錢貳拾肆千肆百壹拾伍文留存濟放囚食

外長洲溧陽貳縣存剩米陸百伍拾叁石陸斗
肆升玖合肆勺伍抄現在遵奉部行留存撥補
不敷因糧另報實該長洲縣經徵司監各年佃
欠未完米壹千陸百貳拾伍石壹斗伍升叁合
伍勺又縣監各年佃欠未完米壹百玖拾肆石
叁斗壹升又元和縣經徵司監各年佃欠未完
米肆百玖拾石叁斗捌升壹合又吳縣經徵縣
監各年佃欠未完米捌拾柒石貳斗貳升壹合
柒勺又溧陽縣經徵縣監各年佃欠未完米叁
百捌拾柒石肆斗捌合叁勺現均分飭勒限比
追完報又遞犯口糧項下長洲等壹拾玖縣給
過遞犯口糧米叁拾伍石玖斗叁升玖合內遵

部飭在於司獄租米內動支米叁石壹斗肆升
伍合柒勺祇給外實動常平倉穀項下碾放米
叁拾貳石柒斗玖升叁合叁勺又錢貳拾壹千
陸百伍拾文按照各該縣每月報部銀錢時價
合銀壹拾陸兩貳錢壹分伍釐於司庫耗羨銀
內動支所有給過米錢覆加察核並無浮冒相
應分款彙造報銷細冊加具保結同獄田租息
報銷四柱清冊并各屬花名冊結一并詳送
題銷所有此案造報遲延職名現在飭取另行呈
請補參再節年奉文例案遲於司總冊首分別
聲列合並聲明等情據此該臣查得江蘇省支
給獄囚遞解人犯口糧例應按年分款造冊彙

本具
題所有道光拾叁年各屬給過獄囚遞解人犯口
糧錢文案經檄飭查造并節次行催去後兹據
署蘇州布政使裕謙署江蘇按察使積拉明阿
會詳稱道光拾叁年分支給囚糧項下蘇州松
江常州鎮江太倉伍府州屬共給過囚糧米貳
千壹百貳拾伍石零內除司獄司動支獄租米
肆拾陸石零又各屬支給獄囚租米肆百壹石
零實動常平倉米壹千陸百柒拾柒石零又支
給柒薪鹽菜錢壹千貳百捌拾千貳百肆拾文
內除司獄司監犯鹽菜錢貳拾柒千捌百壹拾
文係動該司獄易存銀錢內抵給外實該錢壹

千貳百伍拾貳千肆百叁拾文按照各該州廳
縣每月報部銀錢時價合該銀玖百叁拾伍兩
零於司庫耗羨銀內動支又司獄司并長洲溧
陽貳縣存剩租米柒百伍拾石零錢貳拾肆千
肆百壹拾伍文內除司監存剩米玖拾柒石零
錢貳拾肆千肆百壹拾伍文留存濟放囚食外
長洲溧陽貳縣存剩米陸百伍拾叁石零現遵
部行留存撥補不敷四糧另報會該長洲縣經
徵司監各年佃欠未完米壹千陸百貳拾伍石
零又經徵縣監各年佃欠未完米壹百玖拾肆
石零元和縣經徵司監各年佃欠未完米肆百
玖拾石零吳縣經徵縣監各年佃欠未完米秈

拾柒石零溧陽縣經徵縣獄名年佃欠未完米
叁百捌拾柒石零現均分飭勒限比追完報又
遞犯口糧項下長洲等叁拾玖縣給過遞犯口
糧米叁拾伍石零內遵部飭在於司獄司租米
內動支米叁石零並動常平倉穀項下碾放米
叁拾貳石零又錢貳拾叁千陸百伍拾文按照
各該縣每月報部銀錢時價合銀叁拾陸兩零
於司庫耗羨銀內動支所有給過米錢覆加察
核並無浮冒分款彙造冊結同獄田租息花名
各冊結詳送
題請并聲明造報遲延職名現在飭取另行補參
再節年例案查於司總冊首分別臚列等情前

江蘇巡撫林則徐題本　報銷蘇州等屬道光十三年份支過囚犯錢糧

道光十六年七月初一日

來臣覆核無異除用結送部查核外相應據詳

具

題伏乞

皇上聖鑒勅部核銷施行謹題請

旨

道光十六年七月初一日兵部右侍郎兼都察院右副都御史巡撫江蘇等處地方提督軍務總理糧儲臣林則徐

江蘇巡撫林則徐題本　報銷蘇州等屬道光十三年份支過囚犯錢糧

道光十六年七月初一日

兵部侍郎兼都察院右副都御史巡撫江蘇等處地方提督軍務總理糧儲臣林則徐謹
題爲報銷囚遞人犯口糧事。該臣查得江蘇省支
給囚遞人犯口糧，例應按年分款造册彙
題。茲據署蘇州布政使裕謙、署江蘇按察使積拉
明阿會詳稱：道光拾叁年分蘇州、松江、常州、鎮
江、太倉伍府州屬共給過囚糧米貳千壹百貳
拾伍石叁斗，動支獄租常平倉米；又鹽菜錢壹千
貳百捌拾千貳百肆拾文，除動司獄易存銀錢
抵給外，實該錢文照時價合銀於司庫耗羨銀
內動支；又遞犯口糧給過米叁拾伍石零，於司
獄租米並常平倉項下碾放；又錢貳拾壹千陸
百伍拾文，照時價合銀於司庫耗羨銀內動支。
所有給過米錢覆加察核，並無浮冒，分款彙造
各册結詳送
題銷前來。臣覆核無異，除册結送部外，謹題請
旨。

江蘇巡撫林則徐題本

題報委解湖北省兵餉銀數並起程日期

題

該部知道

兵部侍郎兼都察院右副都御史巡撫江蘇等處地方提督軍務總理糧儲臣林則徐謹
題爲奉部撥解湖北省兵餉銀兩事據署蘇州布
政使裕謙詳稱案於道光拾陸年伍月初壹日
奉准兵部火票遞到戶部咨湖廣司案呈准前
護湖北巡撫張岳崧調任江西巡撫周之琦各
將湖北省道光拾陸年兵餉奉撥該貳省道光
拾伍年未完地丁銀兩無項可支請照成案改
撥鄰省銀兩解楚供用等因咨覆前來查與改
撥各成案相符即在於本年春撥現報之安徽
地丁銀內撥銀壹拾萬兩蘇州地丁銀內撥銀
壹拾肆萬柒千伍百玖拾柒兩壹錢陸分叁釐
湖北本省留協漕項等銀內撥銀肆萬兩以上

共發銀貳拾捌萬柒千伍百玖拾柒兩壹錢陸
分叁釐應令安徽江蘇各巡撫於文到日迅即
派委妥員解赴湖北藩庫以供支用並令湖北
巡撫將所撥銀兩作正開除造入下屆冊内報
部查核仍俟安徽江蘇貳省解到收明之日專
案題報查核等因咨院行司奉經在於本年春
撥現報之地丁銀内動撥銀壹拾肆萬柒千伍
百玖拾柒兩壹錢陸分叁釐分批委員解赴湖
北藩庫兌收在案該署蘇州布政使裕謙查得
奉部撥解湖北省道光拾陸年兵餉銀壹拾肆
萬柒千伍百玖拾柒兩壹錢陸分叁釐行令在
於本年春撥現報之地丁銀内動解業經分作

貳批飭委試用通判李初圻試用府經歷張訓
書等管解均經給咨牌並掛發號批飭發領
解旋據頭批委員李初圻赴司領銀壹拾萬兩
分裝壹百鞘貳批委員張訓書赴司領銀肆萬
柒千伍百玖拾柒兩壹錢陸分叁釐分裝肆拾
柒鞘餘銀固封均於道光拾陸年伍月貳拾肆
日起程由水路運至儀徵起旱解赴湖北藩司
衙門交納去後理合造具動款冊詳送具
題並請咨明戶部暨湖北撫院查照至例給水脚
鞘箱等銀核計應給頭批委員李初圻水脚銀
玖拾玖兩鞘箱銀叁拾兩貳批委員張訓書水
脚銀柒拾捌兩伍錢叁分伍釐鞘箱銀壹拾肆

兩壹錢統共應給水脚鞘箱銀貳百貳拾壹兩
陸錢叁分伍釐當經詳明在於司庫收存屬解
道光拾伍年地丁杠脚項下動給備辦等情據
此該司查得奉部撥解湖北省兵餉銀壹拾肆
萬柒千伍百玖拾柒兩零先經行司委員起解
在案茲據署蘇州布政使裕謙詳稱奉撥湖北
省兵餉銀兩分作貳批起解飭委試用通判李
初圻試用府經歷張訓書等管解均經詳給咨
牌掛批飭發領解旋據頭批委員李初圻赴司
領銀壹拾萬兩分裝壹百鞘貳批委員張訓書
領銀肆萬柒千伍百玖拾柒兩零分裝肆拾柒
鞘餘銀面封均於道光拾陸年伍月貳拾肆日

江蘇巡撫林則徐題本 題報委解湖北省兵餉銀數並起程日期
道光十六年七月初一日

起程由水路運至儀徵起旱解赴湖北藩司衙
門交納造具動款清冊詳候具
題並請咨明戶部暨湖北撫院查照至例給水脚
鞘箍等銀核計應給頭批委員李初圻水脚銀
玖拾玖兩鞘箍銀叁拾兩貳批委員張訓書水
脚銀柒拾捌兩零鞘箍銀壹拾肆兩零共應給
水脚鞘箍銀貳百貳拾壹兩零在於司庫屬解
道光拾伍年地丁杠脚項下動給備辦合并聲
明等情前來臣覆核無異除冊送部查核外相
應具
題伏乞
皇上聖鑒勅部查照施行謹具題

聞

道光拾陸年柒月初壹日兵部右侍郎兼都察院右副都御史巡撫江寧等處地方提督軍務總理糧儲臣林則徐

一六 江蘇巡撫林則徐題本 題報委解湖北省兵餉銀數並起程日期

道光十六年七月初一日

兵部侍郎兼都察院右副都御史巡撫江蘇等處地方提督軍務兼理糧儲臣林則徐謹

題爲奉部撥解湖北省兵餉銀兩事該臣查得奉撥湖北省兵餉銀壹拾肆萬柒千伍百玖拾柒兩零行據署蘇州布政使裕謙詳稱奉撥銀兩分作貳批起解飭委試用通判李初圻試用府經歷張訓書等管解據頭批委員李初圻赴司領銀壹拾萬兩貳批委員張訓書領銀肆萬柒千伍百玖拾柒兩零均於道光拾陸年伍月貳拾肆日起程造冊詳候具

題至例給水脚鞘箍等銀貳百貳拾壹兩零在於司庫屬解扛脚項下動給備辦合并聲明等情前來臣覆核無異除冊送部外謹具題

聞

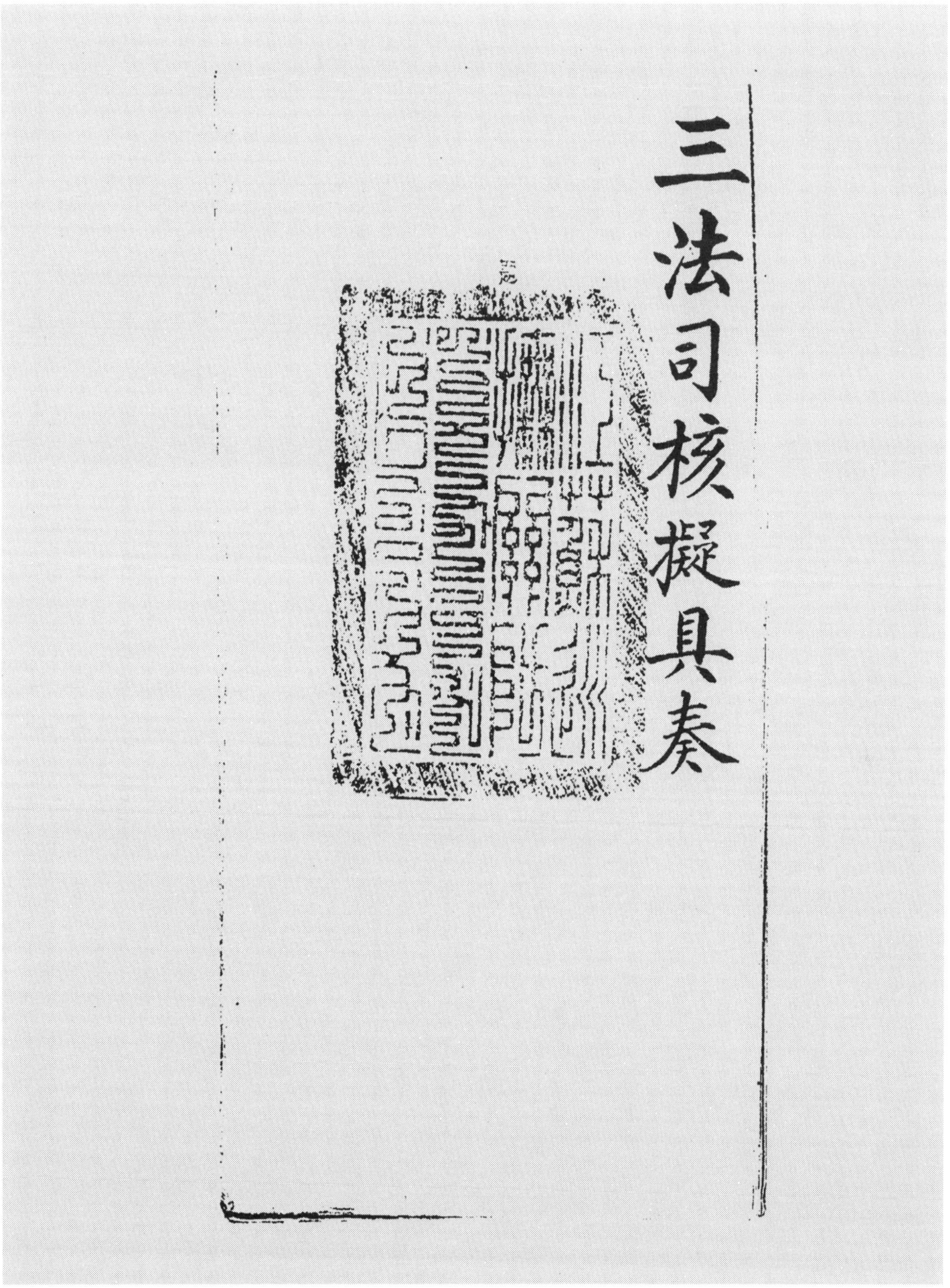

三法司核擬具奏

江蘇巡撫林則徐題本　審明銅山縣民張升傷斃周士俊案擬絞監候

道光十六年七月初一日

江蘇巡撫林則徐題本 審明銅山縣民張升傷斃周士俊案擬絞監候

道光十六年七月初一日

兵部侍郎兼都察院右副都御史巡撫江蘇等處地方提督軍務兼理糧餉臣林則徐謹
題為報明事據署江蘇按察使積拉明阿詳據署
徐州府知府王皓炳詳據署銅山縣知縣王文
炳詳稱查該管卷內道光拾伍年玖月貳拾陸
日據地保梁宗報據民婦周張氏投稱玖月貳
拾陸日伊子周士俊路過田喜門首適張升向
田喜索欠爭毆伊子被張升誤傷偏左身死等
語往查屬實報候驗究等情並據周張氏同報
到縣經代理縣張書紳帶領吏仵前詣屍所如
法相驗據仵作熊信喝報已死周士俊問年肆
拾叁歲驗得仰面致命偏左木器傷壹處長壹
寸貳分寬肆分皮破骨損血污餘無故委係受

傷身死報單觀驗無異飭起兇器木棍比對傷
痕相符填格取結屍飭棺殮隨訊據地保梁宗
供與報詞同據鄰證劉七葉祿同供道光拾伍
年玖月貳拾陸日傍晚小的們聽得門外吵鬧
趕出查看見張升用木棍向田喜毆打田喜閃
避適周士俊路過正走到田喜背後致被張升
誤傷偏左倒地小的們趕勸無及向張升查問
據說因向田喜索欠爭毆誤傷的話不料周士
俊傷重過不一會就死了小的們通知他母親
周張氏看明投保報驗的小的們勸阻不及是
實據屍母周張氏供周士俊是兒子與張升田
喜素不認識道光拾伍年玖月貳拾陸日兒子

外出沒回傍晚時節七案標來向婦人說張升
向田喜索欠爭毆適兒子路過正走到田喜背
後致被張升誤傷偏左身死的話婦人前去看
明投保報驗的求究等據應訊田喜供銅山縣
人年貳拾壹歲與周士俊素不認識道光拾伍
年柒月間小的向莊鄰張升借錢貳千文屢討
沒還玖月貳拾陸日傍晚小的站在門外張升
路過向小的索討小的斥他不應追逼張升不
服致此口角小的用拳向毆張升順用木棍回
毆小的閃避適周士俊路過門首正走到小的
背後致被張升誤傷偏左倒地不料周士俊傷
重過不一會死了並沒起釁別故是實據兇犯

江蘇巡撫林則徐題本　審明銅山縣民張升傷斃周士俊案擬絞監候　道光十六年七月初一日

張升係銅山縣人年叁拾壹歲父親已故母親
實氏年柒拾壹歲哥子張得並沒妻子與周士
俊素不認識道光拾伍年柒月間莊鄰田喜向
小的借錢壹千文屢討沒還玖月貳拾陸日傍
晚小的赴田看守攜帶木棍防身從田喜門首
經過見他站在門外小的又向索討田喜斥說
不應追逼小的不服彼此口角田喜用拳向小
的毆打小的順用木棍回毆田喜閃避適周士
俊路過正走到田喜背後小的收手不及致誤
傷周士俊偏左倒地劉七們走來問明情由不
料周士俊傷重過不一會死了實因索欠爭毆
誤傷身死並非有心欲殺也沒起釁別故及在

場幫毆的人木棍已蒙起案是實各等供據此
將犯收禁錄供通詳奉批飭審前代理縣張書
紳未及審解卸事甲職回任隨提覆訊各供均
與前縣所審相同不敘外該署銅山縣知縣王
文炳審看得民人張升誤傷周士俊身死壹案
緣張升籍隸銅山與周士俊素不認識道光拾
伍年柒月有田喜向張升借錢貳千文屢索無
償玖月貳拾陸日傍晚張升赴田看守稻帶木
棍防身路過田喜門首見田喜站在門外復向
索欠田喜斥其不應追逼張升不服彼此口角
田喜用拳向毆張升順用木棍回毆田喜閃避
適周士俊路過門首正走至田喜背後張升收

手不及致誤傷周士俊偏左倒地鄰人劉七等趕勸無及詎周士俊傷重旋即殞命報縣驗訊通詳奉批飭審遵復提犯研鞫據供前情不諱詰非有心致死亦無起釁別故及在場幫毆之人案無遁飾查律載因鬬毆而誤殺旁人者以鬬殺論又鬬毆殺人者不問手足他物金刃並絞監候各等語此案張升因向田喜索欠爭毆誤傷周士俊身死應按律問擬張升合依鬬毆而誤殺旁人以鬬殺論鬬殺者絞律擬絞監候秋後處決田喜肇釁釀命應照不應重律杖捌拾折責發落所欠錢文照追給領無干省釋屍棺飭屬領埋兇器木棍解驗等情由府審解到

江蘇巡撫林則徐題本　審明銅山縣民張升傷斃周士俊案擬絞監候

道光十六年七月初一日

司該署江蘇按察使積拉明阿提犯親審核擬
無異解候勘
題等情詳解到臣提犯親審無異該臣看得銅山
縣民張升誤傷周士俊身死壹案緣張升籍隸
銅山與周士俊素不認識道光拾伍年柒月有
田喜向張升借錢貳千文屢索無償玖月貳拾
陸日傍晚張升赴田看守攜帶木棍防身路過
田喜門首見田喜站在門外復向索欠田喜斥
其不應追逼張升不服彼此口角田喜用拳向
毆張升順用木棍回毆田喜閃避適周士俊路
過門首正走至田喜背後張升收手不及致誤
傷周士俊偏左倒地鄰人劉七等趕勸無及詎

周士俊傷重旋即殞命報驗訊詳審供不諱詰
非有心致死亦無起釁別故及在場幫毆之人
案無遁飾查律載因鬭毆而誤殺旁人者以鬭
殺論又鬭毆殺人者不問手足他物金刃並絞
監候各等語此案張升因向田喜索欠爭毆誤
傷周士俊身死應按律問擬張升合依鬭毆而
誤殺旁人以鬭殺論鬭殺者絞律擬絞監候秋
後處決田喜肇釁釀命應照不應重律杖捌拾
折責發落所欠錢文照追給領無干省釋屍棺
飭埋兇器木棍發回案結銷毀已謹具
題伏乞
皇上聖鑒勅下三法司核覆施行再此案審限應以

道光拾伍年玖月贰拾陆报官之日起前代理
縣張書紳未及審解於拾壹月拾陸日卸事計
歷審壹箇月零貳拾日該署縣王文炳即於是
日回任接審前官歷審過半例得加展壹箇半
月又前官剩限壹箇月零拾日并封印壹月又
自縣由府解司程限貳拾柒日統應扣至拾陸
年柒月初捌日全限屆滿合並陳明謹題請
旨

江蘇巡撫林則徐題本　審明銅山縣民張升傷斃周士俊案擬絞監候

道光十六年七月初一日

道光[illegible]地方提督軍務總理糧儲臣林則徐

兵部侍郎兼都察院右副都御史巡撫江蘇等處地方提督軍務總理糧儲臣林則徐謹

題爲報明事該臣看得銅山縣民張升誤傷周士俊身死壹案緣張升與周士俊素不認識道光拾伍年柒月有田喜向張升借錢貳千文屢索無償玖月貳拾陸日傍晚張升赴田看守攜帶木棍防身路過田喜門首見田喜站在門外復向索欠田喜斥其不應追逼張升不服彼此口角田喜用拳向毆張升順用木棍回毆田喜閃避適周士俊路過門首正走至田喜背後張升收手不及致誤傷周士俊偏左倒地詎周士俊傷重旋即殞命報驗訊詳審供不諱張升依鬬毆而誤殺旁人以鬬殺論鬬殺者絞律擬絞監候秋後處決謹題請

旨

兩江總督陶澍江蘇巡撫林則徐奏摺　**寶應縣捐修城垣營房工程驗收完竣出力官紳請旨獎敘**

奏

兩江總督陶澍江蘇巡撫林則徐奏摺　寶應縣捐修城垣營房工程驗收完竣出力官紳請旨奬叙

道光十六年七月初七日

兩江總督臣陶澍
江蘇巡撫臣林則徐　跪

奏為捐修城垣營房工程驗收如式請將捐輸出力之官紳富户開單懇

恩獎敘以示鼓勵仰祈

聖鑒事竊據揚州府寶應縣知縣唐汝明詳稱該縣城垣自道光元三等年先後間段坍倒

奏准動項修理後因逼近運河沙土浮鬆易於坍損歷年來該城東西北角等處間段倒塌五處共計八十餘丈又舊北敵臺一座三面共長三丈五尺周身皴裂應行拆修現在倒坍缺口雖經派撥兵役巡守究不能盡徵慎密且因循不辦必致坍塌過甚需費益多惟

國家經費有常未敢遽請動項呈請委員勘估勸
捐興修當飭籌辦去後旋據該縣唐汝明倡捐
銀一千兩揚河通判陳勲文亦捐銀一千兩邀
集紳士富户妥為勸捐經紳士吏部尚書朱士
彦捐銀三百兩並經董率捐辦陸續共捐銀二
萬一千七百七十八兩零當即購料於道光十
五年四月十四日開工十二月二十日一律完
竣飭據揚州府知府劉源灝親詣驗收俱係照
估如式修理完整並無偷減草率連各城門添
設卡房五處計共用銀二萬九百八十六兩零
尚餘剩銀七百九十二兩零因寶應縣境内黄
浦等八汛營房前於道光十年間彙案

奏准修理仍因停工未辦即將修城剩銀作為營
房工用不敷銀兩由縣捐修現已修理完竣查
此項城垣營房印委各員及董事倡捐勸捐催
督興辦實屬事事認真所有捐輸出力各官紳
自應量加獎勵以昭激勸據江寧布政使楊簧
開摺詳請具
奏前來臣等覆查寶應縣城垣營房等工攸關保
障巡防因年久坍塌需費較多經該縣及紳董
勸捐興辦現已工程完固安奠民居實屬成效
已臻除原任吏部尚書朱士彥係屬大員不敢
仰邀獎勵外其倡捐督修勞蹟最著之印委各
員及踴躍輸將各捐戶仰懇

聖恩分别獎勵以為急公者勸此外尚有寶應汛協
防外委吳錦方高寶營經制効用吉元太在工
彈壓不辭辛勤應由臣等並咨會河臣存記遇
有把總外委缺出分别儘先拔補捐銀在三百
兩以下各户亦即由臣等在外給獎仍飭取各
捐户履歷另行咨部給照謹合詞恭摺具
奏並繕清單敬呈
御覽伏乞
皇上聖鑒訓示再此項工程係民捐民辦應請免其
造册報銷合併陳明謹
奏

另有旨

兩江總督陶澍江蘇巡撫林則徐奏摺　寶應縣捐修城垣營房工程驗收完竣出力官紳請旨獎叙　道光十六年七月初七日

道光十六年七月　初七　日

上諭　林則徐奏華亭縣沿海一帶石塘修築完竣著免造冊報銷

道光十六年七月初十日內閣奉
上諭林則徐奏驗收捐修塘工請免報銷等語江蘇
華亭縣沿海一帶石塘間多衝壞據該撫查明最
險各工均已修築完竣此項工程均係官民員捐辦
著免其造冊報銷該部知道欽此

上諭　著林則徐保奏蘇松太河道捐辦尤為出力各員

道光十六年七月初十日内閣奉

上諭林則徐奏蘇松太三府州挑辦河道驗收如式

一摺此項工程除借款之瓜涇港楊林河應造册

報銷外其餘捐辦各工著免其造報其在工各員

著該撫擇其尤為出力者酌量保奏候朕施恩毋

許冒濫欽此

上諭　林則徐奏請獎勵捐修海塘各工官紳著吏部議奏

道光十六年七月初十日内閣奉
上諭林則徐奏請將捐修海塘各工官紳分别奬勵
一摺又另片奏在工最為出力之鎮洋縣訓導洪
炯以知縣簽掣省分歸入議敘班挨次補用等語
俱著吏部議奏單併發欽此

江蘇巡撫林則徐題本

題報常鎮通海道王協夢接管揚關由閘稅務日期

江蘇巡撫林則徐題本　題報常鎮通海道王協夢接管揚關由閘稅務日期　道光十六年七月十一日

兵部侍郎兼都察院右副都御史巡撫江蘇等處地方提督軍務總理糧儲臣林則徐謹

題爲恭報委管揚關由閘稅務日期仰祈

聖鑒事竊照揚州關由閘稅務前經臣飭委護理常

鎮通海道劉源灝管理業將接管日期恭疏

題報在案茲查新任常鎮通海道王協夢業已到

省所有揚州關及由閘稅務應令該道兼管今

據常鎮道王協夢詳報遵於道光拾陸年陸月

拾伍日接管揚關由閘稅務循例詳請

題報前來臣仍督飭認真經理實力稽徵並令將

前任護理常鎮通海道劉源灝經手關閘稅課

錢糧趕緊接收清楚外相應恭疏

題報伏乞

江蘇巡撫林則徐題本 題報常鎮通海道王協夢接管揚關由閘稅務日期 道光十六年七月十一日

皇上聖鑒勅部查照施行謹具題

聞

道光十六年七月十一日 兵部侍郎兼都察院右副都御史巡撫江蘇等處地方提督軍務總理糧儲臣林則徐

江蘇巡撫林則徐題本　題報常鎮通海道王協夢接管揚關由閘稅務日期　道光十六年七月十一日

兵部侍郎兼都察院右副都御史巡撫江蘇等處地方提督軍務總理糧儲臣林則徐謹

題爲恭報委管揚關由閘稅務日期仰祈

聖鑒事竊照揚州關由閘稅務前經臣飭委護理常鎮通海道劉源灝管理業將接管日期恭疏

題報在案茲查新任常鎮通海道王協夢業已到省所有揚州關及由閘稅務應令該道兼管今據常鎮道王協夢詳報遵於道光拾陸年陸月拾伍日接管揚關由閘稅務循例詳請

題報前來臣仍督飭認真經理實力稽徵並令將關閘稅課錢糧接收清楚外謹具題

聞

江蘇巡撫林則徐題本　驗明清河縣民翁狗子傷斃王雨案擬絞監候

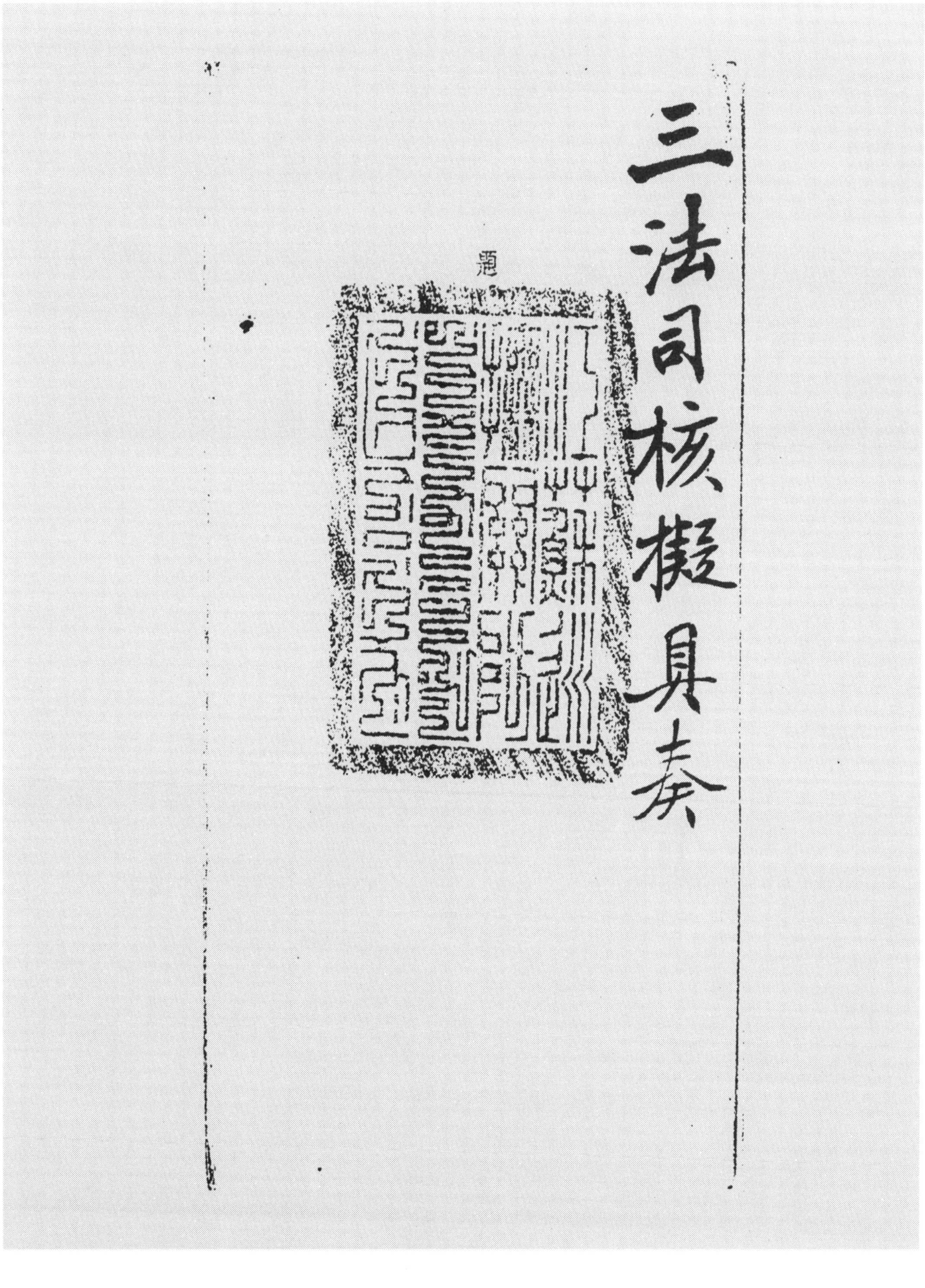
三法司核擬具奏

題

江蘇巡撫林則徐題本　驗明清河縣民翁狗子傷斃王雨案擬絞監候

道光十六年七月十一日

兵部侍郎兼都察院右副都御史巡撫江蘇等處地方提督軍務總理糧儲臣林則徐謹
題爲報驗事據署江蘇按察使積拉明阿詳據淮
安府知府周燾詳據署清河縣知縣陳廷連詳
稱查接管卷內道光拾伍年玖月拾捌日據地
保劉成報據監生吳補投稱伊雇翁狗子王雨
在家做工玖月拾柒日更餘時王雨向翁狗子
索欠爭毆翁狗子拾瓶擲傷王雨左腮頰身死
等語往查屬實報候驗究等情到縣前縣陶焜
午隨帶吏仵前詣屍所如法相驗據仵作曹珠
喝報已死王雨問年叁拾柒歲驗得仰面不致
命左腮頰相連合面致命左耳根瓶傷壹處斜
長叁寸柒分寬貳寸柒分青紅色餘無故委係

受傷身死報畢親驗無異塡格取結屍飭棺殮
隨提集犯證研訊據地保劉成供與報詞同據
監生吳楠供王雨與翁狗子都是雇工道光拾
伍年玖月拾柒日更餘時王雨向翁狗子索欠
爭罵王雨向翁狗子撲打翁狗子逃跑王雨追
毆翁狗子拾瓢嚇擲致傷王雨左腮頰連左耳
根倒地是孫二勸散監生查明情由不料王雨
傷重停了一會就死了通知屍兄王克立投保
報驗的並沒起釁別故是實據見證孫二供道
光拾伍年玖月拾柒日更餘時候王雨向翁狗
子索欠央緩不允彼此爭罵王雨向翁狗子撲
打翁狗子逃跑王雨追毆翁狗子順拾地上瓢

塊嚇擲適傷王雨左腮頰連左耳根倒地小的
趕上勸散不料王雨傷重停了一會就死了小
的勸阻不及是實據屍兄王克立供已死王雨
是胞弟向在吳楠家幫工度日道光拾伍年玖
月拾柒日更餘時候吳楠來告知小的說兄弟
因向翁狗子索欠爭毆翁狗子拾甎擲傷兄弟
左耳根相連左腮頰的話小的趕去查看兄弟
已不能言語停了一會就死了小的細細查問
實因索欠起釁被翁狗子擲傷身死並沒別故
求究訊據兇犯翁狗子供清河縣人年貳拾歲
父母俱故並無弟兄妻子小的向在吳楠家幫
工度日王雨是同主雇工素好無嫌道光拾伍

年玖月拾陸日小的向王兩借錢叁拾文拾柒
日更餘候王兩向小的索討小的無錢懇緩王
兩不依混罵小的回罵王兩向小的撲打小的
逃避王兩追毆小的情急順拾地上甎塊嚇擲
適傷王兩左耳根相連左腮頰倒地是孫二勸
散不料王兩傷重停了一會就死了並非有心
致死也沒起釁別故及在場幫毆的人甎塊已
經撩掉是實各等供據此將犯收禁錄供通詳
奉批審解前縣陶焜午未及覆審於拾壹月拾
伍日卸事卑縣陳廷連是日到任接准移交即
據禁卒稟報翁狗子在監患病醫治詳咨至拾
貳月初壹日報痊隨提犯證覆訊各供均與前

江蘇巡撫林則徐題本 驗明清河縣民翁狗子傷斃王雨案擬絞監候

道光十六年七月十一日

縣所訊相同不敘外該署清河縣知縣陳廷連
審看得民人翁狗子擲傷王雨身死壹案緣翁
狗子籍隸清河與王雨同在吳楠家幫工素好
無嫌道光拾伍年玖月拾陸日翁狗子向王雨
借錢叁拾文拾柒日更餘時分王雨索討前欠
翁狗子無錢懇緩王雨不依混罵翁狗子回詈
王雨撲毆翁狗子逃避王雨追趕翁狗子情急
順拾地上甎塊嚇擲適傷王雨左耳根連左腮
頰倒地經孫二勸散詎王雨傷重移時殞命報
經前縣陶焜午驗訊通詳旋即卸事卑縣抵任
遵複提犯研鞫據供前情不諱詰非有心欲殺
亦無起釁別故及在場幫毆之人案無遁飾查

律載鬭毆殺人者不問手足他物金刃並絞監
候等語此案翁狗子拾甎擲傷王雨身死應按
律問擬翁狗子合依鬭毆殺人者不問手足他
物金刃並絞律擬絞監候秋後處決所欠錢文
照追給屍屬收領孫二勸阻不及應無庸議無
干省釋屍棺飭屬領埋兇器甎塊供棄免追等
情由府審解到司該署江蘇按察使積拉明阿
提犯親訊核擬無異解候勘
題等情招解到臣適臣前赴寶山等處查勘海塘
順便驗收新挑河道公出檄委署蘇州布政使
裕謙提犯審供相符臣覆核無異該臣看得清
河縣民翁狗子擲傷王雨身死一案緣翁狗子

藉隸清河與王雨同在吳楠家幫工素好無嫌
道光拾伍年玖月拾陸日翁狗子向王雨借錢
叁拾文拾柒日更餘時分王雨索討前欠翁狗
子無錢懇緩王雨不依混罵翁狗子回詈王雨
撲毆翁狗子逃避王雨追趕翁狗子情急順拾
地上甎塊嚇擲適傷王雨左耳根連左腮頰倒
地經孫二勸散詎王雨傷重移時殞命報驗訊
詳審供不諱詰非有心欲殺亦無起釁別故及
在場幫毆之人案無遁飾查律載鬬毆殺人者
不問手足他物金刃並絞監候等語此案翁狗
子拾甎擲傷王雨身死應按律問擬翁狗子合
依鬬毆殺人者不問手、足他物金刃並絞律擬

絞監候秋後處決所欠錢文照追給屬收領孫
二勸阻不及應無庸議無干省釋屍棺飭埋兇
器甎塊供棄免追臣謹具
題伏乞
皇上聖鑒勅下三法司核覆施行再此案審限應以
道光拾伍年玖月拾捌日報驗之日起前縣陶烺
午未及審解於拾壹月拾伍日卸事計歷審壹
箇月零貳拾柒日該署縣陳廷連卸於是日到
任前官歷審過半例得扣半加展連前官剩限
壹箇月零叁日又犯病拾柒日封印壹月自縣
由府解司程限拾陸日統應扣至拾陸年柒月
初陸日全限屆滿合并陳明謹題請

一六　江蘇巡撫林則徐題本　驗明清河縣民翁狗子傷斃王雨案擬絞監候

道光十六年七月十一日

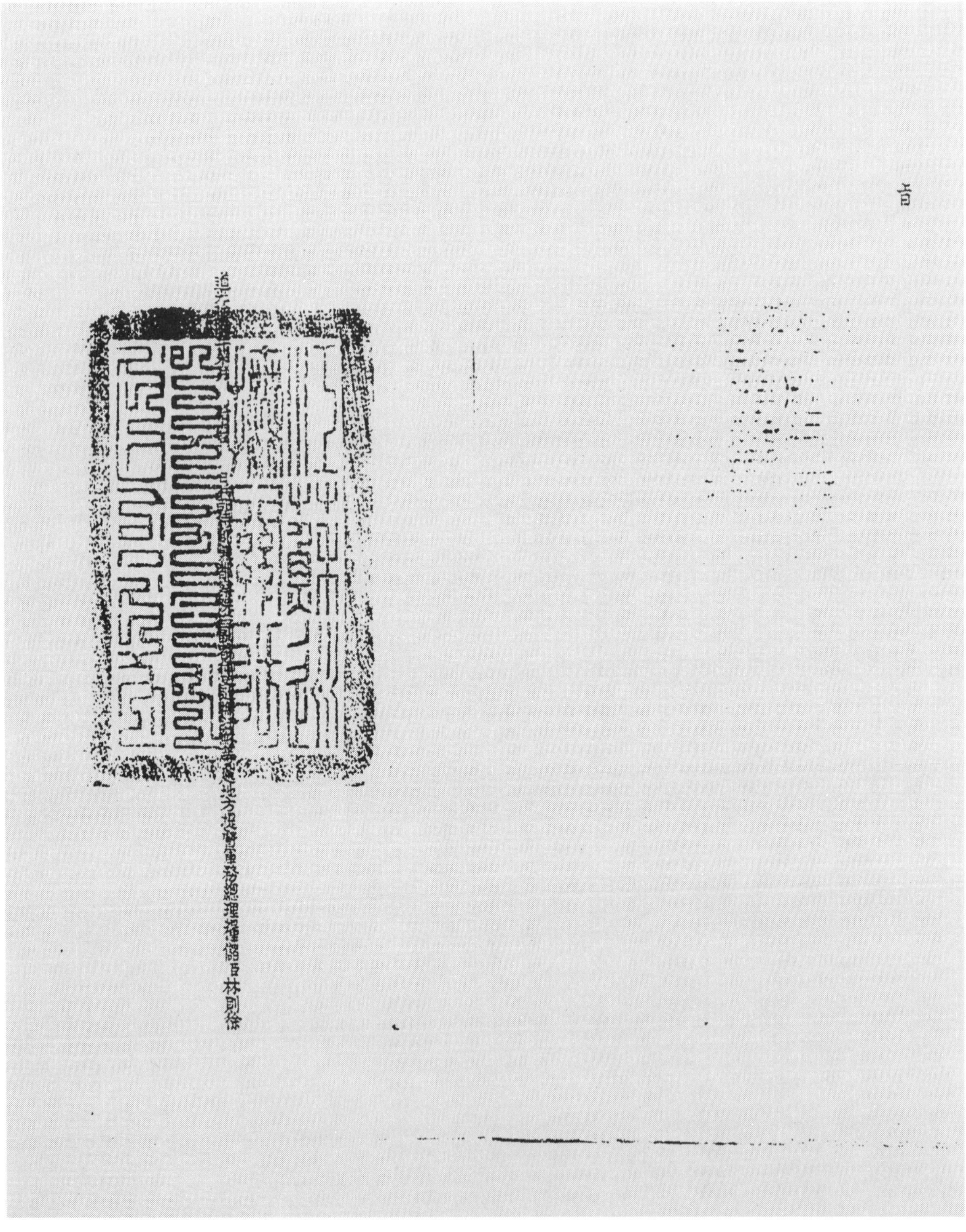
旨

道光

方提督軍務總理糧儲臣林則徐

江蘇巡撫林則徐題本　驗明清河縣民翁狗子傷斃王雨案擬絞監候

道光十六年七月十一日

兵部侍郎兼都察院右副都御史巡撫江蘇等處地方提督軍務總理糧儲臣林則徐謹

題爲報驗事。該臣看得清河縣民翁狗子擲傷王雨身死壹案，緣翁狗子與王雨同在吳楠家幫工，素好無嫌。道光拾伍年玖月拾陸日，翁狗子向王雨借錢叁拾文，拾柒日更餘時分，王雨索討前欠，翁狗子無錢懇緩，王雨不依混罵，翁狗子回詈，王雨撲毆，翁狗子逃避，王雨追趕，翁狗子情急，順拾地上甎塊嚇擲，適傷王雨左耳根連左腮頰倒地，詎王雨傷重，移時殞命。報驗訊詳，審供不諱。翁狗子依鬬毆殺人律擬絞監候，秋後處決。謹題請

旨

江蘇巡撫林則徐題本　**驗明豐縣民王札傷斃王于氏案擬絞監候**

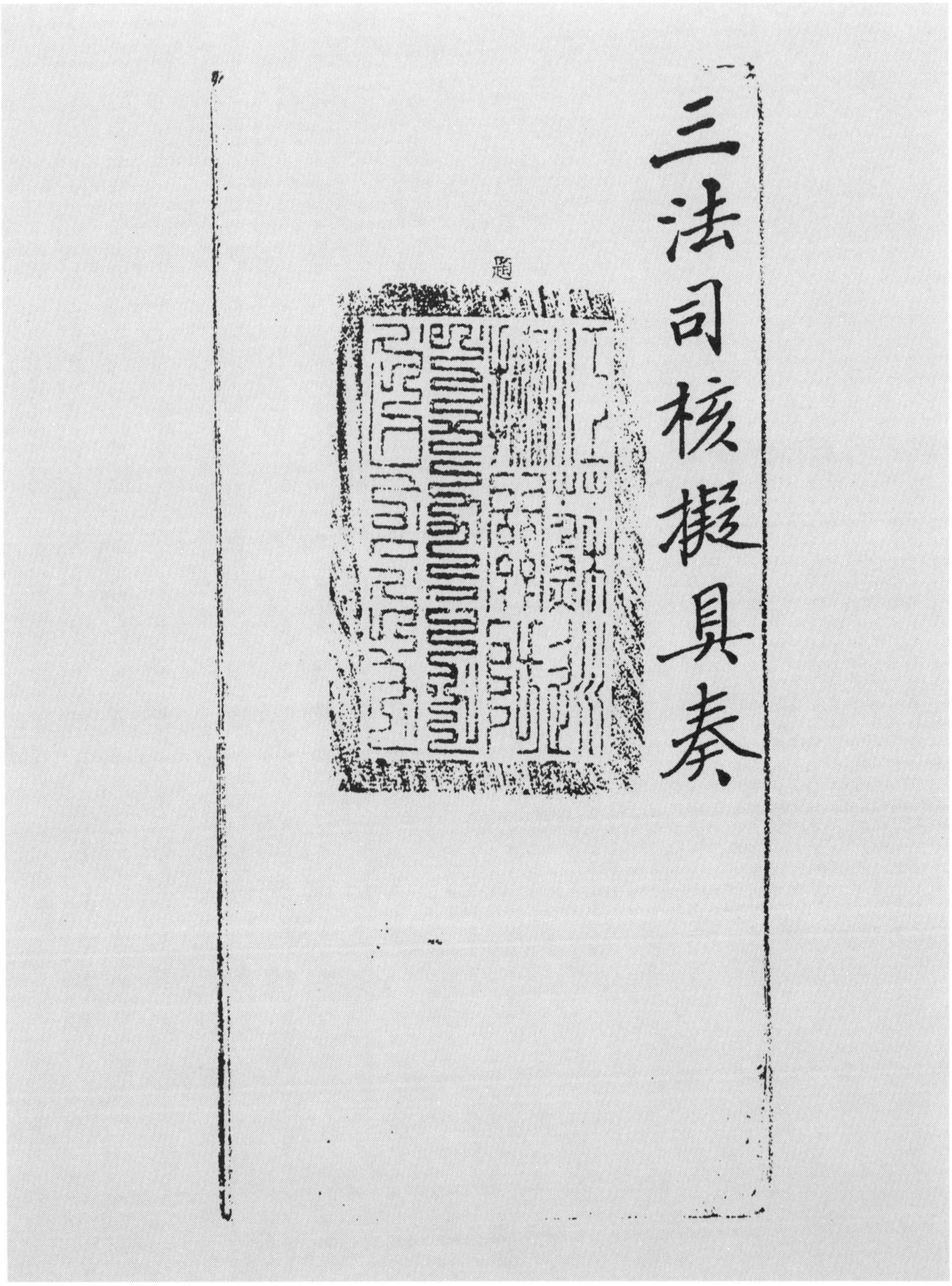
三法司核擬具奏
題

兵部侍郎兼都察院右副都御史巡撫江蘇等處地方提督軍務總理糧儲臣林則徐謹
題爲報明事據署江蘇按察使積拉明阿詳據署
徐州府知府王啓炳詳據豐縣知縣王元本詳
稱道光拾伍年拾月拾柒日據地保李懷報據
民人王西同投稱拾柒日早伊趕集外出有無
服族姪王札往伊家索欠伊妻于氏央緩不允
口角爭毆王札用刀戳傷伊妻左後肋身死等
語往查屬實王札業已逃避理合報驗等情並
據王西同報同前由據即帶領吏仵前詣屍所
如法相驗據仵作侯榮喝報已死王于氏問年
陸拾捌歲驗得合面不致命左後肋刀傷壹處
斜長壹寸寬叁分深透內皮肉捲縮血污下身

江蘇巡撫林則徐題本　驗明豐縣民王札傷斃王于氏案擬絞監候
道光十六年七月十一日

據屍夫王西同結求免驗餘無故委係受傷身
死報畢親驗無異填格取結屍飭棺殮訊據保
鄰屍親人等供與報詞無異比差勒緝王札去
後正在詳報間旋於拾壹月拾伍日准前任宿
遷縣知縣張志遂移據家丁俞升會同甲縣緝
役史朋等拏獲王札解縣隨提集人證訊據地
保李懷供與報詞同據鄰證王西平供王札是
王西同無服族姪道光拾伍年拾月拾柒日小
的聽得王西同家吵鬧趕去查看見王札向王
西同的妻子王于氏嚷說不該縮他錢文兩下
爭罵王于氏拏著木棒向毆王札閃避把木棒
奪過丟棄王于氏撲向撞頭王札扳出身佩小

刀戳傷王于氏左後肋倒地小的趕攏喝勸王
札跑走小的通知王西同回家看明不料王于
氏傷重過不一會死了小的勸阻不及是實據
屍夫王西同供于氏是妻子道光拾伍年春間
小的向無服族姪王札借錢貳千伍百文沒有
歸還拾月拾柒日小的出外趕集王西平通知
小的說王札來家索欠與妻子爭罵妻子被王
札戳傷倒地的話小的趕回查看不料妻子傷
重過不一會死了小的投保報驗的求究抵據
兇犯王札供豐縣人年叁拾肆歲父母俱故並
沒兄弟妻子王于氏是小的無服族叔王西同
的妻子同莊居住並沒嫌隙道光拾伍年春間

王西同向小的借錢貳千伍百文屢討沒還拾
月拾柒日早小的路過王西同門首進內索討
前欠王西同出外未回王于氏說要再緩小的
不允說他有心騙賴王于氏生氣斥罵小的回
罵王于氏拏木棒向小的毆打小的閃避把木
棒奪過丟棄王于氏撲攏撞頭拚命小的一時
情急順從身佩小刀嚇戳不料他撲攏勢猛收
手不及致戳傷他左後肋倒地是王西平喝勸
小的跑走那知王于氏傷重身死小的逃往各
處躲避後被拏獲解案的並非有心欲殺也沒
起釁別故及幫毆的人逃後更沒另犯不法及
知情容留人家兇器小刀現存在家可以查起

是實等供據此將犯收禁飭據該差在王札家
起出兇刀比對拾填屍傷相符當即貯庫詳蒙
札飭審解發提覆訊各供均與前審無異不敘
外該豐縣知縣王元本審看得縣民王札毆傷
無服族嬸王于氏身死壹案緣王札籍隸豐縣
與無服族嬸王于氏同莊居住素無嫌隙道光
拾伍年春間王于氏之夫王西同借欠王札錢
貳千伍百文屢索未償拾月拾柒日王札路過
王西同門首進內索討適王西同趕集外出王
于氏仍欲寬緩王札不允斥其有心騙賴王于
氏生氣斥罵王札回罵王于氏端取木棒向毆
王札閃避將木棒奪棄王于氏撲向撞頭拚命

王札情急順拔身佩小刀嚇戳因王于氏撲攏奪搶收手不及適傷其左後肋倒地經王西平勸散詎王于氏傷重逾時殞命報縣詣驗獲犯訊供通詳蒙批飭審遵復提犯研鞫據供前情不諱詰非有心欲殺亦無起釁別故衆無遁飾查律載同姓服盡親屬相毆至死以凡論又鬬毆殺人者不問手足他物金刃並絞監候各等語此案王札用刀戳傷無服族嬸王于氏身死應按律問擬王札合依同姓服盡親屬相毆至死以凡論鬬殺者絞律擬絞監候秋後處決王西平勸阻不及應無庸議王西同妻被毆死所欠錢文應請免徵無干省釋屍棺飭埋兇器小

刀解驗等情由府審解到司該署江蘇按察使
積放羽方提犯親審據供無異解候勘
題等情招解到臣提犯親審無異該臣看得豐縣
民王札傷斃無服族嬸王于氏身死壹案緣王
札籍隸豐縣與無服族嬸王于氏同莊居住素
無嫌隙道光拾伍年春間王于氏之夫王西同
信欠王札錢貳千伍百文屢索未償拾月拾柒
日王札路過王西同門首進內索討適王西同
趕集外出王于氏仍欲寬緩王札不允斥其有
心騙賴王于氏生氣斥罵王札回詈王于氏攜
取木棒向毆王札閃避將木棒奪棄王于氏撲
向撞頭拚命王札情急順拔身佩小刀嚇戳囟

王于氏撲攏勢猛致手不及適傷其左後肋倒
地經王西平勸散詎王于氏傷重逾時殞命報
驗獲犯訊詳審供不諱詰非有心欲殺亦無起
釁別故案無遁飾查律載同姓服盡親屬相毆
至死以凡論又鬬毆殺人者不問手足他物金
刃並絞監候各等語此案王札用刀戳傷無服
族嬸王于氏身死應按律問擬王札合依同姓
服盡親屬相毆至死以凡論鬬殺者絞律擬絞
監候秋後處決王西平勸阻不及應無庸議王
西同妻被毆死所欠錢文應予免徵無干省釋
屍棺飭埋兇刀發回貯庫臣謹具
題伏乞

皇上聖鑒敕下三法司核覆施行再此案審限應以

道光拾伍年拾壹月拾伍日獲犯之日起除封印

並一月又由徐州府解司程限貳拾玖日統應扣

至拾陸年柒月拾肆日全限屆滿合並陳明謹

題請

旨

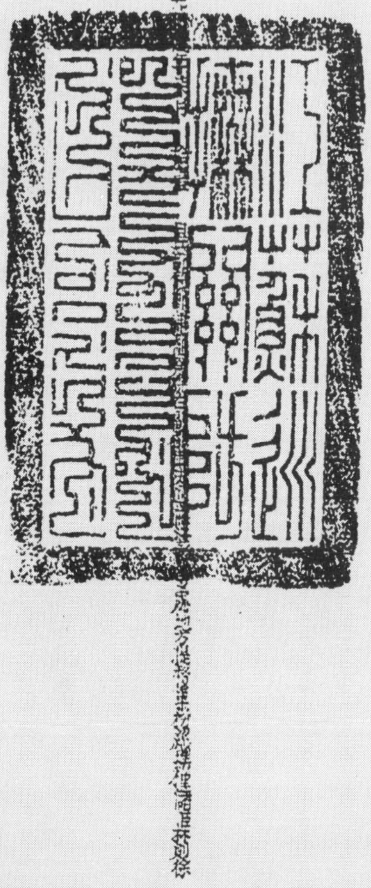

道光[illegible]林則徐

江蘇巡撫林則徐題本　驗明豐縣民王札傷斃王于氏案擬絞監候
道光十六年七月十一日

兵部侍郎兼都察院右副都御史巡撫江蘇等處地方提督軍務總理糧儲臣林則徐謹
題
為驗明事該臣看得豐縣民王札戳傷無服族
嬸王于氏身死一案緣王札與無服族嬸王于
氏同莊居住素無嫌隙道光拾伍年春間王于
氏之夫王西同借欠王札錢文屢索未償拾月
拾柒日王札路遇王西同門首進內索討適王
西同趕集外出王于氏仍欲寬緩王札不允斥
其有心賴騙王于氏生氣斥罵王札回詈王于
氏攜取木棒向毆王札閃避將木棒奪棄王于
氏撲向撞頭拚命王札情急順拔身佩小刀嚇
戳因王于氏撲攏勢猛收手不及適傷其左後
肋倒地詎王于氏傷重逾時殞命報驗獲犯訊
詳審供不諱王札依同姓服盡親屬相毆至死
以凡論鬭殺者絞律擬絞監候秋後處決謹題
請
旨

江蘇巡撫林則徐題本　題報上海丹徒縣道光十五年陞科田畝並應徵銀米數

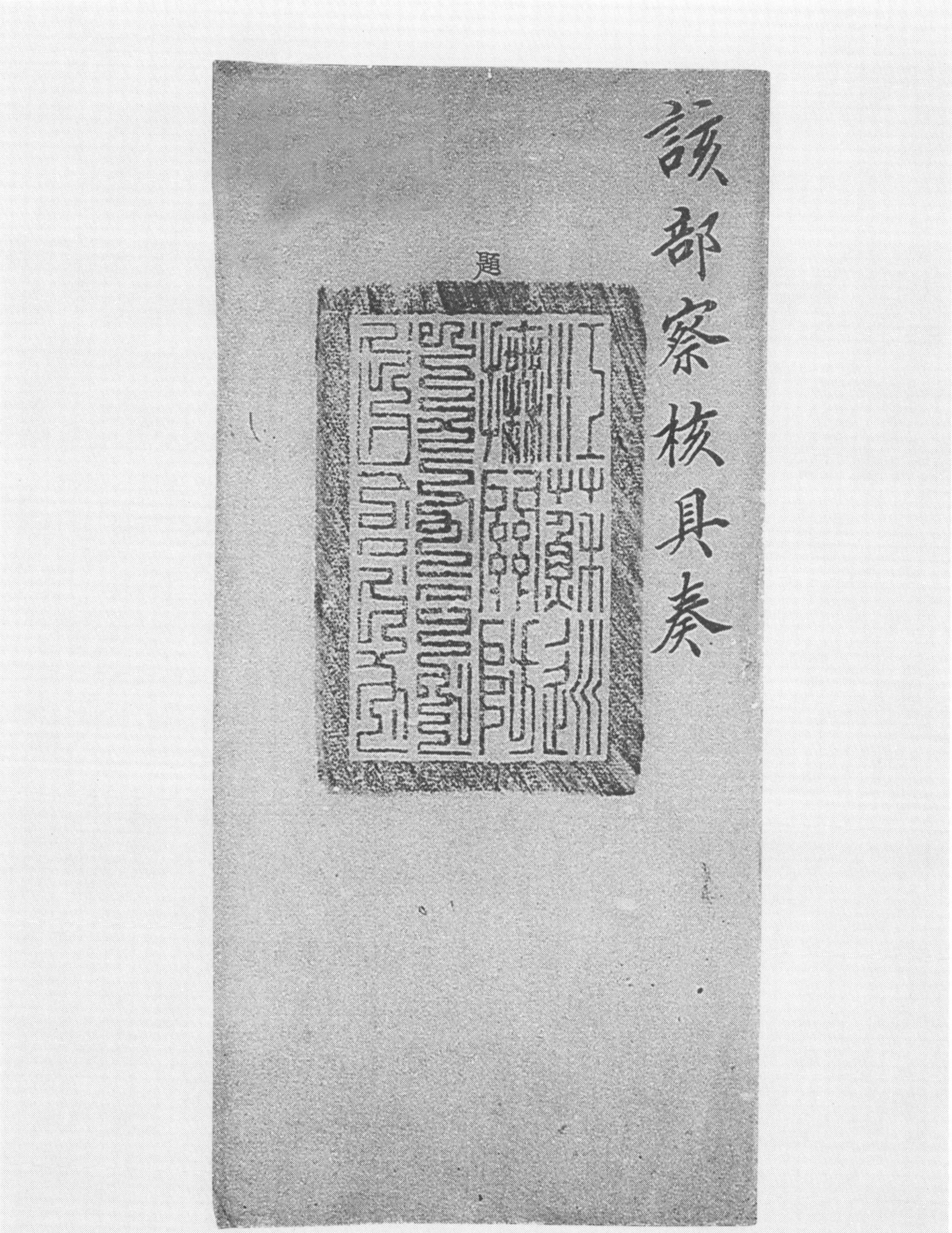

江蘇巡撫林則徐題本　題報上海丹徒縣道光十五年陞科田畝並應徵銀米數　道光十六年七月十一日

兵部侍郎兼都察院右副都御史巡撫江蘇等處地方提督軍務總理糧儲臣林則徐謹

題爲請寬陞科等事據署蘇州布政使裕謙詳稱

案於雍正拾貳年拾月奉文凡可開墾田地聽

民儘力報陞毋許勒索阻撓仍督率地方官勤

加勸諭廣爲開墾統俟歲底將壹年墾過地畝

幷陞科年分以及額糧數目造冊

題報等因遵照在案所有各屬道光拾伍年分陞

科田地前經通飭查報今據上海縣業戶周祠

呈報陞科田蕩折准熟田壹百伍拾壹畝陸釐

壹毫該處係無漕之區請照折糧陞科共應徵

折色銀貳拾兩柒錢貳分捌釐遇閏增編銀叁

分肆釐又據丹徒縣業戶戴鳴佩呈報戶屬拾

壹區伏元圖完糧老額泥灘轉則沙瀨田柒拾
捌畝柒分陸釐除原科錢糧已經入額外計應
陞增地丁銀玖兩叁錢貳分伍釐本色米麥壹
拾壹石肆斗叁合陸勺遇閏加徵銀壹錢肆分
壹釐加徵米肆合柒勺通共陞增銀叁拾兩伍
分叁釐本色米麥壹拾壹石肆斗叁合陸勺遇
閏增徵銀壹錢柒分伍釐米肆合柒勺均據該
管道府縣層層覆勘加結詳請入額陞賦前來
相應查照新訂全書科則驗筭轉造陞轉銀米
款冊同屬冊結一幷詳送具
題幷請將送到司屬冊結咨部至各該縣呈報陞
轉田地泥灘業由各縣確切勘明幷經該管道

江蘇巡撫林則徐題本　題報上海丹徒縣道光十五年陞科田畝並應徵銀米數　道光十六年七月十一日

府逐加覆核並無違礙水利避重就輕以多報
少越占情事均經專案造具陞轉銀米司冊先
後詳准入額造報彙詳請
題在案現於道光拾伍年
奏銷冊內分別入額造報合並聲明等情據此該
臣查得蘇松等屬道光拾伍年入額陞科田地
案經檄行通飭去後今據署蘇州布政使裕謙
詳稱據上海縣業戶周祠呈報陞科田蕩折准
熟田壹百伍拾壹畝零又丹徒縣業戶戴鳴佩
呈報戶屬泥灘轉則沙潮田柒拾捌畝零共應
陞地丁銀叁拾兩零本色米麥壹拾壹石零遇
閏增徵銀壹錢零米肆合零循照全書科則驗

江蘇巡撫林則徐題本　題報上海丹徒縣道光十五年陞科田畝並應徵銀米數　道光十六年七月十一日

筭轉造陞轉銀米款冊同屬冊結一并詳送具
題并聲明陞轉田地泥灘由各該縣確切勘明詳
經該管道府逐加覆核並無違礙水利避重就
輕以多報少越占情事均經專案造具陞轉銀
米司冊先後詳准入額造報彙詳請
題在案現於道光拾伍年
奏銷冊內分别入額造報等情前來臣覆核無異
除冊結送部查核外理合循例具
題伏乞
皇上聖鑒勅部查核施行謹具題
聞

一六 江蘇巡撫林則徐題本 題報上海丹徒縣道光十五年陞科田畝並應徵銀米數

道光十六年七月十一日

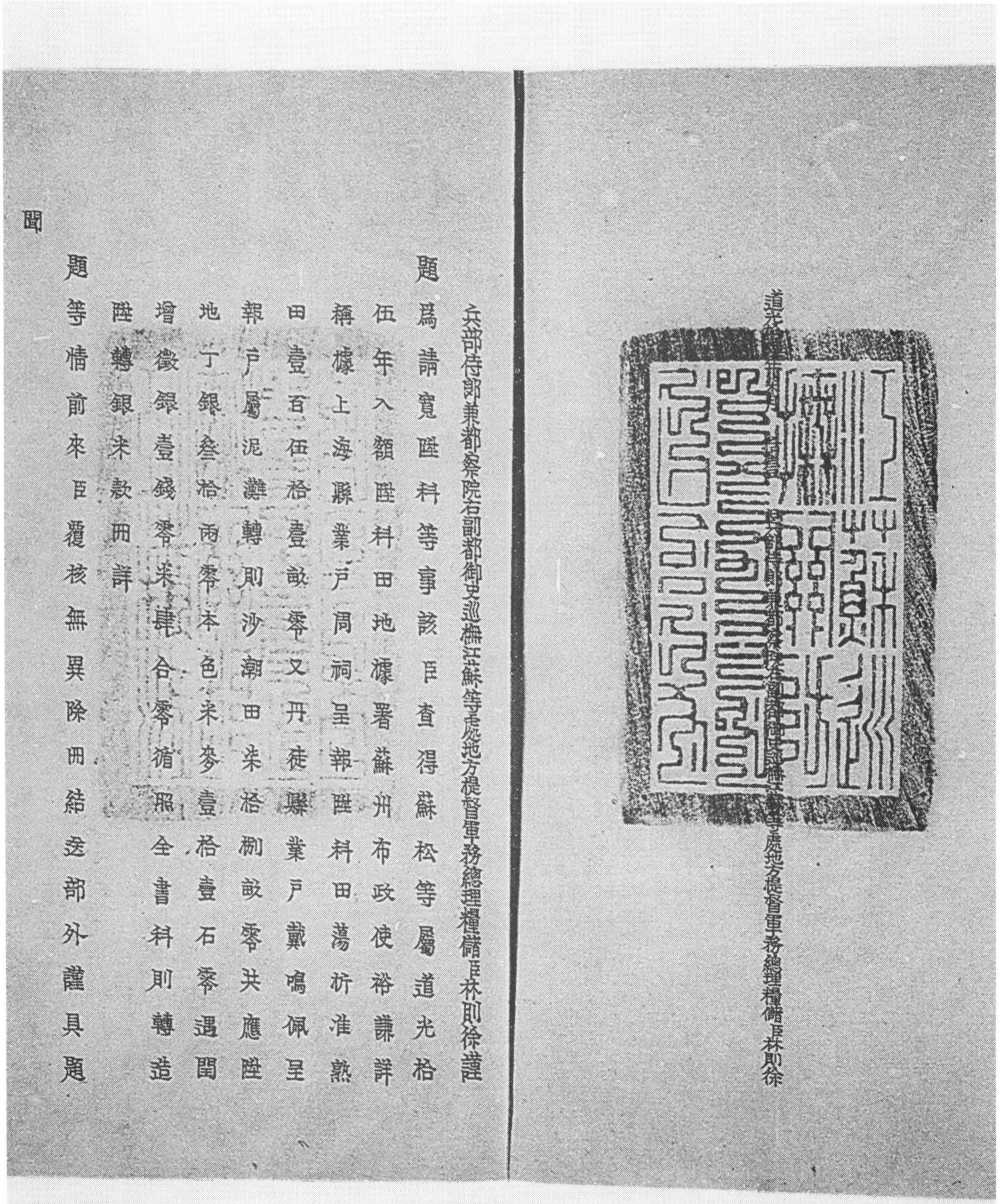

道光拾陸年柒月拾壹日兵部侍郎兼都察院右副都御史巡撫江蘇等處地方提督軍務總理糧儲臣林則徐

兵部侍郎兼都察院右副都御史巡撫江蘇等處地方提督軍務總理糧儲臣林則徐謹

題爲請寬陞科等事該臣查得蘇松等屬道光拾伍年入額陞科田地據署蘇州布政使裕謙詳稱據上海縣業戶周祠呈報陞科田蕩圻准熟田壹百伍拾壹畝零又丹徒縣業戶戴鳴佩呈報戶屬泥灘轉則沙潮田柒拾捌畝零共應陞地丁銀叁拾兩零本色米麥壹拾壹石零遇閏增徵銀壹錢零米肆合零循照全書科則轉造陞轉銀米款冊詳

題等情前來臣覆核無異除冊結送部外謹具題

聞

上諭 著林則徐查拏代藏器械之河路捕快楊成交恩特亨額嚴究

軍機大臣 字寄
漕運總督恩 江蘇巡撫林 道光十六年七
月十二日奉
上諭琦善奏訊據現獲之鎮江幫水手李瀛陽陳玉
堂等供稱江蘇江都縣人楊成向充河路捕快在
邵伯一帶往來與水手素相交好本年重運抵淮
鎮江前後兩幫均將器械交給楊成代藏俟搜查
之後仍復取回等語楊成以在官人役膽敢將糧
船私帶器械代為隱匿過淮甚屬藐法可惡可恨
著林則徐即將該犯密速查拏務獲解交恩特亨
額嚴行究辦將此各諭令知之欽此遵
旨寄信前來

上諭 著林則徐查拏代藏器械之河路捕快楊成交恩特亨額嚴究
道光十六年七月十二日

兩江總督陶澍江蘇巡撫林則徐奏摺　**如皋縣捐修城垣工程驗收如式范仕義等出力官紳請予獎敘**

兩江總督陶澍江蘇巡撫林則徐奏摺　如皋縣捐修城垣工程驗收如式范仕義等出力官紳請予獎叙

道光十六年七月十二日

兩江總督臣陶澍
江蘇巡撫臣林則徐跪

奏為捐修城垣工程驗收如式捐輸出力各官紳
富户開單懇
恩奬敘以示鼓勵仰祈
聖鑒事竊據通州屬之如皋縣知縣范仕義稟稱該
境城垣自乾隆三十五年修理之後迄今六十
餘年未經修理城身皴裂城脚礟岸土牛亦多
損壞道光十一年間雨水過多愈形坍塌該縣
地處海濱必須修葺因值停辦工程未便請項
隨經查勘擇要應修城墻二百八十九丈應築
城脚土牛礟岸六百三十五丈倡捐廉銀六百
兩並勸諭紳富捐輸遴董黃錡胡萱生等鳩工

購料於十三年七月二十日開工將東門城墻
城脚磤岸土牛間段修葺正在接續勸捐復又
坍卸城垣八十八丈五尺連前共三百七十七
丈五尺其城脚土牛磤岸亦續塌二百十六丈
連前共八百五十一丈四門城樓及磤臺箭垛
全已傾圮水旱城門並門兵住宿吏房亦多坍
塌該縣復倡輸銀六百兩督同紳董黃錡胡萱
生等分投勸捐興辦並率同委員等輪流稽查
彈壓計自上年八月二十日興工至十二月二
十三日止一律修竣共用工料銀一萬二千八
百七十二兩零當經飭委前任常鎮道李彥章
驗收如式修葺完固此項工程歷時既久費用

繁多印委各員倡捐勸捐督辦出力各紳董捐
輸亦屬踴躍應請分別獎勵以昭激勸據江寧
布政使楊簧詳請具
奏前來臣等覆查該縣范仕義首先捐廉並督紳
董妥為勸捐共得工料銀一萬二千八百兩零
先後修理完竣俾資保障實屬出力合無仰懇
聖恩准予分別獎敘以示鼓勵所有捐銀在三百兩
以下各戶由臣等在外給獎再此項工程係屬
民捐民辦並請免其報銷除飭取各捐戶履歷
另行咨部查核外謹合詞恭摺具
奏並繕清單敬呈
御覽伏乞

兩江總督陶澍江蘇巡撫林則徐奏摺　如皋縣捐修城垣工程驗收如式范仕義等出力官紳請予獎叙

道光十六年七月十二日

皇上聖鑒

訓示謹

奏

另有旨

道光十六年七月　十二　日

兩江總督陶澍江蘇巡撫林則徐奏片　委令李鵰署理江安督糧道並請旨簡放

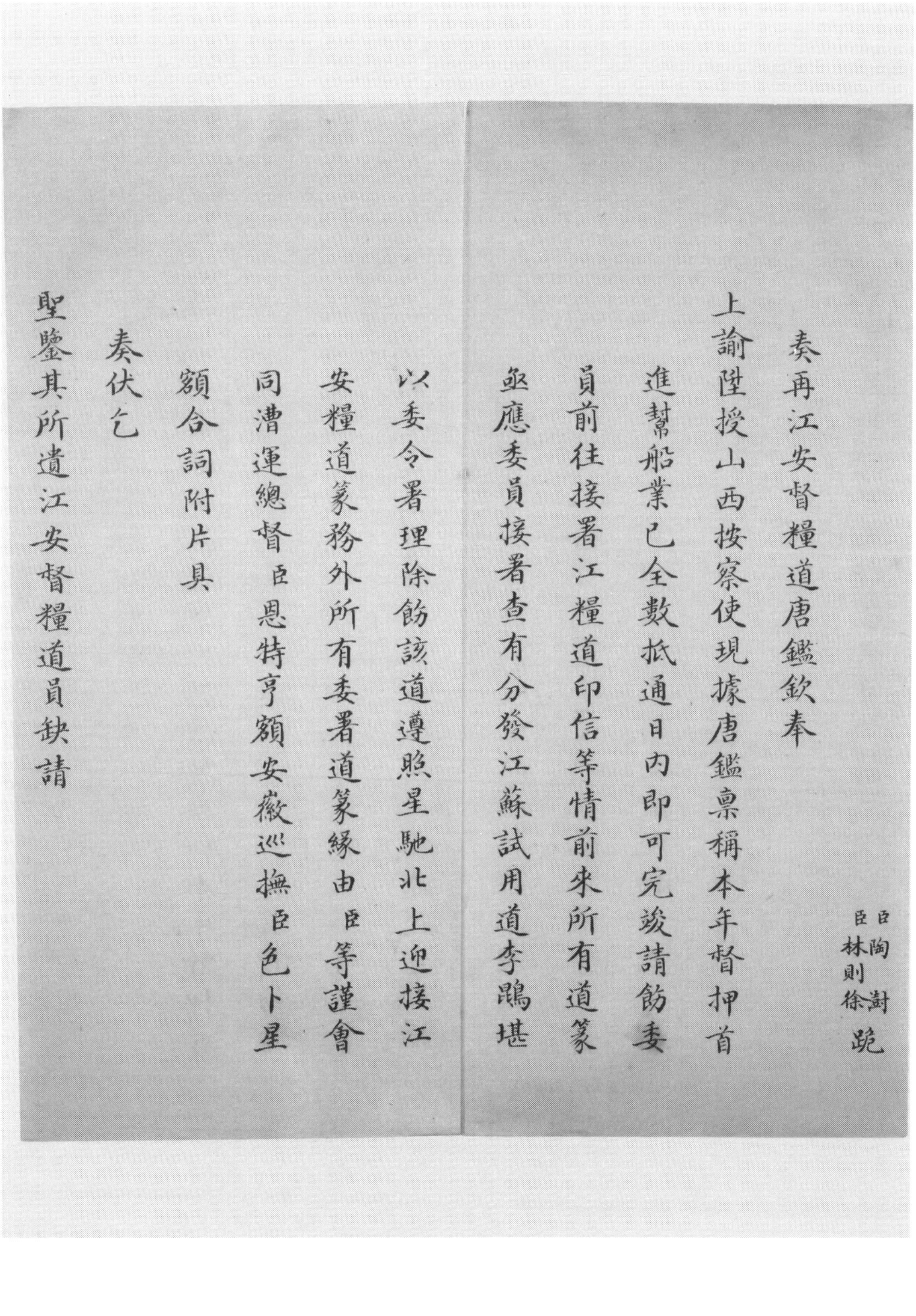
臣陶澍
臣林則徐 跪
奏再江安督糧道唐鑑欽奉
上諭陞授山西按察使現據唐鑑稟稱本年督押首
進幫船業已全數抵通日內即可完竣請飭委
員前往接署江糧道印信等情前來所有道篆
亟應委員接署查有分發江蘇試用道李鵰堪
以委令署理除飭該道遵照星馳北上迎接江
安糧道篆務外所有委署道篆緣由臣等謹會
同漕運總督臣恩特亨額安徽巡撫臣色卜星
額合詞附片具
奏伏乞
聖鑒其所遺江安督糧道員缺請

兩江總督陶澍江蘇巡撫林則徐奏片　委令李鷴署理江安督糧道並請旨簡放

道光十六年七月十二日

旨簡員補放以專職守謹
奏
已有旨

兩江總督陶澍江蘇巡撫林則徐奏摺　委任裕謙署理藩司印務積拉明阿署理臬司印務

兩江總督陶澍江蘇巡撫林則徐奏摺 委任裕謙署理藩司印務積拉明阿署理臬司印務

道光十六年七月十五日

兩江總督臣陶澍
江蘇巡撫臣林則徐 跪

奏為委署藩臬兩司篆務仰祈

聖鑒事竊臣陶澍

奏明前赴安徽江西一帶校閱營伍事竣遵

旨順道回籍修墓並請將兩江總督篆務交臣林則徐署理江蘇巡撫篆務交蘇州布政使怡良護理欽奉

硃批如所請行欽此臣陶澍總督篆務應即移交臣林則徐接署其江蘇巡撫篆務亦即交藩司怡良護理所遺藩司印務查有江蘇按察使裕謙曾署藩司甫經卸事堪以仍委署理其按察使印務查有甫經卸署臬篆江寧鹽巡道尚未回

任之積拉明阿堪以仍委署理除分飭遵照外
臣謹合詞恭摺具
奏伏乞
皇上聖鑒謹
奏

知道了

道光十六年七月十五日

江蘇巡撫林則徐題本 奏銷蘇州各屬道光十五年民屯地丁等項錢糧

道光十六年七月十六日

江蘇巡撫林則徐題本 **奏銷蘇州各屬道光十五年民屯地丁等項錢糧**

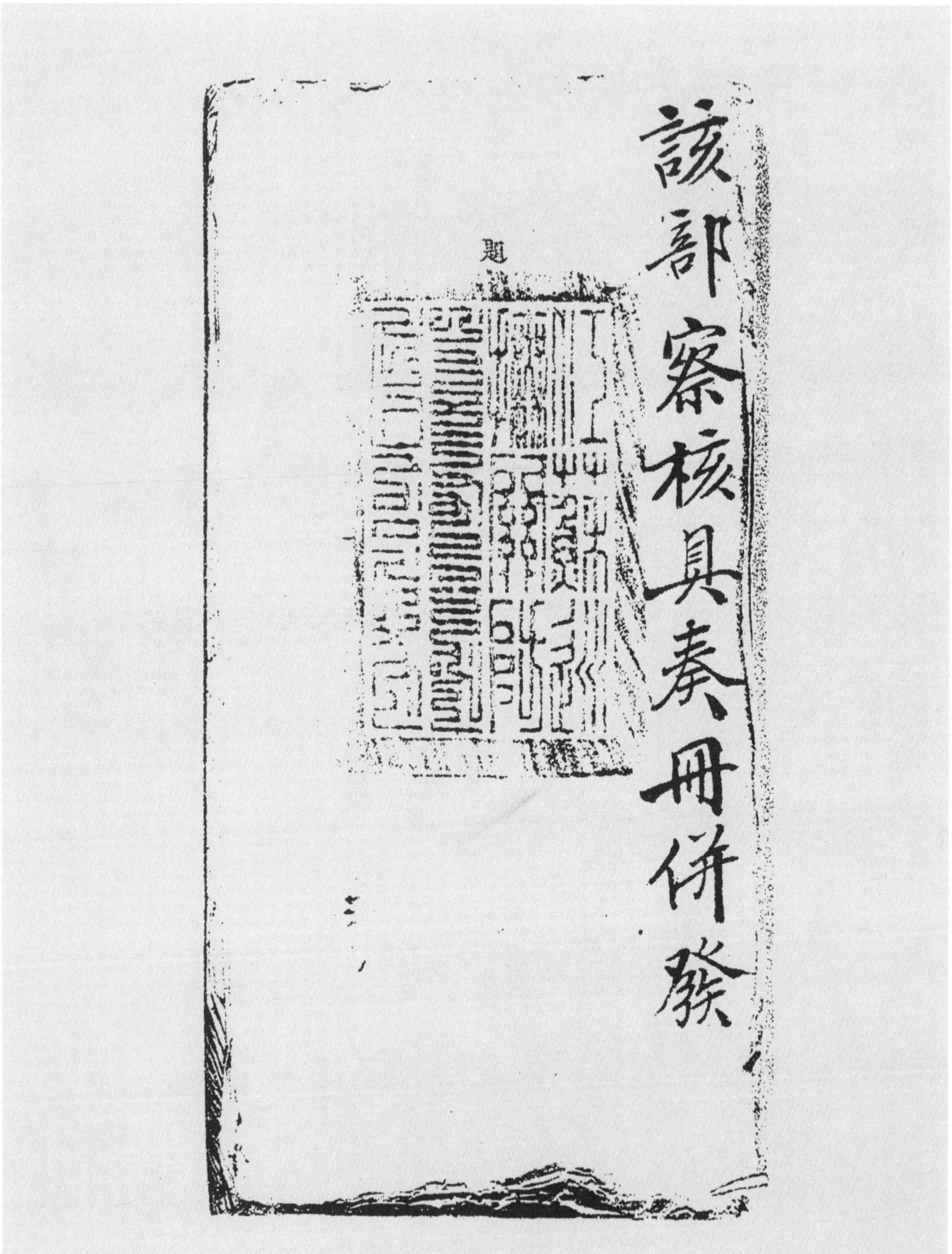
該部察核具奏冊併發

題

兵部侍郎兼都察院右副都御史巡撫江蘇等處地方提督軍務總理糧儲臣林則徐謹
題爲奏銷道光拾伍年錢糧事據署蘇州布政使
裕謙詳稱竊照地丁錢糧例應按年造冊
奏銷今屆道光拾伍年
奏銷之期該署蘇州布政使裕謙查得蘇州松江
常州鎮江太倉等伍府州屬并蘇州太倉鎮江
鎮海衛歸并金山等肆衛幫額徵民屯錢糧內
除蘇州等屬坍荒等項一例扣免蘇州松江太
倉叁府州屬遵
旨減免浮糧減徵白糧經費蘇州府屬荒瘠減徵常州
府屬靖江冬勘并武陽貳縣奉豁無著役租蘇
州等屬原報坍荒公占低瘠減則續報坍荒空

廢減則築塘占廢坍江等項蠲免又太倉州屬
崇明縣劃分海門廳田賦應歸江寧藩司造報
又松江府屬上海南匯貳縣劃分川沙同知改
設撫民廳管轄田地應徵錢糧彙入額內造報
外實該民屯地丁新墾存留并新陞復熟蘆洲
勳田轉漕等項除通省漕項應聽糧道造報
奏銷外共該銀壹百肆拾肆萬陸千陸百貳拾兩
柒錢玖分玖釐隨徵伍柒分耗羨銀捌萬陸千
叁百柒拾兩柒錢伍分內民賦項下實該解司
地丁銀壹百貳拾玖萬捌千壹百捌拾玖兩肆
錢捌分柒釐內已完解司并預完緩徵及徑給
等項共銀壹百壹拾伍萬捌千玖百肆拾叁兩

柒錢壹分肆釐內各屬徑支各祠廟祭品并廟
戶關淺淺船夫工食缺額鹽課老荒役食廩膳
孤貧驛站荒缺京口八旗新設廩膳等項以及
撥放蘇省各標營官兵俸餉紅白賞恤儀從工
食額解河工協撥江寧省不敷兵餉蘇省坐落
災地兵丁借餉浙江等省銅價并收貯洋銅雜
費接運京銅運費採買新絲織辦緞疋新疆紬
緞織造俸米豆草蘇松太道俸省城司道俸工
蘇橋便民船工食工料捐田贍族捐輸白茆河
工建坊自孝節烈各婦女建坊淹斃恤賞祭葬
巡洋落水兵丁恤賞殉難祭葬恤銀額辦木植
飛金價腳銅油顏料棉布價腳鋪墊提入秋撥

粤款報部撥用等項共銀壹百壹拾伍萬捌千玖百肆拾叁兩柒錢壹分肆釐未完銀壹拾叁萬玖千貳百肆拾伍兩柒錢柒分叁釐内蘇州府屬長洲吳縣常熟昭文崑山新陽常州府屬陽湖宜興荊溪鎮江府屬丹陽金壇溧陽太倉州屬鎮洋寶山等縣道光拾伍年秋禾被旱勘不成災緩徵銀壹拾貳萬貳千柒百叁拾叁兩肆錢肆分蘇州府屬常熟昭文新陽松江府屬南匯川沙鎮江府屬溧陽等廳縣道光拾肆年秋禾木棉被歉勘不成災遞緩新賦銀壹萬陸千伍拾玖兩壹錢貳分叁釐蘇州府屬長洲鎮江府屬丹徒太倉州屬鎮洋等縣捐置義塚册

荒減則空廢等項田地註緩候豁銀肆百伍拾
叁兩貳錢壹分額設地丁等項隨徵伍柒分耗
羨銀捌萬伍千伍百壹拾叁兩捌錢肆釐內徑
撥各屬道光拾伍年佐雜各官養廉除奉裁閒
缺外該銀柒千陸百貳拾兩已撥全完內有鎮
江府屬丹陽縣縣丞丹徒縣横越閘官養廉項
下匀撥添設豐碭縣丞并阜寧北岸縣丞主簿
養廉銀伍兩捌錢伍分肆釐應聽該貳縣徑解
江藩司造報外實餘銀柒千陸百壹拾肆兩壹
錢肆分陸釐實該解司耗羨銀柒萬柒千捌百
玖拾叁兩捌錢肆釐內已完解司并預完緩徵
共銀陸萬玖千叁百玖兩陸錢玖釐外松江府

屬婁縣常州府屬無錫江陰等縣溢完銀壹分
叁釐內一進入道光拾伍年秏羨報銷四柱冊
內新收項下報部銀肆千陸百伍拾陸兩捌錢
玖分叁釐一存候造入道光拾陸年秏羨報銷
四柱冊內新收項下報部銀陸萬肆千陸百伍
拾貳兩柒錢貳分玖釐內有溢完銀壹分叁釐
未完銀捌千伍百捌拾肆兩壹錢玖分伍釐內
蘇州府屬長洲吳縣常熟昭文崑山新陽常州
府屬陽湖宜興荆溪鎮江府屬丹陽金壇溧陽
太倉州屬鎮洋寶山等縣道光拾伍年秋禾被
旱勘不成災緩徵銀柒千柒百貳拾肆兩柒錢
陸分壹釐蘇州府屬常熟昭文新陽松江府屬

角匯川沙鎮江府屬溧陽等廳縣道光拾肆年
秋禾木棉被歉遞緩新賦銀捌百貳拾柒兩捌
錢玖分蘇州府屬長洲鎮江府屬丹徒太倉州
屬鎮洋等縣捐置義塚坍荒減則空廢等項田
地註緩候豁銀叁拾壹兩伍錢肆分肆釐又歸
并者衛屯折項下應徵解司沙壓銀玖分肆釐
已據照額全完全提入道光拾伍年秋撥案內
報部撥用又解司隨徵柒分耗羨銀柒釐已據
全完全造入道光拾伍年耗羨報銷四柱冊內
新收項下報部又蘇州等衛項下額設屯折銀
壹萬肆千叁百陸兩肆錢貳分內已完銀壹萬
叁千肆百捌拾柒兩叁錢貳分肆釐已經撥各

衙役食并提入道光拾伍陸年秋歲春撥案内
報完訖未完蘇州太倉貳衛該年秋禾被旱勘
不成災緩徵銀捌百壹拾玖兩玖分陸釐又解
司屯折隨徵伍柒分耗羨銀捌百伍拾陸兩玖
錢叁分玖釐内已完銀捌百壹拾伍兩玖錢捌
分肆釐内一造入道光拾伍年耗羨報銷四柱
冊内新收項下報部銀肆百壹拾兩壹錢肆分
壹釐一存俟造入道光拾陸年耗羨報銷四柱
冊内新收項下報部銀肆百伍兩捌錢肆分叁
釐未完蘇州太倉貳衛該年秋禾被旱勘不成
災緩徵銀肆拾兩玖錢伍分伍釐外有裁并金
山衛節解司聽運月糧銀叁拾叁兩柒分伍釐已

係全完存候造入道光拾陸年秋撥估餉冊內
報部撥用隨徵伍分耗羨銀壹兩陸錢伍分肆
釐亦據全完存候造入道光拾陸年耗羨報銷
四柱冊內新收項下報部又額徵本色米石除
漕項行月起運外實該兵局民屯除冬勘坍沒
田地并續報坍荒減則外實該米玖萬叁千柒
百玖拾貳石貳斗肆升貳合壹勺內徑撥蘇織
造局糧米壹萬壹千陸百捌拾柒石壹斗叁升
陸合玖勺內已完米伍千叁百伍拾石未完米
陸千叁百叁拾柒石壹斗叁升陸合玖勺內有
蘇州府屬吳縣道光拾伍年秋禾被歉勘不成
災緩徵米貳千壹百陸拾捌石柒斗叁升肆合

此係局糧計口授食不使緩缺業於長洲元和
貳縣道光拾伍年南米內撥足支用實該熟田
未完米肆千壹百陸拾捌石肆斗貳合玖勺又
撥給解省各標營道光拾伍年兵糧舵工工食
鎮江高資貳營原裁充賞兵丁餘剩餉米江寧
省倉協標各營兵糧京口八旗官兵俸米各標
營道光拾伍年坐落災地兵丁借給餉米撥補
昭文宜興溧陽叁縣道光拾伍年災缺拾陸年
恤孤口糧等項共米陸萬陸千叁百壹拾柒石
捌斗肆升壹合柒勺內有長洲縣溢完米壹石
貳斗貳升陸合叁勺內已完熟田米陸萬貳千
陸百陸拾壹石柒斗柒升玖合肆勺未完米叁

千陸百伍拾陸石陸升貳合叁勺撥剩已完米
捌千陸百捌拾玖石捌斗玖升伍合柒勺外有
松江府屬婁縣溢完米捌勺未完熟田米壹百
貳拾陸石捌斗玖升貳合伍勺又道光拾伍年
秋禾被歉勘不成災緩徵米陸千玖百壹拾壹
石壹斗玖升肆合玖勺長洲丹徒鎮洋叁縣捐
置義塚坍荒減則空廢等項註緩候豁米陸拾
石伍斗陸合柒勺又額徵科豆除坍荒奉豁外
實徵豆捌百伍拾捌石柒斗陸升玖勺內已完
豆柒百柒拾柒石捌斗伍升貳合叁勺未完道
光拾伍年秋禾被歉勘不成災緩徵豆捌拾石
捌斗捌升捌合壹勺長洲鎮洋貳縣捐置義塚

完廒候豁豆貳升伍勺又折色豆壹千叁百肆
拾柒石捌斗叁升柒合叁勺查此項豆石向係
折價解交江寧藩庫續蒙部文行令完解蘇州
司庫充餉今道光拾伍年每石折銀壹兩壹錢
柒分共銀壹千伍百柒拾陸兩玖錢柒分內已
完熟田豆捌百壹石肆斗伍合貳勺解司折價
銀玖百叁拾柒兩陸錢肆分肆釐存候造入道
光拾陸年秋撥戶屬事案估餉冊內報部未完
道光拾伍年秋禾被歉緩徵豆伍百肆拾陸石
肆斗叁升貳合壹勺又雜稅項下牙典田房牛
猪洲場騾馬等項共該稅銀肆萬伍千貳百叁
兩玖錢玖分柒釐內已完銀叁萬肆千陸百貳

拾陸兩肆錢肆分伍釐外有溢完銀貳拾陸兩
叁錢柒分伍釐共銀叁萬肆千陸百伍拾貳兩
捌錢貳分內一提入道光拾伍年秋撥專款銀
壹千捌百捌拾兩陸錢伍分柒釐一提入道光
拾伍年歲撥專款銀壹百兩一提入道光拾陸
年春撥專款銀叁拾捌兩伍錢捌分陸釐一存
候提入道光拾陸年秋撥專款銀叁萬貳千陸
百叁拾叁兩伍錢柒分柒釐未完解銀壹萬伍
百柒拾柒兩伍錢伍分貳釐以上雜稅正銀除
京口驛馬稅不徵耗羨外實該牙典田房牛豬
洲場等稅正銀肆萬伍千壹百玖拾伍兩玖錢
肆分壹釐應徵伍柒分耗羨銀貳千伍百捌拾

陸兩貳錢叁分玖釐內已完銀壹千玖百玖拾
玖兩貳錢伍分陸釐外有溢完銀貳兩伍錢陸
分捌釐共銀貳千壹兩捌錢貳分肆釐內一遵
入道光拾伍年耗羨報銷四柱冊內新收項下
報部銀壹百壹拾叁兩陸錢玖分貳釐一存候
遵入道光拾陸年耗羨報銷四柱冊內新收項
下報部銀壹千捌百捌拾捌兩壹錢叁分貳釐
未完銀伍百捌拾陸兩玖錢捌分叁釐又學租
官生空缺銀陸千捌百陸拾伍兩捌錢肆分陸
釐內學租項下正銀肆千伍拾壹兩肆分叁釐
內已完銀叁千伍百玖拾叁兩肆錢肆釐內撥
給祭祀廩餼并學院支用銀叁千叁百貳拾叁

兩伍錢柒分伍釐存候撥用銀貳百陸拾玖兩
捌錢貳分玖釐未完銀肆百伍拾柒兩陸錢叁
分玖釐內道光拾伍年秋末被歉勘不成災緩
徵銀貳百玖拾玖兩伍錢捌分伍釐熟田未完
銀壹百伍拾捌兩伍分肆釐隨徵伍柒分耗羨
銀貳百叁拾肆兩貳錢伍分捌釐內已完銀貳
百兩柒錢玖分壹釐內一造入道光拾伍年耗
羨報銷四柱田內新收項下報部銀捌拾伍兩
貳釐一存候造入道光拾陸年耗羨報銷四柱
田內新收項下報部銀壹百壹拾伍兩柒錢捌
分玖釐未完銀叁拾叁兩肆錢陸分柒釐內道
光拾伍年秋末被歉勘不成災緩徵銀貳拾兩

玖錢柒分壹釐熟田未完銀壹拾貳兩肆錢玖
分陸釐又應解官屯空缺銀貳千柒百壹拾肆
兩捌錢叁釐內已完銀貳千伍百玖拾陸兩貳
錢肆分伍釐外有溢完銀叁分叁釐存撥本省
署官俸銀之用未完銀貳百壹拾捌兩伍錢伍
分捌釐以上民屯地丁本折雜稅學租缺官等
項銀米豆石完欠撥用存剩各數均於
奏銷冊內逐細聲明經接催徵各官完欠職名匯
列冊內統候
題報聽部查照考核分別議敘議處仍造官員銜
生空缺月日以及學租細數與户花名隨
奏冊送部查核又地丁存留項下各衙門官役俸

工存留支給等項除議裁冗員案内奉裁松鎮
兩屬佐雜各員外實徵銀捌萬肆千肆百陸拾
叁兩伍分柒釐已據全免内有鎮江府屬丹陽
縣縣丞丹徒縣橫越閘官俸工項下匀攤添設
豐碭縣丞并阜寧北岸縣丞主簿俸工銀陸兩
捌錢壹釐應聽該府縣徑解江寧藩司造報外
實該銀捌萬肆千肆百伍拾陸兩貳錢伍分陸
釐遵例留屬坐支仍歸地丁數内彙詳考成所
有官生空缺廩膳等銀并支給各款另於俸工
冊内分別造報又各屬徑支驛站銀肆萬柒千
叁百肆拾陸兩肆錢陸分玖釐亦據全免遵例
歸入地丁考成數内彙報其動用夫馬工料應

聽臬司查明核覆

題銷又蘇州府屬長洲元和吳縣叁縣徑支祇應
號船銀壹千貳百肆拾壹兩叁錢貳分亦已全
完歸入地丁考成數內彙報又屯折存留項下
各衛守備徑支役食祭祀等銀陸百肆拾貳兩
壹錢伍分貳釐已據全完遵例歸入屯折數內
計考彙報其支給各款另於俸工各冊內分別
造報又鎮江衛徑支與化所門軍口糧銀肆百
叁拾貳兩亦據全完歸入屯折數內計考彙報
又松江太倉貳府州屬鹽課社脚解費除搭解
車珠及劃分海門廳應撥解費外實該銀壹百
貳拾壹兩陸錢伍釐已經全完其應撥伍分耗

羨銀兩仍照向例案同鹽課正餉由浙鹽運司
題正造報又停工項下均給恤孤口糧米壹萬
叁千伍百壹拾伍石柒升玖合伍勺內已完米
壹萬叁千貳百壹拾貳石玖斗伍升壹合肆勺
未完蘇州府屬昭文縣常州府屬宜興縣鎮江
府屬溧陽等叁縣道光拾伍年秋禾被歉勘不
成災田地緩徵米叁百貳石壹斗貳升捌合壹
勺此係恤孤計口授食不便短缺業於常熟等
縣緩完熟田南米項下照數撥足已於各冊內
分晰登報又地丁項下扛脚銀貳萬陸千叁百
陸拾柒兩玖錢陸分捌釐內已完銀貳萬壹千
肆百捌拾柒兩肆錢貳分玖釐內動撥蘇省各

標營道光拾陸年武職守備以上養廉并新疆
紬緞鋪墊費解餉水脚葯箱等項銀壹萬肆百玖
兩陸錢叁分伍釐存候造入道光拾陸年秋撥
估餉冊內報部撥用銀壹萬壹千柒拾柒兩柒
錢玖分肆釐未完銀肆千捌百捌拾兩伍錢叁
分玖釐又解司杠脚隨徵伍柒分耗羨銀壹千
肆百叁拾陸兩肆錢壹分叁釐內已完銀壹千
壹百陸拾貳兩玖錢肆分柒釐內一造入道光
拾伍年耗羨報銷四柱冊內新收項下報部銀
壹拾貳兩貳錢柒分肆釐一存候造入道光拾
陸年耗羨報銷四柱冊內新收項下報部銀壹
千壹百伍拾兩陸錢柒分叁釐未完銀貳百柒

拾叁兩肆錢陸分陸釐以上各款銀米均照例
另造款冊隨
奏咨部又降罰項下應扣文職各官降革住罰俸
銀肆萬陸千壹百捌拾壹兩伍錢玖分柒釐內
已完銀壹千叁百玖拾壹兩柒錢伍分壹釐全
存候造入道光拾陸年秋撥缺罰估餉冊內報
部解用未完銀肆萬肆千柒百捌拾玖兩捌錢
肆分陸釐內除陞任布政使陳鑾前任布政使
梁章鉅前任松江府李昭美歸於現任完解銀
捌百柒兩叁錢叁分玖釐又除病故革職各官
免追銀壹千柒百兩柒錢肆分肆釐又除丁憂
告病各官應俟補官日完解銀捌千柒百陸拾

伍兩肆錢柒分陸釐實未完銀叁萬叁千伍百
壹拾陸兩貳錢捌分柒釐又蘇州衛後幫千總
武恢文太倉衛後幫千總任大垣鎮海衛金山
幫千總朱映晨俸扣降革俸銀柒拾肆兩伍分
肆釐未據完解又蘇州衛道光拾伍年分應扣
正罰俸銀壹拾肆兩玖錢陸分伍釐未據完解
照例於定限嚴催事案內查明編俸抵完另造
細冊專案咨達又蘇州等衛道光拾伍年守備
空缺項下共銀貳百伍兩柒錢陸分玖釐已據
全完存候造入道光拾陸年秋撥冊內報部撥
用再查道光貳年正月內奉准吏部文開後應
令各直省督撫於地丁錢糧

奏銷時將各直省州縣經徵地丁錢糧除照常議
敘之外如數在叁百兩以上及貳萬兩以上一
官經徵叁年
奏銷前全完者再准其加壹級蘇松賦繁州縣一
官經徵叁年全完准其不論俸滿即陞其數在
叁萬兩以上一官經徵叁年
奏銷前全完伍萬兩以上一官經徵貳年
奏銷前全完者俱准其不論俸滿即陞行令隨本
聲請議敘以示鼓勵貳叁年內遇有奏銷年分
并差委離任之員即將是年扣除俟次年補足
并計再請議敘等因遵奉在案除道光拾肆年
以前應行議敘人員業經聲請議敘外今查道

光拾伍年

奏銷案內應行議敘人員係青浦縣知縣蔡維新

經徵道光拾叁拾伍兩年地丁錢糧數在伍萬

兩以上於

奏銷前一手徵解全完又武進縣知縣吳時行經

徵道光拾肆拾伍兩年地丁錢糧數在伍萬兩

以上亦係一手經徵於

奏銷前全完又陽湖縣知縣范鳳諧經徵道光拾

肆拾伍兩年地丁錢糧數在伍萬兩以上亦係

一手經徵於

奏銷前全完又江陰縣知縣陳希敬經徵道光拾

肆拾伍兩年熟田地丁錢糧數在伍萬兩以上

亦係一手經徵於
奏銷前全完均請照例議敘又查道光拾伍年地
丁等項、
奏銷錢糧應歸司庫查舊管項下本署藩司接收
前陞藩司陳鑾交代冊報實在存庫正銀壹百
陸拾捌萬叁千柒百柒拾叁兩伍分貳釐錢伍
串叁百伍拾文新收本署藩司裕謙自道光拾
伍年拾壹月拾壹日署事起至拾陸年伍月貳
拾捌日止共收銀壹百肆拾肆萬叁千柒百玖
拾貳兩叁錢陸分陸釐餘錢壹萬柒千伍百玖
拾叁串捌百伍拾伍文開除共放過銀壹百叁
拾肆萬捌千伍百玖拾壹兩叁錢肆分陸釐餘

總壹萬柒千伍百玖拾叁串捌百伍拾伍文實
在存庫正銀壹百柒拾柒萬捌千玖百柒拾肆
兩柒分貳釐錢伍串叁百伍拾文俱係各清各
款並無那新掩舊情弊又嘉慶貳年貳月內奉
准兵部咨各省
題報一切錢糧祇將本案緊要錢糧數目由各督
撫核實
題銷其各該司原詳以及條陳酌改并節年例案
於司總冊首聲敘無庸於疏內敘入通行各省
遵照等因現遵部行祇將本案錢糧數目敘詳
請
題其節年奏文例案統於各司總冊首分別臚列

又嘉慶陸年伍月內奉准户部咨
關聖帝君祭品等項及關夫工食銀兩一并歸縣坐
支等因現遵按款分別徑撥造報又蘇省州縣
官養廉業經
奏請從道光伍年起由司支放其佐雜各官養廉
仍於屬庫支領以免微員赴省支領之煩現於
冊內分別造報并將原奉
諭旨於司總冊首錄敘又道光拾叁年分欽奉
諭旨裁汰文職冗員案內蘇省奉裁各官應支俸廉
役食等項應裁歸地丁耗羨各本款銀兩亦於
冊內分別核正造報再蘇州省
奏銷錢糧定限於次年伍月內造報今道光拾伍

年地丁
奏銷所有熟田應徵地丁正耗銀兩業經催據各
屬按數批解全完遵於限内造報合亟聲明等
情據此該臣查得蘇州松江常州鎮江太倉等
伍府州屬并蘇州太倉鎮江鎮海歸并金山等
肆衛幫道光拾伍年額徵民屯地丁本折正雜
各項錢糧完欠分數例應造冊
奏銷其耗羨銀兩已未完解數目亦應隨同正項
錢糧統計分數一疏具
題今據署蘇州布政使裕謙造冊詳報前來臣細
加覆核蘇州松江常州鎮江太倉伍府州并蘇
州太倉鎮江鎮海歸并金山等肆衛幫道光拾

伍年民屯地丁除義塚坍荒減則空廢及勘不
成災緩徵等項外實該熟田正銀壹百叁拾萬
陸千伍百伍拾伍兩零已據全完隨徵耗羨除
義塚坍荒減則空廢及勘不成災緩徵等項外
實該熟田銀柒萬柒千柒百肆拾伍兩零亦據
全完又金山幫貼運銀叁拾叁兩零耗羨銀壹
兩零亦據全完本色兵局米玖萬叁千柒百玖
拾貳石零除已完外實未完及勘不成災緩徵
并坍荒減則註緩米壹萬柒千玖拾壹石零本
折色豆貳千貳百陸石零除已完外實未完勘
不成災緩徵并捐置義塚空廢豆陸百貳拾柒
石零雜稅正銀肆萬伍千貳百叁兩零除已完

外實未完銀壹萬伍百柒拾柒兩零耗羨銀貳
千伍百捌拾陸兩零除已完外實未完銀伍百
捌拾陸兩零學租正銀肆千伍拾壹兩零除已
完外實未完并勘不成災緩徵銀肆百伍拾柒
兩零耗羨銀貳百叁拾肆兩零除已完外實未
完并勘不成災緩徵銀叁拾叁兩零官生空缺
銀貳千捌百壹拾肆兩零除已完外實未完銀
貳百壹拾捌兩零并有額外溢完雜稅空缺正
銀貳拾陸兩零又隨正溢完雜稅耗銀貳兩零
溢完米壹石零其各項銀米已完未完撥用存
剩各數均於冊內聲明送部未完銀兩嚴飭催
徵全完另報巡撫督催職名應俟江藩司詳到

彙結造報又查道光貳年正月內接准部文嗣
後地丁錢糧奏銷時將各直省州縣經徵地丁
錢糧除照常議敘外如數在叁百兩以上及貳
萬兩以上一官經徵叁年
奏銷前全完者再准加壹級蘇松賦繁州縣一官
經徵叁年全完准其不論俸滿即陞其數在叁
萬兩以上一官經徵叁年
奏銷前全完伍萬兩以上一官經徵貳年
奏銷前全完者俱准其不論俸滿即陞行令隨本
聲請議敘貳叁年內遇有奉調年分并差委離
任之員即將是年扣除次年補足并計再請議
敘等因除道光拾叁年以前應行議敘人員業

經分别聲請議敘外今道光拾伍年
奏銷案内應行議敘人員係青浦縣知縣蔡維新
經徵道光拾貳拾伍兩年地丁錢糧數在伍萬
兩以上於
奏銷前一手徵解全完又武進縣知縣吴時行經
徵道光拾肆拾伍兩年地丁錢糧數在伍萬兩
以上亦係一手經徵於
奏銷前全完又陽湖縣知縣范鳳諧經徵道光拾
肆拾伍兩年地丁錢糧數在伍萬兩以上亦係
一手經徵於
奏銷前全完又江陰縣知縣陳希敬經徵道光拾
肆拾伍兩年熟田地丁錢糧數在伍萬兩以上

亦係一手經徵於
奏銷前全完均請照例議敘理合遵照酌節簡易
條款將司總數目一并繕造黃冊恭呈
御覽並將送到各冊移送户部科查核外所有經接
催徵各官完欠職名一并照例臚列具
題伏乞
皇上聖鑒勅部分別考核施行再司庫錢糧案准部
咨盤查無虧例應於
奏銷疏内具結保
題今據聲明蘇州司庫舊管實在存庫正銀壹百
陸拾捌萬叁千柒百柒拾叁兩零錢伍串叁百
伍拾文新收署任藩司裕謙自道光拾伍年拾

壹月拾壹日署事起至拾陸年伍月貳拾捌日
止共收銀壹百肆拾肆萬叁千柒百玖拾貳兩
零錢壹萬柒千伍百玖拾叁串捌百伍拾伍文
開除共放過銀壹百叁拾肆萬捌千伍百玖拾
壹兩零錢壹萬柒千伍百玖拾叁串捌百伍拾
伍文實在存庫正銀壹百柒拾柒萬捌千玖百
柒拾肆兩零錢伍串叁百伍拾文俱係各清各
款並無那新掩舊情弊臣逐一核明現在加結
送部其節年例案統於各該司總冊首分别臚
列咨送部科查核再蘇藩司
奏銷定限伍月內造報今道光拾伍年
奏銷遵於限內造報合並陳明爲此具本專差承

差朱紹坤齎捧謹具題

聞

計開

全完官

地丁正耗銀兩項下

經督催前任蘇州布政使陞任江西巡

撫陳鑾計催完正銀壹百壹拾叁萬

玖千肆拾捌兩零耗羨銀陸萬柒千

柒百柒拾捌兩零

接督催署蘇州布政使事江蘇按察使

裕謙計催完正銀壹拾陸萬柒千伍

百柒兩零耗羨銀玖千玖百陸拾柒

兩零
蘇州府經催正任知府汪忠增計催完
正銀叁萬叁千伍百柒拾貳兩零耗
羡銀壹千陸百柒拾捌兩零
蘇州府接催署事即補同知直隸州借
補常州府督糧通判周岱齡計催完
正銀玖萬貳千壹拾貳兩零耗羡銀
肆千陸百兩零
蘇州府接催署事揚州府丁憂知府豫
並計催完正銀肆萬柒千貳百肆拾
玖兩零耗羡銀貳千叁百陸拾貳兩
零

蘇州府接催署事松江府陞任知府李
昭美計催完正銀肆萬壹千叁拾貳
兩零耗羨銀貳千伍拾壹兩零
蘇州府接催署事常州府病故知府汪
河計催完正銀貳萬陸千壹百壹拾
壹兩零耗羨銀壹千叁百伍兩零
蘇州府接催代理事總捕同知榮匯計
催完正銀貳千肆百捌拾陸兩零耗
羨銀壹百貳拾肆兩零
長洲縣經徵現任知縣畢壽春計徵完
正銀叁萬玖百捌拾貳兩零耗羨銀
壹千伍百肆拾玖兩零

元和縣經徵正任知縣黃冕計徵完正
銀壹萬陸千玖百玖拾伍兩零耗羨
銀捌百肆拾玖兩零
元和縣接徵署事華亭縣告病知縣張
慶璟計徵完正銀柒千伍百陸拾壹
兩零耗羨銀叁百柒拾捌兩零查此
已完銀兩除本任應徵全完外又代
徵完前官景壽春名下正銀貳百貳
拾肆兩零耗羨銀壹拾壹兩零
元和縣接徵署事調補南匯縣知縣沈
炳垣計徵完正銀肆千陸百肆拾壹
兩零耗羨銀貳百叁拾貳兩零

吳縣經徵現任知縣湯譽光計徵完正
銀貳萬伍百柒拾捌兩零耗羨銀壹
千貳拾捌兩零
吳江縣經徵現任知縣顧毓奇計徵完
正銀叁萬貳千捌百捌拾伍兩零耗
羨銀壹千陸百肆拾肆兩零
震澤縣經徵署事吳江縣縣丞蕭鏐計
徵完正銀壹萬貳千伍百肆拾貳兩
零耗羨銀陸百貳拾柒兩零
震澤縣接徵現任知縣周恭壽計徵完
正銀貳萬叁千肆百貳拾肆兩零耗
羨銀壹千壹百柒拾壹兩零

常熟縣經徵現任知縣練廷璜計徵完
正銀貳萬壹千叁百玖拾兩零耗羨
銀壹千陸拾玖兩零
昭文縣經徵正任知縣張綬組計徵完
正銀壹萬陸千柒百柒拾柒兩零耗
羨銀捌百叁拾捌兩零
昭文縣接徵署事候補知縣金咸計徵
完正銀壹千玖百壹拾柒兩零耗羨
銀玖拾伍兩零
崑山縣經徵現任知縣賀崇禧計徵完
正銀貳萬柒千伍拾捌兩零耗羨銀
壹千叁百伍拾貳兩零查此已完銀

兩除本任應徵全完外又代徵完後
官錢家驥名下正銀伍千陸拾肆兩
零耗羨銀貳百伍拾叁兩零
新陽縣經徵正任調補南匯縣知縣沈
炳垣計徵完正銀壹萬捌千柒百玖
拾陸兩零耗羨銀玖百叁拾玖兩零
新陽縣接徵署事候補知縣宋淳英計
徵完正銀叁千陸百貳拾壹兩零耗
羨銀壹百捌拾壹兩零
太湖廳經徵兼護同知吳縣知縣湯譽
光計徵完正銀陸百捌拾叁兩零耗
羨銀叁拾肆兩零

太湖廳接徵署事即補同知直隸州借
補常州府督糧通判周岱齡計徵完
正銀肆百玖拾捌兩零耗羨銀貳拾
肆兩零
太湖廳接徵署事委用通判向培苐計
徵完正銀貳千壹百壹拾兩零耗羨
銀壹百伍兩零
松江府經催歷任知府李昭美計催完
正銀壹拾萬肆千伍百捌拾玖兩零
耗羨銀伍千貳百貳拾玖兩零
松江府接催署事即補同知直隸州借
補常州府督糧通判周岱齡計催完

正銀柒萬叁千柒百肆拾捌兩零耗
羨銀叁千陸百捌拾柒兩零
松江府接催現任知府覺羅炳奎計催
完正銀捌萬叁千壹百叁拾伍兩零
耗羨銀肆千壹百伍拾陸兩零
華亭縣經徵告病知縣張慶瑗計徵完
正銀貳萬陸百貳拾叁兩零耗羨銀
壹千叁拾壹兩零
華亭縣接徵署事試用知縣魏文瀛計
徵完正銀壹萬伍千陸百陸兩零耗
羨銀柒百捌拾兩零
奉賢縣經徵現任請調華亭縣知縣楊

本初計徵完正銀貳萬柒千伍百柒拾伍兩零耗羨銀壹千叁百柒拾捌兩零

奉賢縣接徵代理事元和縣縣丞彭靖計徵完正銀玖千捌百玖拾陸兩零耗羨銀肆百玖拾肆兩零

婁縣經徵現任知縣毛應觀計徵完正銀叁萬叁千叁百壹拾伍兩零耗羨銀壹千陸百陸拾伍兩零

金山縣經徵署事試用知縣魏文瀛計徵完正銀捌千壹百兩零耗羨銀肆百伍兩零

金山縣接徵現任知縣朱榮桂計徵完
正銀壹萬肆千叁百伍兩零耗羨銀
柒百壹拾伍兩零
上海縣經徵正任知縣温綸湛計徵完
正銀貳萬捌千肆百柒兩零耗羨銀
壹千肆百貳拾兩零
上海縣接徵署事元和縣知縣黃冕計
徵完正銀壹萬玖千玖百柒拾貳兩
零耗羨銀玖百玖拾捌兩零
南匯縣經徵署事丹陽縣知縣朱清耀
計徵完正銀貳萬玖千肆百柒兩零
耗羨銀壹千肆百柒拾兩零

青浦縣經徵現任知縣蔡維新計徵完
正銀肆萬玖千叁百陸拾肆兩零耗
羨銀貳千肆百陸拾捌兩零
川沙廳經徵署事丹徒縣知縣熊傳栗
計徵完正銀壹千伍百玖拾伍兩零
耗羨銀柒拾玖兩零
川沙廳接徵現任同知何士祁計徵完
正銀叁千叁百叁兩零耗羨銀壹百
陸拾伍兩零
常州府經催病故知府汪河計催完正
銀貳拾壹萬捌千捌百伍拾捌兩零
耗羨銀壹萬伍千叁百貳拾兩零

常州府接催署事坐補淮安府知府恩
銘詳催完正銀壹拾柒萬陸千壹百
貳拾捌兩零耗羨銀壹萬貳千叁百
貳拾玖兩零
常州府接催告病知府李璋煜詳催完
正銀壹萬壹千肆百陸拾叁兩零耗
羨銀捌百貳兩零
武進縣經徵現任知縣吳時行詳徵完
正銀陸萬壹百肆拾叁兩零耗羨銀
肆千貳百壹拾兩零
陽湖縣經徵現任知縣范鳳諧詳徵完
正銀伍萬玖千壹百陸拾壹兩零耗

羨銀肆千壹百肆拾壹兩零
無錫縣經徵署事候補知縣曾承顯計
徵完正銀肆萬玖千捌百壹拾捌兩
零耗羨銀叁千肆百捌拾柒兩零查
此已完銀兩除本任應徵全完外又
代徵完前官謝元淮名下正銀壹百
貳拾柒兩零耗羨銀捌兩零
金匱縣經徵現任知縣胡兆蓉計徵完
正銀伍萬貳千肆百柒拾貳兩零耗
羨銀叁千陸百柒拾叁兩零
江陰縣經徵現任知縣陳希敬計徵完
正銀柒萬肆千陸百叁拾肆兩零耗

羨銀伍千貳百貳拾肆兩零
宜興縣經徵丁憂知縣錢燕桂計徵完
正銀貳千貳百捌拾兩零耗羨銀壹
百伍拾玖兩零
宜興縣接徵兼理事前署荆溪縣郎用
知縣洪玉珩計徵完正銀肆百叁拾
肆兩零耗羨銀叁拾兩零
宜興縣接徵署事郎用知縣何森林計
徵完正銀貳萬壹千玖百叁拾陸兩
零耗羨銀壹千伍百叁拾伍兩零
宜興縣接徵現任知縣顧名計徵完正
銀壹萬柒千柒百壹兩零耗羨銀壹

千貳百叁拾玖兩零
荆溪縣經徵署事即用知縣洪玉珩計
徵完正銀壹萬捌千捌兩零耗羨銀
壹千貳百陸拾兩零
荆溪縣接徵現任知縣羅衡計徵完正
銀壹萬貳千玖百叁拾壹兩零耗羨
銀玖百伍兩零
靖江縣經徵現任知縣張祈誥計徵完
正銀叁萬陸千玖百貳拾柒兩零耗
羨銀貳千伍百捌拾肆兩零
鎮江府經催現任知府龔文煥計催完
正銀貳拾壹萬肆拾叁兩零耗羨銀

壹萬肆千柒百叁兩零

丹徒縣經徵署事安東縣知縣張寬培

計徵完正銀肆萬玖千伍百貳兩零

耗羨銀叁千肆百陸拾伍兩零

丹徒縣接徵現任知縣熊傳栗計徵完

正銀壹萬壹千柒百捌拾陸兩零耗

羨銀捌百貳拾伍兩零

丹陽縣經徵署事崇明縣縣丞畢以紱

計徵完正銀柒萬壹千捌百伍拾玖

兩零耗羨銀伍千叁拾兩零

金壇縣經徵署事候補知縣龔潤森計

徵完正銀肆千伍百玖拾陸兩零耗

一六

江蘇巡撫林則徐題本　奏銷蘇州各屬道光十五年民屯地丁等項錢糧

道光十六年七月十六日

羨銀叁百貳拾壹兩零
金壇縣接徵現任知縣蕭蔭恩計徵完
正銀叁萬陸千壹百肆拾貳兩零耗
羨銀貳千伍百貳拾玖兩零
溧陽縣經徵現任知縣鄧秉乾計徵完
正銀叁萬陸千壹百伍拾柒兩零耗
羨銀貳千伍百叁拾兩零
太倉州經催現任知州李正鼎計催完
正銀壹拾柒萬壹千伍百陸拾壹兩
零耗羨銀捌千伍百柒拾捌兩零
太倉州經徵現任知州李正鼎計徵完
正銀貳萬壹千柒百玖拾柒兩零耗

羨銀壹千捌拾玖兩零
鎮洋縣經徵現任知縣孔昭顯計徵完
正銀壹萬捌千捌百貳拾捌兩零耗
羨銀玖百肆拾壹兩零
嘉定縣接徵署事前用知縣王錫九計
徵完正銀叁萬捌千貳百肆拾玖兩
零耗羨銀壹千玖百壹拾貳兩零壹
此已完銀兩除本任應徵全完外又
代徵完前官張之杲名下正銀壹萬
肆千肆百伍拾叁兩零耗羨銀柒百
貳拾貳兩零孔昭顯名下正銀壹千
壹百肆拾捌兩零耗羨銀伍拾柒兩

零
寶山縣經徵現任知縣毛正瑆計徵完
正銀肆萬玖千玖百玖拾叁兩零耗
羨銀貳千肆百玖拾玖兩零
崇明縣經徵現任知縣姚備計徵完正
銀壹萬陸千玖百叁拾柒兩零耗羨
銀捌百肆拾陸兩零
本色米豆項下
吳江縣經徵現任知縣顧鏞奇計徵完
米壹千貳百叁拾石零豆柒拾陸石
零
太湖廳經徵署事委用通判向培帶計

徵完米叁千叁百伍拾陸石零
松江府經催現任知府覺羅洒奎計催
完米貳萬柒千肆百肆拾陸石零
華亭縣經徵署事試用知縣魏文瀛計
徵完米伍千玖百壹拾柒石零
奉賢縣經徵代理事元和縣縣丞彭靖
計徵完米肆百捌拾叁石零
奉賢縣接徵現任請調華亭縣知縣楊
本初計徵完米玖百陸拾陸石零
婁縣經徵現任知縣毛應觀計徵完米
陸千捌百柒拾伍石零
金山縣經徵現任知縣朱棠桂計徵完

米叁千伍石零
上海縣經徵署事元和縣知縣黃冕計
徵完米壹千陸百肆拾貳石零
南匯縣經徵署事丹陽縣知縣朱清濯
計徵完米貳千壹百捌拾肆石零
青浦縣經徵現任知縣蔡維新計徵完
米貳千陸百貳拾叁石零
川沙廳經徵現任同知何士祁計徵完
米叁千柒百肆拾捌石零
常州府經催署事候補淮安府知府恩
齡計催完米玖千壹百叁拾柒石零
常州府接催告病知府李璋煜計催完

米壹千貳百柒拾貳石零
武進縣經徵現任知縣吳時行計徵完
米陸百柒拾壹石零
陽湖縣經徵現任知縣范鳳諧計徵完
米陸百肆石零
無錫縣經徵署事候補知縣曾承顯計
徵完米陸百肆拾伍石零查此已完
米石除本任應徵全完外又代徵完
後官謝元淮名下米柒石零
金匱縣經徵現任知縣胡兆蓉計徵完
米捌百叁拾貳石零
靖江縣經徵現任知縣張祈謂計徵完

米柒千肆百叁拾捌石零
丹陽縣經徵署事崇明縣縣丞畢以鉞
計徵完米伍千伍百叁石零
金壇縣經徵現任知縣蕭蔭恩計徵完
米捌百捌拾玖石零
溧陽縣經徵現任知縣鄧來乾計徵完
豆捌百壹石零
太倉州經催現任知州李正鼎計催完
米壹萬肆千伍百捌拾肆石零豆貳
百壹拾叁石零
太倉州經徵現任知州李正鼎計徵完
米貳千捌百柒拾貳石零豆肆拾肆

石零
鎮洋縣經徵現任知縣孔昭灝許徵完
米貳千叁百捌拾叁石零豆叁拾玖
石零
嘉定縣經徵署事即用知縣王錫九許
徵完米伍千捌拾壹石零豆陸拾玖
石零
寶山縣經徵現任知縣毛正坦許徵完
米肆千貳百肆拾陸石零豆陸拾石
零
屯折正耗銀兩項下
蘇州衛經徵現任守備張熊飛許徵完

正銀壹千叁百貳拾叁兩零耗羨銀
陸拾陸兩零查此已完銀兩除本任
應徵全完外又代徵完前官吳汝灃
名下正銀捌百貳拾肆兩零耗羨銀
肆拾壹兩零
太倉衛經徵調任守備符葆計徵完正
銀壹千捌百貳拾叁兩零耗羨銀玖
拾壹兩零
太倉衛接徵署事守備賈任洙計徵完
正銀伍百肆拾柒兩零耗羨銀貳拾
柒兩零
鎮海衛經徵署事守備彭國瑞計徵完

正銀叁千貳百壹拾玖兩零耗羡銀
壹百陸拾兩零
鎮海衛接徵署事守備任陰槐計徵完
正銀叁千叁拾陸兩零耗羡銀壹百
伍拾壹兩零
鎮江衛經徵署事守備吳廷觀計徵完
正銀肆千叁百玖拾伍兩零耗羡銀
叁百柒兩零
未完不及壹分官
地丁正耗銀兩項下
元和縣接徵兼理事長洲縣知縣景壽
合查此未完銀兩已據接官張慶瑗

代徵全完訖
無錫縣接徵正任知縣諸元淮查此未
完銀兩已參接官曾承顯代徵全完
訖
嘉定縣接徵兼理事鎮洋縣知縣孔昭
顯查此未完銀兩已參接官王錫九
代徵全完訖
本色米豆項下
經督催前任蘇州布政使陞任江西巡
撫陳鑾
接督催署蘇州布政使事江蘇按察使
裕謙

蘇州府經催署事卽補同知直隸州借
補常州府督糧通判周岱齡
蘇州府接催正任知府汪忠增
常熟縣經徵現任知縣練廷璜
無錫縣接徵正任知縣謝元淮查此未
完米石已據前官曾承顯代徵全完
訖
未完壹分官
本色米豆項下
丹徒縣經徵署事安東縣知縣張寬培
未完壹分以上官
地丁正耗銀兩項下

一、崑山縣接徵代理事松江府經歷錢家
驤查此未完銀兩已據前官賀崇禧
代徵全完訖
本色米豆項下
新陽縣經徵正任調補南匯縣知縣沈
炳垣查此未完米豆已據後官宋淳
英代徵全完訖
未完貳分以上官
地丁正耗銀兩項下
嘉定縣經徵丁憂知縣張之杲查此未
完銀兩已據後官王錫九代徵全完
訖

本色米豆項下
長洲縣經徵現任知縣晁壽春
吳縣經徵現任知縣湯譽光
鎮江府經催現任知府龔文煥
未完叁分官
本色米豆項下
元和縣經徵署事調補南匯縣知縣沈
炳垣
未完肆分以上官
屯折正耗銀兩項下
蘇州衛經徵署事守備吳汝澧查此未
完銀兩已據後官張熊飛代徵全完

金壇縣接徵現任知縣蕭蔭恩
補報考成官
地丁正耗銀兩項下
經督催前任蘇州布政使陞任江西巡
撫陳鑾
接督催署蘇州布政使事江蘇按察使
裕謙
蘇州府經催正任知府汪忠增
蘇州府接催署事卸補同知直隸州借
補常州府督糧通判周岱齡
蘇州府接催署事揚州府丁憂知府豫
益

蘇州府接催署事松江府陞任知府李
昭美
蘇州府接催署事常州府病故知府汪
河
蘇州府接催代理事總捕同知栾匯
長洲縣經徵現任知縣景壽春
吳縣經徵現任知縣湯磬光
常熟縣經徵現任知縣練廷璜
昭文縣經徵正任知縣張綬組
昭文縣接徵署事候補知縣金咸
崑山縣經徵現任知縣賀崇禧
崑山縣接徵代理事松江府經歷錢家

驗

新陽縣經徵正任調補南匯縣知縣沈

炳垣

新陽縣接徵署事候補知縣宋淳英

松江府經催陞任知府李昭美

松江府接催署事即補同知直隸州借

補常州府督糧通判周岱齡

松江府接催現任知府覺羅炳奎

南匯縣經徵署事丹陽縣知縣朱清濯

川沙廳經徵署事丹徒縣知縣熊傳栗

川沙廳接徵現任同知何士祁

常州府經催病故知府汪河

常州府接准署事坐補淮安府知府恩
齡
常州府接准告病知府李璋煜
陽湖縣經徵現任知縣范鳳諧
宜興縣經徵丁憂知縣錢燕桂
宜興縣接徵兼理事前署荊溪縣節用
知縣洪玉珩
宜興縣接徵署事節用知縣何森林
宜興縣接徵現任知縣顧名
荊溪縣經徵署事節用知縣洪玉珩
荊溪縣接徵現任知縣羅衡
鎮江府經催現任知府龔文煥

圖書在版編目（CIP）數據

清宫林則徐檔案匯編.16/ 中國第一歷史檔案館　福建省林則徐研究會　編.—福州：海峽文藝出版社，2017.12

ISBN 978-7-5550-1329-7

Ⅰ.①清…　Ⅱ.①中…②福…　Ⅲ.①林則徐（1785~1850）—檔案資料—匯編　Ⅳ.①K827=52

中國版本圖書館 CIP 數據核字（2017）第 271639 號

清宫林則徐檔案匯編　16

中國第一歷史檔案館　福建省林則徐研究會　編
責任編輯　茅林立　陳　婧
美術編輯　劉小岳
出版發行　海峽出版發行集團
海峽文藝出版社
經　　銷　福建新華發行(集團)有限責任公司
社　　址　福州市東水路 76 號 14 層　　**郵編**　350001
發 行 部　0591-87536797
印　　刷　福建新華印刷有限責任公司　　**郵編**　350011
廠　　址　福州市福新中路 42 號
開　　本　889 毫米 × 1194 毫米　1/16
字　　數　690 千字
印　　張　31.5
版　　次　2017 年 12 月第 1 版
印　　次　2017 年 12 月第 1 次印刷
書　　號　ISBN 978-7-5550-1329-7
定　　價　300.00 元